APRENDA A NEGOCIAR COM OS TUBARÕES

JORGE MENEZES

ALTA BOOKS
GRUPO EDITORIAL
Rio de Janeiro, 2013

Aprenda a Negociar com os Tubarões Copyright © 2013 da Starlin Alta Editora e Consultoria Eireli.
ISBN: 978-85-7608-815-8

Todos os direitos reservados e protegidos por Lei. Nenhuma parte deste livro, sem autorização prévia por escrito da editora, poderá ser reproduzida ou transmitida.

Erratas: No site da editora relatamos, com a devida correção, qualquer erro encontrado em nossos livros (Procure pelo título do livro).

Marcas Registradas: Todos os termos mencionados e reconhecidos como Marca Registrada e/ou Comercial são de responsabilidade de seus proprietários. A Editora informa não estar associada a nenhum produto e/ou fornecedor apresentado no livro. Algumas imagens são utilizadas com base em direito autoral de imagens, sob licença da shutterstock.com.

Impresso no Brasil — 1ª Edição, 2013

Vedada, nos termos da lei, a reprodução total ou parcial deste livro.

Produção Editorial	Supervisão Gráfica	Conselho de	Design Editorial	Marketing e Promoção
Editora Alta Books	Angel Cabeza	Qualidade Editorial	Bruna Serrano	Daniel Schilklaper
		Anderson Vieira	Iuri Santos	marketing@altabooks.com.br
Gerência Editorial	Supervisão de	Angel Cabeza		
Anderson Vieira	Qualidade Editorial	Danilo Moura		
	Sergio Luiz de Souza	Jaciara Lima		
Editoria Autoria Nacional				
Cristiane Santos	Supervisão de Texto	Natália Gonçalves		
Livia Brazil	Jaciara Lima	Sergio Luiz de Souza		

	Brenda Ramalho	Juliana de Paulo	Marco Aurélio Silva	Vanessa Gomes
Equipe Editorial	Claudia Braga	Juliana Larissa Xavier	Milena Souza	Vinicius Damasceno
	Daniel Siqueira	Licia Oliveira	Paulo Camerino	
	Evellyn Pacheco	Marcelo Vieira	Thiê Alves	

Revisão Gramatical	Diagramação	Layout	Capa	
Elton Nunes	Joyce Matos	Bruna Serrano	Bruna Serrano	

Dados Internacionais de Catalogação na Publicação (CIP)

M543a   Menezes, Jorge.
       Aprenda a negociar com os tubarões / Jorge Menezes. – Rio de Janeiro, RJ : Alta Books, 2013.
       328 p. ; 15,7cm x 23cm

       Inclui bibliografia.
       ISBN 978-85-7608-815-8

       1. Negociação. 2. Negociação (Administração). 3. Criatividade. 4. Administração de conflitos. I. Título.

       CDU 658:316.472.4
       CDD 658.4052

Índice para catálogo sistemático:
1. Negociação   658:316.472.4

(Bibliotecária responsável: Sabrina Leal Araujo – CRB 10/1507)

Rua Viúva Cláudio, 291 – Bairro Industrial do Jacaré
CEP: 20970-031 – Rio de Janeiro – Tels.: 21 3278-8069/8419 Fax: 21 3277-1253
www.altabooks.com.br – e-mail: altabooks@altabooks.com.br
www.facebook.com/altabooks – www.twitter.com/alta_books

DEDICATÓRIA

Dedico este livro a minha esposa Soraya, que soube, ao longo de todos esses anos, ser uma parceira no trabalho e na vida. Ela foi a única que apoiou minha visão durante os piores momentos e não vacilou em estar ao meu lado diante de todas as dificuldades. Muitas vezes precisou ser dura comigo, pois não é fácil persuadir um negociador profissional como eu — acreditem, ela sabe me dobrar como ninguém. Espero que meus clientes não liguem para ela para pedir dicas sobre como me fisgar na mesa de negociação, seria um massacre. Meu bem, espero estar ao seu lado por toda a minha vida, nunca deixe de me lembrar de que devo manter os olhos no horizonte e os pés no chão: esta é a missão de toda grande mulher, dividir o seu lado intuitivo com o homem que escolheu para amar. Vou lhe amar sempre, minha eterna menininha.

HOMENAGEM PÓSTUMA

Gostaria muito que meu pai estivesse vivo e ao meu lado para dividir esta conquista: a publicação deste livro. Como homem inteligente e sensível, ele sempre me estimulou a crescer e a aprender em todas as situações, tanto as boas quanto as ruins. Seu senso de humor e sua capacidade para ser um grande contador de histórias me inspiraram a seguir carreira de escritor. Acredito que existe muito dele neste livro, e que, de onde ele estiver, o seu bom humor e a sua energia foram enviados para me guiar neste novo desafio. Obrigado, seu Henrique, por saber tolerar com sabedoria a rebeldia do seu filho, permitindo que o espírito questionador e a criatividade pudessem crescer em minha vida. Beijos neste coração que, de tão grande, Deus resolveu levá-lo para junto de si.

AGRADECIMENTO ESPECIAL

Quero fazer um agradecimento especial a minha assistente Adriana Ataíde, que soube, ao longo de todos esses anos, compensar minhas falhas e organizar minha vida profissional. Sua dedicação, seus conselhos e sua intuição foram fundamentais para o sucesso do nosso trabalho. Espero poder continuar merecendo sua confiança e sua amizade por muitos anos. Continue sendo meu "sargento pessoal", organizando meus projetos e tomando conta de tudo. Fico feliz por Deus ter colocado você no meu caminho, um sincero obrigado do fundo do meu coração por jogar ao meu lado e apoiar meus sonhos durante todo este tempo.

PREFÁCIO

Jorge Menezes é, antes de tudo, um empreendedor da educação. Pesquisador, professor, conferencista e apresentador de televisão. É um estudioso, com experiência internacional, que nivelou por cima a transferência de conteúdo qualificado para seu público, formado por milhares de executivos, muitos deles com atuação nacional. Dedicou-se nos últimos vinte anos a desvendar comportamentos na busca por refinar técnicas que aprimoram competências relacionadas à liderança organizacional e todos os atributos que suportam e refinam este talento, como, por exemplo, a capacidade de planejar e executar bem uma negociação, prevenindo riscos e depois assumindo o controle do processo através das atitudes adequadas.

É disso que trata o livro *Aprenda a Negociar com os Tubarões*. Na obra, o autor elenca os pecados capitais de quem está envolvido em uma negociação, e enumera as armadilhas que podem comprometer o poder de quem negocia. Também ensina a ler a negociação como um processo organizacional, identificando os fatores-chave envolvidos em seu sucesso ou fracasso. O autor utiliza, para exemplificar suas ideias, analogias das mais diferentes áreas do conhecimento, desde filmes conhecidos como o *Advogado do Diabo* a estratégias militares, passando pela neurociência e a teoria da evolução das espécies de Charles Darwin, tornando o livro uma virtuosa viagem descoberta. A obra mergulha em modelos estratégicos de negociação: A Estratégia do Golfinho, A Estratégia da Carpa, e como não podia deixar de ser, a Estratégia do Tubarão, escolhida para dar título ao livro.

Aprenda a Negociar com os Tubarões é uma leitura objetiva e útil para empresários, executivos, casais que dividem o mesmo espaço, pais e mães que precisam educar, e até, para lidar com nossos amigos e viver em sociedade, afinal, passamos a vida negociando o nosso próprio espaço. Negociamos o tempo que dedicamos à mulher que amamos, aos filhos, ao estudo, a saúde e ao sucesso profissional. Tudo precisa ser bem negociado com pelo menos uma pessoa, nós mesmos. Comece a ler o livro e aprenda a negociar, porque você vai dar de cara com um tubarão nadando nos oceanos da vida. Ser uma presa ou predador nesta disputa de forças dependerá apenas de você.

DRAYTON NEJAIM é jornalista e administrador de empresas especializado em marketing pela Fundação Getúlio Vargas. Atua como editor executivo da Revista Negócios PE, é autor do livro *Pernambuco Empresarial*, professor de MBA na Universidade de Pernambuco (UFPE) e presidente do Grupo de Líderes Empresariais de Pernambuco (LIDE PE).

PERFIL PROFISSIONAL

JORGE MENEZES: Pesquisador e professor especializado no desenvolvimento de competências para liderança, construiu sua metodologia de ensino baseado em técnicas de coaching, neurociência aplicada e metodologias criativas de aprendizagem. Pioneiro em utilizar a ciência do neurocoaching no Brasil, desenvolve conteúdos nas áreas de negociação, gerenciamento do estresse, comunicação profissional, inovação e criatividade gerencial, pensamento estratégico e formação de equipes de alto desempenho.

Já ministrou palestras e treinamentos para empresas como Totvs, Nokia, General Motors, Vivo, Sadia, Bombril, Alcoa, Tramontina e milhares de outras organizações. Contribuiu com sua experiência de quase vinte anos em sala de aula para formação de mais de três mil executivos ao longo de sua carreira como professor. Palestrante de renome nacional, com palestras de tremendo sucesso, como: *Aprenda a Negociar com os Tubarões*, *O Novo DNA da Liderança* e *Criatividade: a Competência da Nova Economia*. Menezes trabalha de forma criativa, envolvente e objetiva diante das mais exigentes plateias, provocando seus ouvintes a questionar suas barreiras e a pensar sobre quais são os seus verdadeiros objetivos de crescimento.

PERFIL EMPRESARIAL

A *Radar Executivo Business School* nasceu há quase vinte anos com a visão de fazer com que executivos e empresários pudessem pensar de forma criativa sobre os seus desafios. Acreditamos que a aprendizagem precisa ser um processo transformador na vida das pessoas; não basta apenas transferir o conteúdo para os participantes, é preciso provocá-los a pensar sobre suas escolhas e sobre suas limitações. Esta forma de educar amplia a visão dos alunos e faz com que as fronteiras do conhecimento possam ser expandidas de maneira orgânica e natural, seguindo o padrão de **aprendizado pela ação** usado pelo nosso cérebro a milhares de anos durante o seu processo evolutivo.

A neurociência contribuiu muito nesses últimos tempos para o processo de ensino. Passamos a entender como o cérebro forma conceitos e de que maneira ele cria associações para reter o conhecimento. Todas essas descobertas precisam ser usadas em sala de aula para facilitar o aprendizado; superando com isso as resistências naturais do aluno a tudo que é novo e diferente. Precisamos agir no modelo mental das pessoas, para que o processo de treinamento e desenvolvimento possa ser transformador em suas vidas e financeiramente atrativo para as empresas. Sem conciliar esses dois interesses, deixamos de gerenciar as duas fontes primárias de recursos das organizações modernas: a geração de ideias e conhecimento, e a manutenção de um fluxo de caixa equilibrado e positivo.

O QUE NÓS PODEMOS FAZER POR VOCÊ E PELA SUA EMPRESA

- Tornar sua equipe mais produtiva e focada nos resultados;
- Ajudar os seus colaboradores a pensar de forma criativa na hora de resolver os problemas;
- Fazer com que as reuniões na sua empresa sejam mais rápidas e produtivas;
- Reduzir o impacto do estresse, da pressão e das mudanças constantes nos resultados da sua empresa;
- Ampliar a visão estratégica das pessoas, fazendo com que elas se ocupem com aquilo que realmente importa para o negócio;
- Melhorar a produtividade profissional e pessoal de seus colaboradores;
- Fazer as pessoas exercerem liderança de qualquer ponto da sua organização;
- Fazer com que as pessoas tragam soluções e não problemas para você resolver;
- Liberar a energia produtiva das pessoas para que elas pensem mais sobre como reduzir custos e aumentar o faturamento da sua empresa;
- Ajudar sua empresa a obter maiores lucros através de negociações mais inteligentes;
- Reduzir os conflitos melhorando a comunicação entre as pessoas da sua equipe.

CONTATOS:

jorge.menezes@radarexecutivo.com.br | www.radarexecutivo.com.br

SUMÁRIO

INTRODUÇÃO

NO TOPO DA CADEIA ALIMENTAR   1

CAPÍTULO 01

OS PECADOS CAPITAIS DO NEGOCIADOR   7

CAPÍTULO 02

AS ARMADILHAS DA NEGOCIAÇÃO   47

CAPÍTULO 03

FATORES-CHAVE ENVOLVIDOS NO PROCESSO DA NEGOCIAÇÃO   87

CAPÍTULO 04

OS FUNDAMENTOS DA NEGOCIAÇÃO EFICAZ   141

CAPÍTULO 05

A ESTRATÉGIA DO TUBARÃO   167

CAPÍTULO 06

A ESTRATÉGIA DA CARPA   193

CAPÍTULO 07

A ESTRATÉGIA DO GOLFINHO 217

CAPÍTULO 08

TÁTICAS PARA NEGOCIAR COM TUBARÕES 245

CAPÍTULO 09

AS PRINCIPAIS COMPETÊNCIAS PARA NEGOCIAR COM TUBARÕES 269

CAPÍTULO 10

O MODELO SIM DE NEGOCIAÇÃO 289

MENSAGEM FINAL 309

REFERÊNCIAS BIBLIOGRÁFICAS 311

INTRODUÇÃO

NO TOPO DA CADEIA ALIMENTAR

O mar sempre me encantou com seus mistérios. Eu cresci em uma cidade de frente para o mar e, das lembranças da minha infância, a maioria delas está relacionada aos peixes, às praias e ao oceano. Eu me lembro das caminhadas com meu pai sobre os arrecifes de coral em busca de peixes coloridos. Nesses momentos, ele conversava comigo e falava a respeito das coisas da vida, contava piadas e me mostrava um mundo fascinante de cores e de texturas que estavam ocultas sob as águas.

Nos meus primeiros mergulhos, descobri um universo misterioso, um mundo inteiro escondido debaixo das águas. Confesso que muitas vezes tive medo de mergulhar no desconhecido, sem saber que tipo de perigos podiam me esperar lá no fundo; cada mergulho era uma vitória contra meus medos e contra a minha insegurança. Aprendi a respeitar o mar e seus desafios, aprendi a explorar o desconhecido com cuidado e atenção.

No mar, apesar de toda a sua beleza, estão escondidos perigos que nos ameaçam. Quando estamos no mar, o jogo de forças se inverte. Nós, seres humanos, que somos a espécie que domina o planeta, ficamos indefesos diante do predador mais perfeito da natureza: o tubarão. O tubarão é uma máquina de caça completa, tudo em seu design foi pensado para torná-lo um predador mais eficiente. O tubarão é capaz de sentir a presença de uma gota de sangue no oceano a trezentos metros de distância através do seu olfato aguçado; a posição lateral de seus olhos lhe fornece uma visão periférica bidimensional, possibilitando enxergar em mais de uma direção ao mesmo tempo; ele pode perceber o som de um peixe debatendo-se na água a uma distância de até 600 metros; é capaz de detectar sinais elétricos gerados por outros animais quando estão em movimento, fazendo com que a sua cabeça atue como um scanner que mapeia o oceano; seus dentes são serrilhados e pontiagudos e, quando perdidos, imediatamente são substituídos por dentes novos; possui um grupo de músculos que vai da cabeça até a ponta da cauda que servem como uma mola propulsora nos momentos do ataque. O tubarão é a mais perfeita máquina de matar da natureza. O tubarão está no topo da cadeia alimentar dos oceanos.

Foram todas essas características do tubarão dos oceanos que me fizeram usá-lo como modelo comparativo para uma espécie muito peculiar de negociador que encontramos no mundo corporativo. Esta espécie de negociador também está equipada para aniquilar as suas presas. Ao longo da sua carreira, ele desenvolveu uma série de habilidades e competências que o tornaram altamente perigoso e eficiente na mesa de negociação. Os **Negociadores Tubarão** são temidos e respeitados, geralmente ocupam os cargos mais importantes na hierarquia das empresas, e quase sempre deixam um "rastro de sangue" por onde passam.

Durante muitos anos, antes de me tornar professor e pesquisador, atuei na área comercial como negociador. Neste período, tive a oportunidade de ficar frente a frente com vários Tubarões. Confesso, inclusive, que fui vítima de muitos deles ao longo de minha carreira. Minha experiência de campo, viajando com outros profissionais de vendas, ouvindo suas histórias, aprendendo não só com a minha, mas com a experiência de outros "sobreviventes", foi o que me levou a escrever este livro.

Como professor, estou há mais de dezoito anos em sala de aula ministrando treinamentos para executivos e empresários, e confesso que até hoje fico surpreso com o que escuto sobre os ataques dos tubarões corporativos. Esta espécie de negociador já deixou mais vítimas em sua carreira do que muitos tubarões nos oceanos. O pior é que está cada vez mais difícil identificar esses tubarões corporativos, pois eles evoluíram e refinaram suas técnicas de abordagem a tal ponto que muitas das vezes só percebemos seu ataque quando já é tarde demais.

Aprenda a Negociar com os Tubarões foi escrito para compartilhar com você, leitor, a experiência sobre como neutralizar os ataques dos tubarões corporativos e como usar a sua força contra eles. Estão reunidos aqui um conjunto inteligente de princípios que vão ajudar a nortear suas escolhas diante de negociadores difíceis, além de uma série de táticas que vão ajudá-los a operar em situações de pressão, e por fim muitas técnicas que vão contribuir para que você possa montar a sua estratégia de negociação da forma mais eficiente.

No primeiro capítulo, você conhecerá os sete pecados capitais do negociador profissional. Entenderá por que muitas vezes somos nós mesmos que sabotamos o nosso trabalho e ficamos a mercê dos ataques de oponentes mais preparados. Pecados que foram sendo selecionados ouvindo vários alunos em sala de aula e através da experiência de anos atuando como negociador em diferentes cenários. Saber quais são estes pecados o deixará mais alerta nas próximas vezes que você sentar para negociar, evitando que cometa os mesmos erros.

No segundo capítulo, apontaremos as principais armadilhas que podem estar presentes na mesa de negociação. Tais armadilhas são colocadas de maneira sutil, às vezes por nós mesmos, às vezes por nossos adversários. Quem as armou não importa, o que importa mesmo é o tamanho do estrago que elas podem causar quando não temos consciência do problema, e com isso não temos chances de escapar ilesos dessas armadilhas tão perigosas para o desempenho do negociador.

No terceiro capítulo, trataremos dos fatores-chave envolvidos no processo da negociação. Sem entender e sem mapear esses fatores, fica difícil ter uma visão estratégica de cada situação. Muitos negociadores falham por não entender quais são esses elementos fundamentais e por não saber lidar com cada um deles de maneira inteligente quando estão negociando. Este tipo de "paralisia estratégica" vai afastar você dos seus objetivos e tornar sua vida muito mais precisa na mesa de negociação.

No quarto capítulo, tratamos dos fundamentos da negociação eficaz de maneira clara e didática. Você encontrará também uma visão panorâmica de suas inter-relações. As práticas que levam um negociador a ter sucesso nesta profissão é o nosso objetivo nesta parte do livro e, conhecendo estes fundamentos, você terá uma base sólida para montar sua estratégia e todo seu plano de negociação.

No quinto capítulo, abordaremos as características centrais da **Estratégia do Tubarão**. Conheceremos os hábitos deste predador insaciável e teremos a chance de entender melhor sua forma de pensar e de operar na mesa de negociação. Entender o modelo mental do nosso oponente colabora para que possamos montar nosso contra-ataque de forma muito mais eficiente e rápida. Assim, temos mais chances de neutralizar os movimentos dos nossos adversários e sermos bem-sucedidos no ambiente competitivo dessa fascinante profissão.

O sexto capítulo é dedicado a mostrar como pensam e agem os negociadores que adotam a **Estratégia da Carpa**. Conheceremos as formas de lidar com pessoas indecisas, que ficam enrolando e não tomam uma posição quando estão negociando. Essas pessoas precisam de um tratamento específico para que possamos conduzi-las até o momento do fechamento do acordo. Sem esses cuidados, você corre um grande risco de perder tempo e dinheiro negociando com pessoas que não se decidem e ficam protelando o negócio até o final dos tempos.

No sétimo capítulo, conheceremos as melhores práticas para lidar com as pessoas que adotam a **Estratégia do Golfinho** na hora de negociar. Elas são pessoas extremamente inteligentes e criativas, por isso precisamos tratá-las com cuidado e reverência. Não podemos cair nos encantos do seu charme sedutor, pois, se isso acontecer, você corre um sério risco de perder tudo que tem e ainda sair feliz da mesa de negociação.

No oitavo capítulo, traremos uma visão das melhores táticas para negociar com pessoas que adotam a **Estratégia do Tubarão**. Esse tipo de adversário merece um cuidado especial e necessita de armamento pesado para ser abatido no cenário de guerra que é a negociação. Não podemos vacilar um segundo sequer com esse tipo de oponente e precisamos usar toda nossa capacidade para neutralizar seus ataques, antes que eles possam enfraquecer a nossa mente e drenar as nossas energias para negociar.

No nono capítulo, trataremos das principais competências para se negociar com os tubarões. Nesse capítulo, iremos levantar algumas questões para que você possa avaliar se suas escolhas acadêmicas estão sendo corretas e podem realmente levá-lo ao sucesso. Nossa ideia é lhe dar parâmetros para avaliar quais caminhos de aprendizagem você deve seguir para crescer e quais habilidades são necessárias para encarar de frente os tubarões que você irá encontrar nadando soltos pelo mercado.

No décimo e último capítulo, traremos uma abordagem sobre o **Modelo Sim de Negociação**. Este modelo foi desenvolvido por nós ao longo dos anos atuando como negociador, e tem se mostrado eficaz nas mais diversas situações. Ele apresenta um conjunto de três passos que precisam ser seguidos se desejamos chegar aos nossos objetivos na mesa de negociação. Após esta pequena viagem pelos capítulos do livro, o que posso dizer a você é: mergulhe fundo e vá em frente. As profundezas escuras da negociação serão encaradas de maneira diferente depois que você ler este livro.

CAPÍTULO 01

OS PECADOS CAPITAIS DO NEGOCIADOR

No filme *Advogado do Diabo*, o ator Keanu Reeves interpreta Kevin Lomax, um jovem advogado com uma carreira promissora pela frente. Ele e sua mulher, Mary Ann, vivida pela linda atriz Charlize Theron, formam um casal apaixonado que vivem o belo momento de pensar no futuro e realizar seus sonhos. Lomax era advogado em uma pequena cidade da Flórida e nunca tinha perdido um caso em sua brilhante trajetória. Seu desempenho chamou a atenção de John Milton, encarnado pelo ícone do cinema, o ator Al Pacino, dono da maior firma de advocacia de Nova York.

Kevin é convidado por Milton a trabalhar em sua empresa; começa a receber todo tipo de mordomia e a viver em um ambiente de luxo e tentação. Porém, John Milton é um advogado do diabo ou, porque não dizer, ele era o próprio mal em pessoa. Durante todo o filme ele tenta afastar o jovem Lomax de seus princípios e suas convicções, testando de todas as formas os seus limites e seus apetites pecadores até o julgamento final, onde Lomax consegue enxergar a verdadeira identidade de Milton e toma consciência do perigo em que colocou sua vida e seu casamento.

Na última cena do filme, após se livrar de **Milton**, Lomax desce as escadas do tribunal de consciência limpa, com a sensação de ter feito a coisa certa. Neste momento, um repórter de um grande jornal da cidade lhe aborda e fala que ele foi o primeiro advogado a abandonar um caso para preservar os seus princípios e diz que vai fazer uma matéria contando a sua história. Lomax e Mary concordam e isto mexe com o orgulho deles; nessa hora eles dão as costas e vão embora. Na última fala do filme, o repórter do jornal olha diretamente para a câmara e diz: "meu pecado preferido é a vaidade", e se transforma em John Milton. Deixando, assim, a lição que você pode até desistir dos seus pecados, mas os seus pecados nunca desistem de você.

Essa simples cena durou pouco mais de quatro minutos, porém nos deixa um forte alerta para que estejamos sempre atentos e vigilantes quanto aos nossos pecados, pois tendemos a retornar a eles sempre que possível, sem ao menos perceber o que na verdade estamos fazendo. Essa máxima não vale só para os pecados carnais, serve também para os pecados profissionais. Até porque, profissionais ou não, a origem do pecado é sempre a mesma, a fraqueza das nossas atitudes e a fragilidade das nossas convicções.

VOCÊ LEMBRA QUAIS SÃO OS SETE PECADOS CAPITAIS?

Ao contrário do que muitos pensam, os sete pecados capitais não foram criados pelo cristianismo. Eles são anteriores à religião cristã e já eram usados de forma primitiva pelos povos antigos como um referencial para os vícios mais íntimos da natureza humana. Séculos depois, a igreja católica adotou a lista dos sete pecados capitais como uma forma de alertar, ensinar e prevenir os seus seguidores sobre as fraquezas da carne, revelando através desta lista de pecados os instintos básicos que movem o ser humano.

Como disse John Milton (Al Pacino) no filme, seu pecado preferido é a vaidade, pois todos os outros pecados são filhos deste. É a vaidade que nos leva a todos os outros tipos de pecado e é também a vaidade que nos faz pecar profissionalmente. A seguir, apresento-lhes a lista dos sete pecados capitais originais antes de começarmos a falar dos pecados capitais dos negociadores.

LUXÚRIA: É o apego e a valorização extrema dos prazeres da carne. As pessoas envolvidas no pecado da luxúria estão submetidas às forças da sensualidade e da sexualidade. O desejo pelo sexo é quase incontrolável, portanto, as pessoas vítimas desse tipo de pecado são facilmente seduzíveis com palavras que apelem para sua vaidade e para o seu poder de sedução.

GULA: O pecado da gula pode parecer inofensivo diante dos outros pecados, mas esconde dentro de si atitudes que nos escravizam e nos acorrentam a uma forma de viver triste e depressiva. A pessoa vítima do pecado da gula não controla seus impulsos e vive sempre com a sensação de insatisfação e fome. Na verdade, essas pessoas comem com os olhos. Não comem por que necessitam de alimento, e sim por gostarem de ver diante de si uma mesa farta, para que elas possam controlar o alimento e não dividi-lo com mais ninguém.

AVAREZA: O desejo de poder, de acumular riquezas, de ser reconhecido pela sociedade através dos bens que possui; leva as pessoas vítimas do pecado da avareza a desenvolverem um apego emocional ao dinheiro. O dinheiro vira senhor de suas vidas, levando-as a trabalhar incessantemente para acumular riqueza, abrindo mão da família, das verdadeiras amizades e da própria vida. Quem é vítima da avareza não consegue abrir mão de um centavo sequer para ter um momento de lazer ou diversão e, pior do que isso, o que lhes dá segurança e confiança no futuro é uma conta recheada no banco. Essas pessoas passam a confiar mais no dinheiro do que no socorro de Deus.

IRA: O pecado da ira nos faz gastar energia tramando vinganças contra nossos supostos inimigos, este sentimento nos faz alimentar durante anos a raiva contra alguém. Dessa forma, nossa vida começa a ser vivida em função da vingança. Esse sentimento consome as nossas melhores energias e as transforma em emoções negativas, que aos poucos vão preenchendo todo o nosso coração. A satisfação da vingança nasce da vaidade de provar que se é superior ao outro e que conseguimos dar o troco pelo que a outra pessoa nos fez passar.

SOBERBA: É o sentimento de superioridade levado ao extremo. É a sensação de que todos no mundo devem nos servir e devem estar submetidos a nossa vontade, como se ela fosse a vontade divina. Este pecado já foi cometido por muitos líderes, reis, generais e imperadores ao longo da história. Soberba é sentir-se maior do que o próprio Deus. Este pecado foi o que ocasionou a queda de Lúcifer, o maior entre todos os anjos do céu e braço direito de Deus, para as profundezas do inferno.

VAIDADE: A vaidade é a mãe de todos os pecados. É dela que nasce a sedução e o sentimento de superioridade. É da vaidade destroçada que nasce o sentimento de vingança e a necessidade de acumular riquezas. As vítimas da vaidade estão sujeitas a cometer todos os outros pecados. Vaidade é o desejo insensato de ser admirado e reconhecido. Este pecado mexe de forma sutil com o ponto mais fraco da natureza humana, a necessidade de preencher o vazio emocional que habita dentro de nós.

PREGUIÇA: O pecado da preguiça nos aprisiona em uma camisa de força que nos impede de agir e de fazer o que temos que fazer, de forma sutil. Este pecado drena as nossas forças e nos faz ficar imobilizados diante da vida. A preguiça nasce de um sentimento de incapacidade para mudar o mundo a nossa volta, o que nos faz desistir de nossos sonhos antes mesmo de começá-los. O preguiço-so sofre de uma vaidade invertida; ele olha para si mesmo e não consegue ter confiança nas suas qualidades, por isso evita a todo custo se comprometer com algo que possa colocá-lo em posição de destaque, com medo de fracassar.

Depois desta revisão dos sete pecados capitais, é chegada a hora de conhecermos os pecados mortais dos negociadores. A lista que apresento a seguir foi sendo ampliada e modificada por mim ao longo dos anos, pois, a cada nova turma de alunos, fomos conhecendo novos erros cometidos na mesa de negociação e fomos obrigados a

OS PECADOS CAPITAIS DO NEGOCIADOR

revisar a lista. Chegamos ao ponto de superar em número os sete pecados originais.

- **PRIMEIRO PECADO:** Trabalhar com pressupostos.
- **SEGUNDO PECADO:** Confundir pressa com velocidade.
- **TERCEIRO PECADO:** Descuidar da qualidade da meta.
- **QUARTO PECADO:** Confundir dinheiro com valor.
- **QUINTO PECADO:** Acreditar que todos pensam como você.
- **SEXTO PECADO:** Dificuldades para ouvir.
- **SÉTIMO PECADO:** Entrar no piloto automático.
- **OITAVO PECADO:** Não fazer perguntas inteligentes.
- **NONO PECADO:** Não explorar todas as possibilidades.
- **DÉCIMO PECADO:** Excesso de autoconfiança.
- **DÉCIMO PRIMEIRO PECADO:** Ficar prisioneiro de um modelo.

Depois de revelada a lista dos pecados capitais dos negociadores, iremos conhecer cada um deles mais a fundo para entender como eles surgem e qual seu impacto em nossos resultados na mesa de negociação.

1.º PECADO: TRABALHAR COM PRESSUPOSTOS

A neurociência descobriu recentemente que o cérebro humano é a mais perfeita máquina de ler o futuro. É como se tivéssemos sobre os ombros uma verdadeira bola de cristal. Estamos o tempo todo fazendo cálculos e previsões sobre o que vai acontecer em seguida e calculando os riscos e ameaças a nossa sobrevivência. Essa característica do nosso cérebro nos faz buscar padrões no ambiente, que possamos reconhecer como ameaçadores a nossa vida ou aos nossos interesses.

Quando passamos por uma experiência, as sensações e o nível de ameaça à nossa integridade física e emocional gerados por esta experiência ficam registrados em nossa mente. É por isso que, quando estamos novamente diante da mesma situação ou de uma situação parecida, temos mais velocidade de resposta, pois o nosso cérebro já criou os pressupostos básicos para dar a resposta que ele julga ser a mais adequada para o momento.

Ao longo dos anos, quando vamos acumulando experiência, criamos em nossa mente uma biblioteca de reações que disparam respostas pré-montadas a situações que entendemos ser de risco. Por isso freamos rapidamente quando outro carro para de surpresa na nossa frente, sabemos que o fogo queima, e por isso que sabemos que não podemos nos jogar de um prédio sem sofrer ferimentos graves; nosso cérebro criou uma série de alarmes que são disparados para nos avisar do risco. Esses alarmes podem ser físicos ou emocionais e são disparados em nosso corpo por um conjunto de hormônios que funcionam como sistema de resposta rápida, despejando no organismo mais energia e mais velocidade para reagir à suposta ameaça. Portanto, trabalhar com pressupostos é um mecanismo natural do cérebro, criado pela natureza para nos proteger de ameaças e de perigos.

Porém, existe um problema. O cérebro não usa pressupostos apenas em situações reais de ameaças, ele os utiliza também para avaliar o ambiente e comparar as informações novas com os padrões anteriores. Esta comparação nos faz repetir respostas antigas para novas situações, na maioria das vezes sem avaliar se essas respostas ainda continuam válidas ou não para este novo cenário. O que significa dizer que, na maioria das vezes, estamos avaliando uma situação do presente com base em pressupostos do passado, ou seja, somos iludidos pelo nosso cérebro a dar uma resposta rápida com base em um pressuposto que ainda não foi testado o suficiente para esta nova situação.

COMO ESTA CARACTERÍSTICA DO CÉREBRO AFETA AS DECISÕES DO NEGOCIADOR?

Quando estamos diante do nosso oponente na mesa de negociação, nosso cérebro começa a buscar certos padrões reconhecíveis, exatamente como fazemos quando estamos em situações de perigo. Fazemos isto na tentativa de mapear as forças do nosso oponente para saber que tipo de ações e reações podemos esperar dele.

Para fazer isto, recorremos a nossa biblioteca de negociações anteriores, ou seja, aos pressupostos que formamos ao longo dos anos com base em todas as negociações que já participamos. Porém, muitas vezes nos antecipamos aos fatos e tomamos como verdade certas informações surgidas na mesa de negociação sem antes testar os nossos pressupostos, isto nos leva a decisões equivocadas, que nos enfraquecem diante do nosso oponente.

Esse problema é mais comum com negociadores experientes, o que pode parecer um paradoxo, mas é verdade; quanto mais experientes ficamos em determinada área do conhecimento, mais seguros nos sentimos sobre a qualidade dos nossos pressupostos e das nossas próprias verdades. Começamos a acreditar que a nossa experiência de vida nos equipou com uma bola de cristal em que podemos ver o futuro e prever com segurança as manobras do nosso oponente. Esta certeza nos leva a cometer erros em nossas escolhas e em nosso julgamento dos fatos, dificultando assim o nosso trabalho como negociadores.

Outro agravante é que, quanto mais seguros da nossa capacidade, menos tempo investimos no planejamento de nossa estratégia de ação e na tática mais adequada a ser usada com determinado oponente. Indiretamente, a confiança cega em nossos pressupostos nos coloca em situação desfavorável devido à falta de um bom plano de ação.

QUAL A SOLUÇÃO PARA ESTE PROBLEMA? ESVAZIAR O COPO.

Não estou dizendo, caro leitor, que para ser um grande negociador você precisa parar de beber. Estou dizendo que, quando sentamos à mesa para negociar cheios de certezas e acreditando cegamente em nossos pressupostos, estamos sentando de copo cheio e, como todos sabem, em um copo cheio não se pode acrescentar nem mais uma gota, visto que não cabe mais conteúdo naquele recipiente. Portanto, é preciso sentar à mesa para negociar de copo vazio. Precisamos esvaziar a nossa mente dos nossos pressupostos e avaliar a situação com a *clareza do momento*, olhando para o oponente como se aquela fosse a primeira negociação de nossa vida, observando tudo com o olhar *incontaminado* do aprendiz. Portanto, digo e repito: na mesa de negociação, vale mais um aprendiz de mente limpa do que um veterano contaminado com suas próprias verdades.

Por isso:

- Cuidado para não cometer o pecado de confiar cegamente em seus pressupostos;
- Teste todas as informações;
- Tenha cuidado para não ser contaminado com as negociações do passado.

2.º PECADO: CONFUNDIR PRESSA COM VELOCIDADE

Vivemos em uma sociedade que cultua a rapidez, visto que esta virou sinônimo de eficiência e de qualidade. Um dia com 24 horas está ficando pequeno para receber todas as demandas da vida moderna, somos cada vez mais forçados a ser completos e perfeitos. Hoje, não basta ser competente; precisamos ser modelos de beleza, exalar saúde por todos os poros e estarmos atualizados com as últimas tendências. Se não formos assim, nos vem a sensação de estarmos ficando para trás.

A rapidez está fazendo com que as pessoas desaprendam a viver em equilíbrio e harmonia com elas mesmas, criando assim situações de estresse que são insustentáveis a longo prazo. A rapidez contaminou toda a nossa vida. Tudo no trabalho começou a ser urgente, as pessoas comem as palavras nos e-mails para economizar tempo, algumas começaram a falar tão rápido em suas conversas que parecem estar narrando um jogo de futebol. Até nos finais de semana as pessoas estão correndo atrás de alguma coisa.

É fácil identificar as pessoas vítimas da rapidez, basta ir à uma praça de alimentação de um shopping e observar as pessoas comendo. Logo, você encontrará uma dessas vítimas almoçando com a família. Teoricamente, o sujeito não precisaria comer rápido, pois é final de semana e ele não teria necessidade de correr, mas, mesmo assim, engole a comida de forma rápida como se estivesse atrasado para a reunião mais importante de sua vida. Essas pessoas estão viciadas em rapidez e não conseguem desacelerar a sua vida nem nos momentos de descanso. Estão ficando hiperativas devido aos novos padrões de desempenho exigidos pelas empresas modernas.

Em contraponto, está surgindo em todo mundo um movimento que se opõe a esse tipo de comportamento, o Movimento *SLOW* que, traduzido para o português significa DEVAGAR. O Movimento Slow prega que devemos reduzir o ritmo para entender e saborear melhor a vida e o trabalho, e apresenta várias evidências para sustentar essa ideia. Um exemplo: milhões de dólares são perdidos devido a erros de julgamento por conta da pressa na tomada de decisões; inúmeras vidas são perdidas para cumprir prazos de lançamento de produtos que precisariam de mais tempo para serem testados antes de irem para o mercado. Estes são apenas alguns exemplos de como a rapidez pode causar prejuízos para as pessoas e para as empresas. É preciso entender que, em certas situações, trabalhar mais devagar irá nos ajudar a maturar o processo e a tomar decisões mais consistentes e inteligentes, evitando, com isso, problemas futuros que possam comprometer a nossa imagem e os resultados financeiros da nossa empresa.

É por esses motivos que confundir pressa com velocidade é considerado um pecado mortal na mesa de negociação. Quando o negociador senta para negociar sem ter uma noção clara da diferença entre pressa e velocidade, ele começa a atropelar as etapas do processo da negociação e corre o risco de perder informações relevantes, que poderiam ajudá-lo a fechar um acordo de maneira mais proveitosa para sua empresa.

Por falar nisso, você sabe a diferença entre **pressa** e **velocidade**?

Agimos com pressa quando **perdemos** alguma coisa pelo caminho e temos que compensar essa perda fazendo as coisas de forma mais rápida. Normalmente, isso acontece pela falta de um planejamento adequado, ao mesmo tempo que **ganhamos** velocidade na medida em que melhoramos a nossa performance através de técnicas, estratégias e processos que elevam a qualidade do nosso desempenho.

Cabe, então, mais uma pergunta: vivemos na **Tirania da Pressa** ou na **Tirania da Velocidade**? A resposta é clara: a pressa está se tornando senhora das novas vidas e está comprometendo a qualidade do nosso desempenho. Na verdade, para sermos melhores, temos que investir o nosso tempo como negociadores em maneiras de ganhar mais velocidade em nossas negociações. É exatamente isso que você está fazendo enquanto lê este livro, aprendendo formas de ganhar velocidade para ser mais eficiente no seu desempenho.

Portanto, invista o seu tempo no melhor ativo que existe para um negociador: o planejamento.

DICAS PARA PLANEJAMENTO:

- ▲ Não deixe tudo por conta do consagrado sistema NHS (Na Hora Saí). Mesmo que você seja um negociador experiente, nunca deixe para resolver as questões durante a negociação, confiando em sua expertise;

- Monte a sua estratégia com antecedência;

- Escolha as táticas mais eficientes contra seu oponente, estude o perfil da pessoa com quem vai negociar, e use a técnica para compensar os prazos apertados e a falta de tempo.

3.º PECADO: DESCUIDAR DA QUALIDADE DA META

Quando eu falo em cumprir metas, a primeira imagem que me vem à cabeça é a da maratonista suíça Gabrielle Andersen chegando completamente exausta e cambaleante ao final da maratona na Olimpíada de Los Angeles em 1984. A imagem da atleta circulou o mundo, e ela se tornou um exemplo vivo de persistência na busca de objetivos e da superação de limites. Ao mesmo tempo, quando me lembro daquela imagem, penso no enorme desgaste físico sofrido pelo seu corpo durante a prova, vejo seus músculos sendo levados ao limite da resistência, imagino seus batimentos cardíacos sendo elevados a limites próximos do suportável pelo ser humano e seus hormônios sendo despejados em cascata dentro do sistema sanguíneo, provocando um nível de estresse insuportável para a maioria das pessoas. Vejo que, por muito pouco, o seu corpo não sofreu sequelas irreversíveis devido à busca incessante pelo atingimento de sua meta, ou pior do que isso, ela poderia ter morrido caso seu corpo não resistisse ao tremendo esforço exigido para chegar naquele objetivo.

A história dessa atleta deixa para os negociadores um importante alerta: muitas vezes somos forçados a cumprir metas de maneira inconsequente, sem avaliar de forma precisa se o preço que estamos pagando para fechar o acordo, está ou não dentro dos limites de custo aceitáveis. Um exemplo disso são os escritórios de advocacia, que negociam metas de fechamento de inúmeros acordos mensais nos contratos com seus clientes, normalmente grandes empresas públicas e privadas que possuem uma elevada demanda jurídica nos tribunais. Caso essas metas de acordos não sejam cumpridas, o escritório de advocacia é penalizado com multas e com perdas contratuais, o que faz com que os escritórios orientem seus advogados a fechar o maior número de acordos possíveis, muitas vezes sem levar em conta a qualidade do acordo que está sendo negociado.

Na mesa de negociação não é diferente. Inúmeras vezes entramos para negociar obcecados em atingir a meta, e ficamos tão motivados para fechar o acordo que não avaliamos de forma inteligente se o custo deste, ou seja, se a qualidade da meta atingida vai ser financeiramente interessante para a nossa empresa. Para entender por que isso ocorre, vamos comparar a negociação a um esporte olímpico. No entanto, estaríamos falando de um esporte individual e não de um esporte coletivo, pois nos esportes individuais olhamos o nosso oponente cara a cara e dependemos apenas de nós mesmos para ter sucesso em atingir o nosso recorde. Quando atingirmos a meta, a medalha será colocada em um único pescoço: o nosso. Mesmo tendo contado com a colaboração de outras pessoas, é o nosso nome que vai entrar para a história.

Na mesa de negociação acontece algo parecido. Os oponentes são como dois atletas que estão disputando para ver quem consegue ser mais habilidoso como negociador e, com isso, fechar um acordo que seja mais conveniente aos interesses de sua empresa. Nesta situação existem basicamente três fatores envolvidos:

- O estresse da negociação;
- A fogueira das vaidades;
- A competitividade.

Esses fatores nos levam a tomar decisões equivocadas quando estamos negociando. Portanto, não descuide da qualidade de suas metas, pois não podemos fechar um acordo sem antes entender de forma estratégica quais são os seus desdobramentos financeiros e o real impacto para o seu negócio.

4.º PECADO: CONFUNDIR DINHEIRO COM VALOR

Quando comecei a escrever o texto sobre este quarto pecado, não pude deixar de lembrar a brilhante campanha de marketing veiculada pela Mastercard. Para essa campanha, a empresa criou um canal direto de comunicação com seu público-alvo através de um site chamado **www.naotempreco.com.br**. No site, pessoas comuns, clientes ou não, eram estimuladas a postar histórias reais de momentos que, para elas, o dinheiro não pode comprar.

O site da campanha recebeu mais de 63 mil histórias de pessoas que queriam compartilhar com o mundo um momento da sua vida que para elas não tinha preço. Com isso, o site teve mais de 37 milhões de acessos e o sucesso da ação de marketing ajudou a Mastercard a ser uma das empresas mais comentadas positivamente nas redes sociais. Muitas das histórias foram transformadas em comerciais de TV e anúncios publicitários vistos por milhões de pessoas em revistas, nos intervalos das novelas e dos jornais e nos principais sites da internet. Ao final de cada anúncio era colocada a seguinte frase: "Este momento não teve preço, o resto você paga com Mastercard". Sem dúvida nenhuma a Mastercard compreendeu, de forma clara, que as pessoas entendem claramente que existem coisas em suas vidas que são mais valiosas que dinheiro.

Esta sacada da Mastercard deixa para os negociadores uma grande lição: muitas vezes sentamos à mesa para negociar sem entender perfeitamente o que motiva a pessoa com a qual estamos negociando. Atualmente, ficou muito mais fácil conhecer o nosso oponente, pois a maioria das pessoas mantém perfis em redes sociais e estão constantemente postando fotos e comentários sobre suas vidas e seus interesses. O problema é que a maioria dos negociadores não faz o seu dever de casa e chega para negociar com pouco conhecimento do oponente, muitas vezes sem ao menos entender o que realmente a empresa dele faz. Esta falha nos deixa em posição vulnerável na mesa de negociação pois, sem um trabalho prévio de inteligência e de busca de informações, ficamos a mercê dos dados que surgem no momento em que estamos negociando. Assim não temos tempo para checar se esses dados são verdadeiros ou falsos.

Para sermos efetivos na negociação, precisamos entender de forma clara e objetiva o que leva o nosso oponente a agir, o que está por trás de suas escolhas, quais são os motivos que vão fazer com que ele feche o acordo que estamos buscando. Quando passamos a entender quais são os motivos que realmente levam as pessoas a agir, ficamos mais próximos de influenciá-las positivamente. Durante uma negociação, estamos lidando com dois tipos fundamentais de motivos: os **Motivos Aparentes** e os **Motivos Ocultos**.

Os **Motivos Aparentes,** como o próprio nome já diz, são facilmente identificáveis, pois estão bem na nossa cara. Esse tipo de motivo é, para o negociador, como a ponta de um iceberg: podemos vê-los, entendê-los, mapeá-los e trabalhá-los sem sustos e com total consciência de sua existência.

Os **Motivos Ocultos** são mais difíceis de identificar e exigem do negociador capacidade de percepção e cuidados maiores. Esses motivos são como a parte oculta do iceberg escondida sob o mar: só sabemos de sua existência quando batemos de frente com eles e afundamos. O problema é que, da mesma forma que no encontro com um iceberg, é muito fácil ver a parte que está acima da água e contorná-la, porém o que afunda o navio não é a ponta do iceberg, e sim a parte que está sob as águas e não podemos enxergar.

Da mesma forma acontece quando estamos negociando, o que faz um acordo afundar não são os **Motivos Aparentes**, a ponta do iceberg da negociação. O que faz um acordo naufragar são os **Motivos Ocultos**, a parte do iceberg que está sob as águas, ou seja, os motivos relevantes e decisivos que não foram mapeados e entendidos durante o processo de negociação. A diferença entre os dois tipos de motivos é fácil de ser compreendida.

MOTIVOS APARENTES: normalmente estão ligados a questões técnicas ou financeiras. Estes motivos são mais concretos e por isso são mais fáceis de serem localizados, entendidos e trabalhados.

MOTIVOS OCULTOS: estão mais ligados a questões emocionais do processo da negociação, portanto são mais sutis, mais inconsistentes, mais difíceis de serem identificados, mapeados e trabalhados.

Em toda e qualquer negociação, os dois tipos estão sempre presentes. Por isso, recomendo aos leitores que façam duas listas antes de começarem a negociar: uma contendo os **Motivos Aparentes** que estão envolvidos naquela negociação específica, e outra com os **Motivos Ocultos** que podem motivar o oponente a fechar o acordo. Quando você criar as suas duas listas, pense da seguinte forma:

- ▲ Os **Motivos Aparentes** são os pontos do acordo que estão diretamente ligados aos interesses da empresa que o outro negociador representa na mesa de negociação;
- ▲ Os **Motivos Ocultos** estão intimamente ligados com os interesses emocionais e com as necessidades individuais do seu oponente enquanto ser humano.

Depois dessas observações fica fácil entender por que confundir dinheiro com valor é considerado um pecado mortal para o negociador, pois nem sempre o preço é o fator decisivo para o fechamento de um acordo. O que acontece é que, por desconhecimento de causa ou por mera preguiça de raciocinar, começamos a dar valor exagerado ao papel do dinheiro na mesa de negociação e deixamos de usar de forma inteligente o lado emocional do processo para conduzir nosso oponente na direção do fechamento do acordo.

Na maioria das vezes, somos nós que valorizamos demais o preço e as condições financeiras da negociação e levamos o nosso oponente a fazer o mesmo. Quando cometemos esse pecado, construímos toda nossa argumentação sem levar em conta os fatores emocionais envolvidos no processo, e por isso deixamos de contar com uma arma poderosa na mesa de negociação. Devemos sempre tentar entender o que o nosso oponente realmente deseja e enxerga como sendo um ponto de valor na negociação; tomando todos os cuidados para não reduzi-la a uma amadora, pouco inteligente e extremamente perigosa guerra de preços.

5.º PECADO: ACREDITAR QUE TODOS PENSAM COMO VOCÊ

Um arquiteto foi convidado para construir várias alas de uma nova universidade. Os novos prédios foram construídos em uma enorme área verde. Quando a obra ficou pronta, a equipe de paisagismo perguntou onde ele queria que fossem construídas as calçadas de ligação entre os vários edifícios. Ele respondeu: "Não construam as calçadas de acesso ainda, apenas cubram toda a área entre os prédios com grama". Então, a equipe de paisagismo seguiu as ordens do arquiteto e os prédios foram liberados para os estudantes sem as calçadas de acesso.

Dentro de algumas semanas, em cima do gramado novo, estava o traçado de várias trilhas usadas pelos estudantes para irem de um prédio a outro. As trilhas usadas pelos estudantes seguiam a linha mais eficiente entre os pontos de conexão, tinham curvas suaves em vez de ângulos retos e a sua largura indicava o tamanho do fluxo em cada área. Somente após o traçado natural feito pelos estudantes, o arquiteto mandou construir as calçadas exatamente sobre as trilhas. Além de serem belas em termos de design, elas atenderam exatamente às necessidades dos usuários. Imagine agora se este arquiteto pensasse apenas como arquiteto e construísse tudo sozinho, tomando como base exclusivamente o conhecimento que havia acumulado durante todos os seus anos de profissão. Tenho certeza de que o projeto ficaria tecnicamente perfeito, mas será que ele teria atendido tão bem às necessidades de seus usuários?

Muitas vezes, como negociadores, cometemos o pecado de acreditar que sabemos o que a outra parte deseja, sem ao menos procurar entender as reais necessidades do nosso oponente. Isto ocorre porque temos a tendência de achar que nossas verdades são compartilhadas por todos, quando na maioria das vezes não são. Quando nos tornamos experientes como negociadores, gostamos de acreditar que sabemos ler a mente das pessoas. Somos tomados pela certeza de que nossa vivência irá nos dar todas as respostas que precisamos. Essa forma de pensar faz com que deixemos de entender o que realmente importa para o nosso oponente e dessa forma perdemos a chance de fechar um bom acordo.

Como negociadores, nosso trabalho é semelhante a de um arquiteto. Um arquiteto precisa entender como funciona a cabeça de seu cliente para estabelecer a proposta de projeto mais alinhada com seu estilo de vida. Antes de apresentar sua ideia, ele precisa buscar informações sobre os hábitos, os valores e as necessidades de seus clientes para poder construir um ambiente que possa refletir a personalidade da pessoa que está contratando seus serviços. Da mesma forma, o negociador profissional precisa construir seus argumentos baseado na maneira como seu oponente pensa e não nos seus gostos e crenças pessoais e, para isso, é necessário entender quais as razões que estão levando o nosso oponente a não fechar o acordo. É preciso buscar informações sobre quais os reais motivos que estão por trás de suas convicções. Fazendo isso, podemos construir um acordo que reflita não apenas o nosso ponto de vista e a nossa verdade, mas que acima de tudo, reflita de maneira clara e evidente a necessidades do nosso oponente.

É por isso que acredito que **negociar é a arte de gerenciar expectativas.** Quando o negociador começa a entender essa premissa e chega a esse nível de consciência, podemos dizer que ele começou a dominar o processo da negociação. O negociador profissional aprende ao longo dos anos que, antes de tudo, é necessário gerenciar as expectativas envolvidas no processo para obter o fechamento do acordo. Sem identificar as expectativas envolvidas, é quase impossível construir argumentos sólidos que possam convencer o nosso oponente de que o acordo é a melhor saída.

Existem basicamente três tipos de expectativas envolvidas no fechamento de um acordo. São elas: **Expectativas Técnicas, Expectativas Financeiras** e **Expectativas Emocionais.** A seguir, cada uma delas será detalhada para que você possa entender como elas afetam o fechamento do acordo e de que forma podemos gerenciá-las de maneira positiva para facilitar o processo da negociação.

EXPECTATIVAS TÉCNICAS

São aspectos relacionados à qualidade — adequação para o uso, adaptabilidade às necessidades do cliente, segurança, garantias, serviços de manutenção, suporte técnico, características técnicas do produto ou serviço negociado e prazos de entrega. Normalmente esses itens já estão previamente determinados no catálogo de produtos e serviços da empresa, mas algumas mudanças e adequações são possíveis dependendo da flexibilidade da empresa fornecedora. Em outros tipos de negociação, como no caso de acordos jurídicos, podem ter a ver com o cumprimento dos prazos judiciais, as implicações jurídicas do contrato ou a legislação específica de cada setor.

EXPECTATIVAS FINANCEIRAS

Estão geralmente ligadas às perdas e aos ganhos financeiros da negociação, como prazos de pagamentos, multas contratuais, formas de parcelamento, juros embutidos na negociação, taxas para abertura de cadastro, indicadores financeiros, questões relativas à participação acionária, indicadores macro e micro econômicos da economia que possam afetar o resultado final do acordo, mudanças cambiais, e tudo que se refere a números e dinheiro.

EXPECTATIVAS EMOCIONAIS

Esse tipo de expectativa está ligada ao lado mais sutil e difícil da negociação, como os sonhos, os desejos, as necessidades emocionais do oponente. Poucos são os negociadores que sabem lidar de forma profissional com as expectativas emocionais envolvidas no fechamento de um acordo, pois, para a maioria deles, o aspecto emocional da negociação é negligenciado de forma amadora e inconsequente. Para fechar um acordo, não basta conquistar o oponente com argumentos lógicos, precisamos seduzi-lo com argumentos emocionais, que mexam com o seu coração, a sua autoestima, o seu desejo de conquistar e vencer.

Os negociadores profissionais sabem equilibrar em sua proposta os três grupos de expectativas, dessa forma ampliam as suas chances de conseguir convencer o outro negociador a fechar o acordo. Este equilíbrio é fundamental para que o processo possa avançar, e sem o equilíbrio dessas três forças, o acordo não será fechado. Portanto, antes de sentar à mesa para negociar, sugiro a você, querido leitor, que monte uma lista para cada um dos três grupos de expectativas e comece a mapear e anotar em cada uma delas quais as expectativas envolvidas na negociação em que você vai atuar. Agindo assim, você terá certeza de que estará construindo seus argumentos com base nas expectativas corretas.

6.º PECADO: DIFICULDADES PARA OUVIR

Meu pai era uma figura agradável e bem-humorada. Sab...ninguém contar histórias que contagiavam e captavam a at...ção de todos à sua volta. Durante todos os anos da minha vida, nunca vi meu pai de cara feia um dia sequer, ele sempre procurava enxergar o lado bom da vida e vivia cada momento com a leveza de uma criança inocente. Mesmo nos momentos mais difíceis, quando o câncer roubou sua saúde e ele estava preso a uma cama de hospital, onde nem toda a morfina do mundo podia reduzir as suas dores e nem todo sedativo conseguia calar a sua mente, nem ali ele se deixou vencer pelo desespero e pela desilusão. Seu exemplo ajudou a superar meus momentos mais difíceis e me fez seguir em frente cheio de esperança. Ajudou-me também a nunca desistir dos meus sonhos.

Minha mãe, diferente de meu pai, era um verdadeiro sargento do exército dentro de casa, altamente disciplinada e organizada. Cobrava bastante de mim, em relação a comportamento, educação e estudo. Foi ela que me deu a disciplina necessária para buscar meus objetivos de forma estratégica e planejada. Nossa casa era impecavelmente limpa e arrumada, o que lhe rendeu o apelido de "Dona Limpinha", colocado por meu pai. Como vocês podem perceber, minha mãe, na verdade, precisou criar duas crianças: uma era eu e a outra, meu pai.

Meu pai e eu, juntos, fazíamos de tudo para quebrar o gelo da mamãe; criávamos situações engraçadas, pregávamos peças e muitas vezes conseguimos torná-la menos centrada e equilibrada, arrancando dela boas risadas para depois receber a lição de moral. Em minha longa e bem-humorada convivência com meu pai, pude reunir algumas histórias verdadeiramente hilariantes, então escolhi uma delas para falar do sexto pecado do negociador.

Meu pai perdeu a audição muito cedo, devido ao hábito de mergulhar sem ajuda de equipamentos, que resultou em um dos tímpanos estourados. Com o avanço da idade, sua audição foi diminuindo a tal ponto que ficou apenas com 10 % da audição no ouvido esquerdo e com menos de 20 % no ouvido direito. Isso fez com que ele começasse a usar aparelho auditivo muito cedo, com pouco mais de sessenta anos.

Um dia, estávamos todos reunidos à mesa para almoçar. Era hábito nosso, após o almoço, ter um momento de conversa em família. Nesse dia, minha mãe estava pilhada, parecia que tinha escolhido aquele almoço em especial para resolver todas as diferenças de temperamento que tinha com meu pai. Ela falava sem parar, gesticulava, reclamava e fazia barulho, parecia uma metralhadora disparando para todos os lados. Meu pai pacientemente a escutava, sempre com sua postura tranquila tudo que ela estava falando sem ao menos discordar ou argumentar: ele deixou que ela falasse por mais de quarenta minutos sem parar. Entre uma palavra e outra, ela virou-se para pegar uma panela no fogão, e, nesse exato momento, vi meu pai rapidamente desligando o seu aparelho auditivo, ou seja, a partir desse ponto ele não ouviria mais nada.

Então, ela voltou e continuou a falar por mais meia hora, enquanto meu pai dizia que ela estava totalmente certa e prometia que ia fazer diferente daqui para frente. Após o sermão caprichado, minha mãe saiu da cozinha e foi embora para o quintal, então eu toquei no braço do meu pai, e com o meu dedo apontei para sua orelha sorrindo, e disse para ele ligar novamente o aparelho auditivo. Quando ele ligou, perguntei a ele: "Papai, o senhor não tem vergonha de deixar mamãe falando sozinha? Pensa que eu não vi quando o senhor desligou o seu aparelho no meio da conversa?" Ele deu uma risada daquelas boas e falou assim: "Meu filho, você acha que estou casado com sua mãe há quase cinquenta anos por quê? Se eu fosse ouvir tudo o que sua mãe fala e reclama, eu já teria me separado dela há muito tempo".

Às vezes, penso como seria bom se todos nós fossemos capazes de cortar o som quando estamos ouvindo coisas que não nos interessam ou que não nos agradam. Já imaginou de quantas pessoas chatas poderíamos nos livrar, de quantas reuniões cansativas e enfadonhas ficaríamos livres e de quantos chefes sem noção seríamos capazes de escapar? Isso é possível! Eu tenho uma boa notícia para você. Nosso cérebro faz isso o tempo todo.

Nosso cérebro é munido de um mecanismo de escuta seletiva, que funciona como um filtro, quando estamos envolvidos com um assunto que nos interessa, todo o nosso foco e a nossa atenção são imediatamente dirigidos para a pessoa que está falando, quando acontece o contrário, ou seja, a conversa é chata e o assunto não nos interessa, o nosso cérebro literalmente desliga. Esse mecanismo existe para poupar nossa energia e é chamado de **surdez emocional temporária**. Durante uma negociação, uma conversa, uma aula ou uma palestra, ouvimos apenas aquilo que está alinhado com as nossas reais necessidades e, durante o restante do tempo, "desligamos a nossa mente" quando acreditamos que o assunto em questão não está alinhado com nossos interesses. Esse mecanismo de "coleta seletiva" de informações é extremamente perigoso para os negociadores, pois faz com que tomemos decisões sem realmente entender todos os fatos envolvidos e sem medir os reais custos daquele acordo.

VAMOS ENTENDER POR QUE ISSO ACONTECE?

Nosso cérebro representa apenas 2% de nossa massa corporal e, ao mesmo tempo, é o órgão do nosso corpo que mais consome energia para funcionar. Aproximadamente 20% da energia que produzimos é consumida com o processamento de informações. Sabendo disso, é fácil entender porque para o nosso cérebro é tão importante trabalhar com a máxima eficiência energética.

Nos últimos anos, a neurociência, ramo do conhecimento que se ocupa em entender como nosso cérebro processa informações, fez descobertas fantásticas sobre como aprendemos novos conceitos e ideias, e como processamos e damos sentido às informações que são captadas do ambiente pelos nossos cinco sentidos. Essas descobertas indicam que existe um padrão por trás da maneira como pensamos, e que este padrão é seguido sempre que estamos diante de certas situações.

Para cumprir a sua função, o cérebro desenvolveu mecanismos para reduzir o consumo de energia quando está diante de algumas situações. A seguir, vamos entender que mecanismos são esses e de que forma eles afetam a nossa maneira de ouvir, ver e entender o mundo a nossa volta.

A primeira coisa que precisamos entender é que o ato de ouvir não é algo meramente fisiológico. Ouvir envolve outras dimensões que vão além do aspecto físico. Quando ouvimos alguém falar, estamos disparando processos que são ao mesmo tempo físicos, emocionais e mentais. Essas três dimensões operam em conjunto para que nosso processo de escuta seja completo. Quando um desses fatores não está funcionando de maneira alinhada com os outros dois, nossa capacidade de ouvir e entender o que a outra pessoa está dizendo fica comprometida. No caso dos negociadores, nossa experiência prática indica que, de todos os três fatores, o mais prejudicial à nossa capacidade de ouvir é o fator emocional.

POR QUE A MAIORIA DAS PESSOAS TEM TANTA DIFICULDADE PARA OUVIR?

Para responder a essa pergunta precisamos entender como nosso cérebro processa informações. Estamos a todo momento recebendo estímulos do meio ambiente, e estes são recebidos pelos nossos cinco sentidos, que funcionam como canais de conexão com o ambiente externo. As informações do ambiente chegam através de cada um desses sentidos de forma fragmentada, e são processadas em partes diferentes do nosso cérebro. Cada uma dessas partes está ligada separadamente a cada um dos sentidos: audição, visão, tato, paladar e olfato. Após receber esses estímulos e processá-los separadamente, nosso cérebro junta e consolida esses dados em outra área especializada, que tem como principal função montar este quebra-cabeça e dar sentido a essa massa de dados para que as informações possam ter significado para nós.

Existem basicamente dois momentos nos quais podem ocorrer falhas no processamento dessas informações: o primeiro momento é na fase da coleta e o segundo momento é na fase da consolidação. Essas falhas ocorrem essencialmente por conta de mecanismos que nosso cérebro desenvolveu ao longo de sua evolução, que servem para tornar o seu trabalho de processamento de informações mais eficiente. Pode parecer uma contradição, mas é por conta desses mesmos mecanismos que as falhas de processamento podem ocorrer. Que mecanismos são esses? Para conhecê-los, vamos juntos partir para uma viagem pelo fantástico universo do nosso cérebro, para entender de que forma ele pode nos ajudar a sermos melhores negociadores.

Imagine se você pudesse escutar cada ruído, cada som, cada barulho que estivesse no ambiente a sua volta. Em muito pouco tempo você literalmente enlouqueceria devido à overdose de estímulos que seu cérebro iria receber. Para evitar esse problema, nosso cérebro criou mecanismos de defesa que servem para preservar nossa saúde mental e psicológica, evitando que nosso cérebro gaste energia processando informações de forma desnecessária. Esses mecanismos são denominados de: **Encaixe Forçado, Categorização** e **Complementação.**

MECANISMOS DE DEFESA DO CÉREBRO

ENCAIXE FORÇADO

Quando estamos diante de uma situação nova, nosso cérebro procura encaixar esta situação em um contexto que seja conhecido por nós. Essa manobra é feita comparando situações que vivemos no passado com a nova situação que temos que enfrentar. Agimos assim em busca de pontos em comum entre as duas situações, para que possamos identificar **caminhos** que deram certo no passado e que podem ser usados como **atalhos** para resolver a situação do presente. O **Encaixe Forçado** opera usando experiências anteriores como um referencial de acesso rápido para a tomada de decisão. Isso faz com que o cérebro tome decisões aproveitando a experiência acumulada com os erros e com acertos anteriores, reduzindo o seu consumo de energia.

Todo esse mecanismo é disparado em frações de segundos quando estamos em situações de pressão ou sobre grande estresse, como é o caso dos negociadores. Na mesa de negociação, estamos a cada momento comparando a negociação atual com as vividas no passado, para que possamos usá-las como referencial e chegar a um acordo de maneira mais rápida e eficiente. O problema ocorre quando, devido ao estresse, às pressões e aos prazos apertados, passamos a tomar decisões apenas com base em nossa experiência passada sem ouvir tudo que o nosso oponente tem a dizer. Portanto, chegamos a conclusões de forma rápida, o que na maioria das vezes nos prejudica como negociadores.

CATEGORIZAÇÃO

As informações, após serem processadas, são distribuídas em categorias. Só depois é que elas são armazenadas em nossa memória. Adotamos esse passo para facilitar o nosso acesso a esse pacote de informações quando elas forem necessárias mais tarde. Então, quando estamos negociando, tentamos classificar as informações fornecidas pelo nosso oponente em uma categoria conhecida, para que fiquem acessíveis e possam ser resgatadas de forma rápida em outro momento da negociação. É por isso que, quando não prestamos a devida atenção ao que o nosso oponente está dizendo, e por consequência, não entendemos corretamente o seu ponto de vista, temos dificuldades em reter essa informação para uso futuro.

Como não ouvimos com atenção e não entendemos corretamente, nosso cérebro tem dificuldade em categorizar e armazenar essa informação em um local acessível da nossa memória, ou seja, a informação fica vagando em nossa mente e termina sendo descartada por não encontrar um ponto adequado de fixação em nossa mente onde possa ser guardada e, posteriormente, recuperada para ser utilizada de forma inteligente para o fechamento do acordo.

COMPLEMENTAÇÃO

Para entendê-lo melhor, narrarei uma situação cotidiana que talvez tenha grandes chances de ter acontecido com você.

Imagine que você tem um compromisso importante às nove horas da manhã. Já são oito horas e você ainda está em casa terminando de se arrumar, ou seja, está atrasado. Quando finalmente fica pronto para sair, procura a chave do carro e não a encontra. O tempo vai passando e você começa a ficar com ar de desesperado, procurando em todos os cantos da casa sem sucesso. Nessa hora, você apela e vai abrindo todas as gavetas da casa para ver se a bendita chave aparece. Procura na primeira gaveta, procura na segunda e nada. Quando começa a entrar em desespero e está a ponto de perder o compromisso, abre a última gaveta da casa e, ao olhar lá no fundo, uma pequena sombra indica que aquela pode ser a chave tão procurada. Nesse momento, seu cérebro pega aquela pequena partícula de informação e cria em sua cabeça uma imagem holográfica completa da chave: é nesse ponto que você identifica o objeto e encontra o que estava procurando.

Esta pequena história serve para mostrar que estamos todo o tempo recebendo informações fragmentadas e incompletas do ambiente e o que o nosso maravilhoso cérebro faz com essas partículas de informação é tentar completá-los com base em referências de formato, cor, profundidade, e outros elementos que servem de apoio para completar e dar sentido à informação que está sendo procurada — neste caso, a chave.

O problema é que esse mesmo mecanismo pode atrapalhar (e muito) a vida do negociador. Para explicar o motivo, peço que pense na última vez em que você precisou defender seu ponto de vista diante de alguma pessoa. Normalmente, as pessoas começam expondo o seu ponto de vista e usam todos os seus melhores argumentos para defender a sua opinião. Depois, segundo a boa educação, devemos calar e ouvir a opinião da outra pessoa: é nessa hora que o pecado acontece.

Quando a outra pessoa começa a falar, imediatamente começamos a seguir os mecanismos naturais do nosso cérebro e ficamos tentando nos antecipar para completar em nossa cabeça a visão da outra pessoa sobre o assunto. Nesse momento, paramos de ouvir o que o outro diz e deixamos de acompanhar os seus argumentos até o final, pois não conseguimos pensar de forma estratégica ao mesmo tempo em que escutamos. Então, perdemos informações importantes, o que nos leva a cometer falhas no processo de negociação.

As dicas para os negociadores de plantão são as seguintes:

- Antes de começar a negociação, peça licença e avise que gostaria de tomar notas de alguns pontos ao longo da conversa;
- Mesmo que discorde dos argumentos da outra pessoa, não reaja de imediato. Não interrompa o outro enquanto ele estiver falando, deixe o seu oponente concluir seu raciocínio por inteiro para, só depois, rebater cada um dos pontos que você anotou;
- Fazendo isso, você terá a chance de entender de forma completa o ponto de vista da outra pessoa, sem ter que ficar interrompendo para argumentar, o que lhe dá mais chances de avaliar melhor a sua proposta e seus próprios argumentos com base no ponto de vista do outro.

Agindo assim, você mostrará respeito pelo seu oponente, terá tempo de entender o contexto da negociação como um todo, e poderá escapar da armadilha criada por nosso cérebro, que nos leva a completar os fragmentos de informações que recebemos com as nossas próprias ideias e visões.

7.º PECADO: ENTRAR NO PILOTO AUTOMÁTICO

Você pega o seu carro e sai dirigindo, decidido a ir para determinado lugar. Passado algum tempo, se dá conta que, de maneira automática, seu cérebro guiou seu carro para outro lugar completamente diferente. Quando se dá conta do erro, se pergunta: "Onde eu estava com a cabeça nos últimos minutos que não percebi que estava indo para o lugar errado? Agora é tarde, perdi tempo e vou precisar corrigir meu roteiro". Quem já não passou por esta situação? Nessa hora, até parece que uma "entidade" tomou conta da gente, e que era ela quem estava dirigindo o carro em nosso lugar sem que tivéssemos consciência. Na verdade, naquele momento, a "entidade" que estava no comando era o seu cérebro, atuando de forma independente, sem que você tivesse a menor consciência disso. A cena descrita se repete milhares de vezes em nossa vida, deixando claro, mais uma vez, como podemos ser induzidos pelo nosso cérebro a cometer os mais variados tipos de erros.

Este mecanismo é conhecido como **Piloto Automático** ou **Modo de Descanso**, e o que está em jogo novamente é o consumo de energia. Como foi falado anteriormente, o nosso cérebro procura trabalhar com a máxima eficiência energética, ou seja, ele sempre vai procurar formas para executar cada tarefa com o menor consumo de energia possível. Uma forma utilizada pelo nosso cérebro para consumir menos energia é a criação de rotinas preestabelecidas para o cumprimento de tarefas repetitivas. Quando essas rotinas são disparadas, o nosso cérebro coloca em movimento, de forma automática, um conjunto de comandos, que devem ser executados sempre na mesma sequência. Isto torna desnecessário repensar a mesma tarefa toda vez que estamos diante dela, poupando a nossa energia para tarefas pouco conhecidas, que exigem de nós mais esforço para sua execução.

Todo esse processo acontece em um nível abaixo da nossa consciência, como se fosse um processamento paralelo, por isso não tomamos pleno conhecimento do que estamos fazendo naquele momento. Esta falta de consciência é proposital, pois, para o cérebro, uma das tarefas que mais consome energia é nos ajudar a tomar consciência do mundo a nossa volta. Portanto, quando entramos no **Piloto Automático,** nosso nível de consciência é reduzido e passamos a cumprir determinada rotina de forma inconsciente.

Qual principal critério que o cérebro usa para decidir se uma tarefa deve ser executada no **Piloto Automático?** O critério utilizado pelo nosso cérebro é a frequência com que nos deparamos com a mesma tarefa todos os dias. Quando passamos a executar uma mesma tarefa todos os dias do mesmo jeito, seguindo sempre a mesma rotina de passos para a conclusão, o nosso cérebro mapeia esta tarefa e começa a medir o consumo de energia que estamos realizando para a sua execução. Dessa forma, ele verifica o consumo de energia para fazer aquela tarefa uma única vez e multiplica pelo número de repetições da mesma em nossa agenda diária. Logo, se o cérebro perceber que estamos consumindo muita energia com uma tarefa que se repete sempre, ele criará uma rotina de baixo consumo de energia que será disparada sempre que esta situação se repetir em nossa vida.

Esse mecanismo foi comprovado em um estudo conjunto realizado pela Universidade de Bergen, na Noruega, e pela Universidade de Southampton, na Grã-Bretanha, onde ficou constatado que trabalhos repetitivos podem fazer com que o cérebro entre no estado de **Piloto Automático,** o que pode levar as pessoas a cometerem erros em procedimentos simples. A pesquisa, publicada na revista especializada *Proceedings of National Academy of Sciences,* diz que os trabalhos rotineiros colocam o cérebro no **Modo Descanso,** quer a pessoa queira ou não. Esta constatação nos faz entender porque muitos negociadores estão sujeitos a cometer erros banais de julgamento depois de anos de profissão.

Todos nós temos a tendência natural de repetir comportamentos e hábitos adquiridos ao longo de nossa vida, e isso não é diferente quando estamos falando de negociação. Quando ficamos maduros como negociadores, passamos a desenvolver procedimentos padrões, maneiras específicas de abordagem e formas de comunicar as nossas ideias que foram refinadas ao longo de toda a nossa trajetória profissional. Isso nos deixa mais seguros e mais rápidos na tomada de decisão. Porém, esta vantagem pode se tornar um pesadelo quando nosso cérebro decide assumir o controle e colocar essas tarefas no **Piloto Automático**.

Na medida em que esses procedimentos, e essas formas de comunicar vão dando resultados positivos, começamos a repeti-los de forma indiscriminada. Cada vez que repetimos da mesma forma uma tarefa, estamos dando sinais ao nosso cérebro para que ele crie uma rotina automática de baixo consumo de energia, ou seja, estamos dizendo a ele que a rotina deve ser executada no **Piloto Automático** e, como foi dito antes, toda a rotina colocada nesse modo é processada abaixo do nível de nossa consciência. Quando isso acontece, o negociador perde seu poder de percepção e o seu discernimento e, consequentemente, sua plena consciência sobre a negociação específica que está participando. Por isso, é preciso que estejamos sempre vigilantes para que nossa maneira de negociar não caia em uma rotina repetitiva, que reduza o nosso nível de consciência de todo o processo.

8.º PECADO: NÃO FAZER PERGUNTAS INTELIGENTES

São as perguntas feitas de forma inteligente que transformam o mundo. Imagine, se Henry Ford não houvesse perguntado se existia uma forma mais eficiente para transportar pessoas, até hoje estaríamos andando a cavalo. Se Santos Dumont não ponderasse a possibilidade de voar com um objeto mais pesado que o ar, até hoje voar seria apenas para os passarinhos. São as perguntas guardadas em seu íntimo que têm o poder de transformar conceitos, elas fazem com que as verdades sejam modificadas e levam as pessoas a pensar sobre as suas escolhas e suas próprias decisões.

Um dos homens mais brilhantes de todos os tempos ficou conhecido pela posteridade não pelas suas respostas, mas sim pela maneira inteligente e provocadora com que fazia perguntas e levava seus alunos a pensar sobre escolhas e sobre maneira de ver a vida. Sua forma inteligente de perguntar ficou tão famosa que ganhou o seu nome e virou método, hoje mundialmente conhecido como **Método Socrático**. Gostaria inclusive de defender, abertamente, que a paternidade de uma das mais badaladas ferramentas de desenvolvimento da atualidade, o chamado Coaching, deve ser atribuída a ele. Sócrates, o nobre pensador grego, é o verdadeiro pai do Coaching. Toda a metodologia do processo foi construída com base no Método Socrático, portanto a "novidade" do Coaching tem pelo menos dois mil anos de idade, apesar da tentativa de aplicar um "botox de marketing" para esconder suas rugas. Se fizermos um exame isento de "Marketismos", veremos claramente que o DNA do Coaching tem origem na Grécia antiga.

O Método socrático consiste em uma técnica de investigação, feita através de perguntas que visam conduzir outra pessoa a um processo de reflexão e questionamento de sua própria visão do problema. Para isso, faremos o uso de perguntas inteligentes. Mas o que seria uma pergunta dita inteligente? É simples: a pergunta inteligente é aquela que nasce invertida e, para ser verdadeiramente inteligente e provocadora, uma pergunta precisa cumprir duas etapas. A primeira é definir a resposta que precisamos despertar na cabeça da outra pessoa. A segunda é construir uma pergunta que leve a pessoa a chegar à resposta que desejamos, através de seu próprio pensamento e suas próprias conclusões. Deste modo, é possível conduzir o processo sem causar resistência.

Um dos maiores erros que um negociador pode cometer é falar o tempo todo, na tentativa de convencer a outra pessoa sobre o seu ponto de vista, usando para isso apenas seus próprios argumentos. É preciso entender que ninguém convence ninguém de nada. A única coisa que podemos fazer para influenciar o pensamento de outra pessoa é plantar em sua cabeça as sementes certas, para que as ideias possam germinar por conta própria, sem o menor sinal de nossa interferência. Para isso, até hoje, nunca foi encontrada uma forma melhor do que usar perguntas inteligentes para conduzir o pensamento do outro na direção que desejamos.

Como negociadores, precisamos pensar de forma estratégica sempre que estivermos nos preparando para uma negociação. Logo, não podemos deixar de fora do nosso planejamento, algo tão importante como as perguntas que precisamos fazer, pois, sem elas, não teremos as respostas que precisamos para entender como a cabeça do nosso oponente funciona. Sem esse conhecimento, não poderemos conduzi-lo até o fechamento do acordo.

À vista disso:

- Prepare antecipadamente cada pergunta que você vai precisar fazer, levando em conta quais as respostas que necessita obter de seu oponente;
- Pense de forma antecipada e você poderá criar uma série de roteiros que irão servir de apoio para sua argumentação.

9.º PECADO: NÃO EXPLORAR TODAS AS POSSIBILIDADES

Ao longo de toda a nossa vida escolar — da infância até a formação profissional — fomos condicionados por um sistema de ensino que penaliza as pessoas criativas e incentiva aqueles que se enquadram nos padrões de resposta esperados. Este modelo foi construído em torno da certeza de que sempre vai haver uma única resposta certa para cada problema, normalmente aquela adotada pelo professor, portanto, um aluno não pode pensar de forma criativa e contrariar o que se espera como resposta padrão. Esta visão de ensino mata todas as possibilidades do aluno pensar de forma diferente para resolver uma questão, visto que impõe como certa apenas a resposta que está prevista pelo sistema, considerando todas as respostas criativas que estão fora do padrão aceito como erradas.

Os educadores que buscam confrontar o sistema chamam esse modelo tradicional de **Síndrome da Resposta Certa**. Esta síndrome nos condicionou a buscar apenas *uma* possibilidade de solução para cada problema ou situação que enfrentamos. Quando partimos desse pressuposto, que existe apenas uma resposta certa, deixamos de explorar outras possibilidades de solução que podem estar bem a nossa frente, reduzindo as chances de encontrar uma saída inteligente para a questão. Além disso, quando encontramos uma resposta que parece adequada e satisfatória, paramos de explorar novas alternativas em busca de uma solução mais eficiente. Isso acontece porque o cérebro entende que nossa busca terminou quando encontramos a resposta que consideramos certa.

Todo nosso sistema de ensino foi construído para atender às necessidades da sociedade da Era Industrial. Nesse modelo de produção, era altamente conveniente para o sistema manter os padrões de comportamento e de produção inalterados. Essa necessidade afetou diretamente o nosso sistema de ensino, que passou a reproduzir em sala de aula a mentalidade padronizada das linhas de produção, tratando o ensino como um processo de fabricação em massa e os alunos como meras peças de reposição que deveriam alimentar o sistema industrial dominante na época. Com a consolidação da Economia Criativa e com o crescimento do segmento de serviços, estamos vivendo um colapso em nosso sistema de ensino, que não consegue lidar com as demandas da nova economia, onde os profissionais são estimulados a pensar de forma criativa para solucionar problemas e precisam saber explorar ao máximo todas as possibilidades.

Um dos principais fatores que impedem as pessoas de pensar de forma criativa e inovadora é o medo de errar. O medo nos condiciona a somente propor soluções que possam ser aceitas pela maioria. Sugerir uma ideia que foge do pensamento coletivo e confronta a visão comum do problema representa um ato de coragem e, como vimos antes, a última coisa que nosso sistema de ensino visa recompensar são os corajosos; todo o sistema foi criado para recompensar os conformados.

Esta defasagem criativa, herdada do nosso sistema de ensino, afeta diretamente as nossas decisões como negociadores, reduzindo as nossas possibilidades e limitando a nossa visão sobre as diversas alternativas possíveis para se chegar ao fechamento do acordo. Quando deixamos de explorar todas as alternativas, estamos inconscientemente fechando as portas para oportunidades de ganhos que nem sequer passaram pela nossa cabeça no início da negociação. São oportunidades que surgem durante o processo do fechamento do acordo que irão se perder caso nossa mente esteja condicionada a buscar apenas uma resposta certa para o problema. Por isso, é preciso manter a mente aberta para as possibilidades.

Para ilustrar nosso ponto de vista sobre explorar todas as alternativas, gostaria de fazer a você, caro leitor, uma pergunta inteligente com o intuito de abrir a sua mente para o tema.

QUANTAS ESTRELAS BRILHAM DE DIA?

A resposta é que todas as estrelas brilham de dia. Porém, como durante a manhã há luz do sol, ela ofusca e esconde o brilho de todas as outras estrelas e não as vemos. Assim é com as possibilidades: elas estão por toda parte brilhando como sempre brilharam, mas quando estamos com a nossa visão ofuscada pelo brilho de nossas verdades e certezas, que para nós são como a luz do sol, ficamos cegos e não conseguimos enxergar as oportunidades que estão a nossa volta.

10.º PECADO: EXCESSO DE AUTOCONFIANÇA

Em uma cidade do Canadá, havia anualmente um concurso para eleger o melhor de todos os lenhadores da região, que reunia competidores vindos das mais distantes províncias. Todos os lenhadores desejavam muito esse prêmio, pois o campeão seria respeitado e reconhecido pela comunidade. Entre eles, havia um jovem talentoso que esbanjava energia e vitalidade. Ele era conhecido por sua força física e sua velocidade; sua fama corria por todo o Canadá. As pessoas comentavam que ninguém poderia derrubar mais árvores do que ele em uma competição. Ao longo de sua curta e vitoriosa carreira como lenhador, ele nunca perdeu uma única competição, e com isso, foi ficando cada vez mais arrogante, vaidoso e autoconfiante. Ele acreditava que ninguém poderia derrotá-lo.

Durante a semana da competição, apareceram vários desafiantes de todos os cantos do país para enfrentá-lo e, um a um, foram derrotados. Até que, no último dia da competição, um velho lenhador aposentado resolveu desafiar o rapaz. Todos riram do velho, ninguém acreditava que aquela figura frágil poderia derrotar o campeão dos campeões. O próprio jovem olhou para o velho lenhador com desprezo, e começou a comentar com todos que seria a vitória mais fácil de sua vida.

Nesse momento, o juiz da competição chamou todos os presentes para entrar na floresta — a competição estava prestes a começar. O jovem arrogante preparou seu machado e, assim que o aviso de largada foi dado, avançou feito um raio para o meio da floresta e começou a derrubar árvore atrás de árvore. Nada lhe deteve, nem os pinheiros mais altos ou os carvalhos mais fortes eram páreo para o campeão.

Enquanto o jovem lenhador trabalhava sem parar, olhava para trás e via o velho lenhador parado, como se estivesse descansando. Isso o motivava ainda mais a seguir em frente, para fazer daquela uma derrota vergonhosa ao velho lenhador. O desejo do jovem era ensinar ao velho uma lição, mostrar que não se deve desafiar um campeão.

Ao final do dia, o juiz foi à floresta para fazer a contagem das árvores derrubadas por cada lenhador. Para surpresa de todos, o velho lenhador tinha conseguido derrubar muito mais árvores que o campeão. Todos ficaram curiosos sobre esse feito do velho e o jovem campeão, inconformado, foi tomar satisfações com o seu oponente. Ele perguntou: "Como foi que o senhor derrubou mais árvores do que eu? Eu não parei um minuto sequer, enquanto que o senhor estava sempre parado descansando toda vez que eu olhava para trás".

O velho lenhador respondeu: "Jovem arrogante, esta foi uma lição para você levar para toda a vida. Nunca subestime seus oponentes, eles podem lhe surpreender e derrotá-lo jogando com o seu excesso de autoconfiança. Enquanto você saiu feito um raio, confiante que era melhor que eu, derrubando árvore atrás de árvore, eu estava regularmente parando durante meu trabalho e afiando a lâmina do meu machado. Por esse motivo, pude cortar muito mais árvores do que você, que não parou um segundo para afiar a sua lâmina. Você pensou que eu estava cansado e que parava por não estar aguentando o seu ritmo quando, na verdade, eu estava parando para preparar de forma inteligente a sua derrota".

Esta pequena história mostra claramente os males do excesso de autoconfiança. Não podemos nos deixar levar pela vaidade e começar a acreditar que somos os melhores. Precisamos sempre olhar nossos oponentes com respeito e cuidado, pois o excesso de autoconfiança pode nos colocar em situações difíceis na mesa de negociação.

Os negociadores que sofrem deste pecado cometem ainda mais um erro: eles deixam de planejar suas ações por acreditarem que são capazes de responder a qualquer desafio. Imaginam ser autossuficientes, logo deixam de estudar o oponente de forma estratégica e procurando avaliar de forma racional e objetiva o verdadeiro tamanho do desafio.

Será que você está agindo como o jovem lenhador? Será que está permitindo que seu sucesso seja a passagem para o seu fracasso?

Reflita sobre essas perguntas antes de enfrentar seu próximo oponente e terá mais chances de avaliar suas reais possibilidades. Deste jeito, poderá se preparar melhor para os desafios da negociação.

11.º PECADO: FICAR PRISIONEIRO DE UM MODELO

Imagine se todo o universo que você conhece existisse apenas para você, que cada fato, pessoa e situação que você passou estivesse sendo projetada dentro de sua cabeça, e que tudo aquilo que você vê, toca e sente é apenas produto de sua imaginação criadora. Não estamos falando aqui do filme *Matrix*, onde tudo aquilo que os personagens vivem está contido em um programa de computador que gera a sensação de realidade na mente das pessoas.

Nosso cérebro faz melhor do que isso, ele é uma **máquina criadora de modelos** que funciona exatamente como no filme *Matrix*. Os nossos modelos mentais são como **simulações virtuais da realidade** à nossa volta. Essas simulações são construídas pela nossa mente para dar sentido a todos os estímulos que recebemos do ambiente externo. Na verdade, o mundo em que vivemos só existe para nós mesmos e para mais ninguém, portanto, temos uma visão individualizada da realidade, gerada única e exclusivamente pela nossa mente. É com esta visão pessoal de mundo que reagimos ao ambiente à nossa volta e interagimos com as outras pessoas.

Os **Modelos Mentais** são como formas, onde tentamos encaixar todas as ideias e conceitos que captamos através dos nossos cinco sentidos. São estes modelos que nos ajudam a entender o mundo em que vivemos. Quando temos uma ideia nova, imediatamente tentamos encaixá-la em um modelo que signifique algo para nós. Se esta tentativa de encaixe fracassar, rejeitamos a ideia, pois ela passa a não fazer sentido dentro deste nosso universo. Neste caso, estamos lidando com o tipo de pensamento chamado de **Divergente**.

Por outro lado, as ideias que fazem sentido e estão de acordo com o nosso modelo mental são prontamente recebidas e aceitas pela nossa mente. Quando aceitamos a ideia e ela está de acordo com nosso modelo mental, estamos lidando com o tipo de pensamento chamado de **Convergente**. Portanto, podemos dizer que nosso modelo mental funciona como um filtro, que seleciona as ideias e conceitos que receberemos em nossa mente. Com relação aos **Modelos Mentais**, precisamos construir duas estratégias distintas como negociadores.

A **Primeira Estratégia** é ampliar a nossa consciência sobre o papel dos modelos mentais e sua influência em nossas decisões, para que possamos abrir espaço para os pensamentos do tipo **Divergente**, ou seja, os pensamentos que não estão de acordo com nosso modelo mental. Isto é muito importante, pois, embora esses pensamentos estejam divergindo daquilo que aceitamos como verdade, não quer dizer que não possam estar certos.

A segunda estratégia é entender como pensa o nosso oponente para que possamos construir argumentos que estejam de acordo com o seu modelo mental, ou seja, para que os nossos argumentos gerem pensamentos do tipo **Convergente**, que estão de acordo com a visão de mundo do nosso oponente.

Quando usamos as duas estratégias, abrimos duas portas ao mesmo tempo: uma em nossa mente, para que as ideias novas e diferentes possam entrar, e outra porta na cabeça do nosso concorrente, por onde irão entrar os nossos melhores argumentos. Mas de que forma nós construímos o nosso Modelo Mental?

O Modelo Mental é construído durante toda a nossa vida. Ele é a soma de nossas experiências, nossa formação, nossos medos, nossos sucessos e nossos fracassos. Sendo assim, toda situação que vivemos contribui para fortalecer o nosso Modelo Mental. Por isso, é tão difícil colocar uma ideia nova na cabeça de uma pessoa, pois esta ideia precisa passar pelo filtro do nosso Modelo Mental antes de ser aceita.

É fácil entender que a nossa forma de pensar determina a nossa forma de agir, e que boa parte de nossas ações, reações e comportamentos são frutos do nosso Modelo Mental. Por isso é tão importante montar a estratégia de negociação de maneira que esteja alinhada com o modelo mental do nosso oponente. Quando fazemos isso, ampliamos as chances de sucesso na negociação.

Alguns negociadores ficam presos a um modelo ou a uma única forma de negociar. Muitos dizem que desenvolveram um estilo como negociador e que são fiéis ao seu estilo, o que é uma tremenda burrice.

O negociador profissional:

- Não pode estar vinculado a um único estilo ou forma de negociar.
- Precisa ser flexível e adaptável para conseguir ampliar suas possibilidades de fechar um bom acordo na mesa de negociação.

Logo, quando seguimos um modelo rígido como negociadores, estamos nos tornando previsíveis diante de nossos oponentes e, quando nos tornamos previsíveis, estamos dando chance para que o nosso **padrão de movimento** na mesa de negociação possa ser mapeado e neutralizado pelo outro negociador.

O nosso padrão de movimento na mesa de negociação é formado pelo conjunto de estratégias e táticas que usamos de forma rotineira na hora em que estamos negociando. Com o tempo, esse padrão torna-se um hábito e muitas vezes paramos de questionar se ele é adequado ou não à negociação que estamos participando no momento. Então, passamos a repetir padrões usuais e rotineiros do passado sem avaliar de forma consciente se o modelo de negociação ainda é válido nos dias de hoje. Portanto, tenha cuidado para não cometer o pecado de reduzir suas chances como negociador construindo toda a sua argumentação baseada em um modelo que só faz sentido para você mesmo.

PONTOS-CHAVE DO CAPÍTULO

- Durante uma negociação, nosso cérebro age como se estivesse em uma situação de perigo e tenta mapear as forças do oponente para saber que tipo de ações e reações poderemos enfrentar;

- Invista seu tempo em planejamento, não deixe tudo por conta do **Sistema NHS (Na Hora Sai)**;

- A surdez emocional temporária é causada por três fatores: o estresse da negociação, a fogueira das vaidades e a competição entre os oponentes;

- Os **Motivos Aparentes** estão mais ligados a questões técnicas e financeiras, enquanto que os **Motivos Ocultos** estão mais ligados às questões emocionais;

- Na maioria das vezes, somos nós que valorizamos demais o preço e as condições financeiras da negociação e levamos o nosso oponente a fazer o mesmo;

- Negociar é a arte de gerenciar expectativas. Existem basicamente três tipos de expectativas envolvidas no fechamento de um acordo: **Expectativas Técnicas**, **Expectativas Financeiras** e **Expectativas Emocionais**;

- Existem três dimensões envolvidas no ato de ouvir: a física, a mental e a emocional.

CAPÍTULO 02

AS ARMADILHAS DA NEGOCIAÇÃO

A mesa de negociação é um campo minado. A todo momento estamos sujeitos a cair em armadilhas que podem expor nossas fraquezas e nos colocar em posição de desvantagem diante de nossos oponentes. A maioria dessas armadilhas é colocada por nós mesmos e fazemos isso quando deixamos de nos preparar de forma adequada para negociar. Assim, deixamos brechas em nossa estratégia, por onde nosso oponente pode penetrar nossas defesas.

Algumas dessas armadilhas são facilmente identificáveis. Outras não são tão fáceis assim — elas ficam encobertas e podem nos surpreender a qualquer momento da negociação. Como negociadores, devemos nos acostumar a encontrar surpresas pelo caminho. Não somos senhores absolutos na mesa de negociação, dependemos diretamente da outra parte para montar a nossa linha de ação. Porém, temos a obrigação de entender e evitar as principais armadilhas que podem surgir quando estamos negociando.

A seguir, você identificará essas armadilhas e os pontos que devem ser evitados quando estiver atuando como negociador.

ARMADILHAS DO PLANEJAMENTO:

- Preguiça;
- Não conhecer as variáveis;
- Falta de treino;
- Dificuldades em manter a concentração;

- Dificuldades para visualizar o futuro;
- Alegar falta de tempo.

ARMADILHAS DA PERCEPÇÃO:

- Pontos cegos;
- Análise de valor.

ARMADILHAS DA COMUNICAÇÃO:

- Estilos diferentes de comunicação;
- Usar as palavras erradas;
- Gritos do silêncio.

ARMADILHAS DA DEFINIÇÃO DE OBJETIVOS:

- Foco amplo e foco específico;
- Margem de manobra;
- Rotas de fuga.

ARMADILHAS DA ATITUDE:

- O médico e o monstro;
- O beijo do vampiro;
- A volta dos mortos vivos;
- Você beijaria o Freddy Kruger?

Iremos, agora, ver cada item acima detalhadamente.

ARMADILHAS DO PLANEJAMENTO

Os tubarões identificam rapidamente quando estamos despreparados para negociar, por isso forçam a barra exatamente nos pontos onde estamos mais vulneráveis.

O ato de planejar não é algo natural do ser humano. Somos animais reativos e emocionais, boa parte das respostas que damos ao ambiente são respostas instintivas. Essas respostas estão ligadas ao nosso DNA ancestral, que remonta ao homem das cavernas e às lutas pela sobrevivência. Quando olhamos os executivos modernos com seus ternos bem cortados, seus relógios de aço escovado e com seus carros de luxo, temos dificuldade em ver o homem pré-histórico que está escondido por baixo de todo o verniz de bom comportamento que a sociedade moderna impôs.

No início de nossa luta pela sobrevivência como espécie, era muito mais proveitoso ser rápido na resposta e ter os instintos aguçados do que saber planejar como obter o almoço do dia. O ser humano levava uma vida nômade, portanto, não era preciso planejar nada, pois nossa vida era vivida de acordo com o ambiente natural que surgia à nossa frente a cada dia. À medida que nos fixamos na terra e deixamos de vagar pelas planícies, foi necessário começar a pensar em planejamento. Por isso, nossos instintos principais são da sobrevivência e do prazer imediato, não o de pensar a médio e longo prazo. A maior prova disso são as loucuras que muitas vezes cometemos para saciar nossos instintos mais primitivos — nestas horas esquecemos oportunamente o nosso lado racional e passamos a ser comandados totalmente por nossas emoções.

Quantos de vocês, caros leitores, já contraíram dívidas para poder comprar um objeto de desejo? Quantos de nós já não cedemos diante de nossa comida favorita quando o nosso médico nos recomendou evitar gorduras e açúcar? Quantas vezes somos tomados por uma paixão violenta e jogamos para o alto o porto seguro do nosso casamento? Eu poderia ficar horas dando provas de que o nosso forte como ser humano não é o pensamento racional, e sim o fato de sermos emocionais, passionais, competitivos e territorialistas. Essa é a nossa essência ancestral.

Todos esses instintos ficam à flor da pele na mesa de negociação. Não adianta tentar dizer que não quer tirar o máximo do seu oponente, nem fingir que não deseja que o acordo seja mais vantajoso para sua empresa, ou começar com um discurso politicamente correto sobre parceria. Negócio é negócio, e acredito que ninguém aqui ainda tem dúvida disso. Quando dinheiro e poder estão envolvidos, tudo muda. A negociação até pode ser do tipo ganha-ganha, como muitos autores querem colocar em nossa cabeça para consolar um pouco a nossa crise de consciência. Porém, a verdade é que, na arena de guerra dos negócios, todos queremos que o nosso lado do **ganha** seja 70% e o lado do **ganha** do nosso oponente seja só 30% do negócio.

Diversos negociadores se dão muito bem sem o planejamento. No entanto, não estou questionando sua forma de negociar, o que estou querendo colocar é que, se você confia no seu instinto como negociador, é importante que saiba que poderá ser melhor ainda usando os seus instintos de forma planejada.

ATENÇÃO! Não caia na armadilha de confiar totalmente no **SISTEMA NHS (Na Hora Sai)**, utilizado por muitos profissionais quando estão negociando. Esse sistema funciona muito bem até você encontrar pela frente um oponente mais planejado e organizado que você. Portanto, planeje os pontos-chave da negociação e siga as dicas que demos no Capítulo Um para montar um bom plano de ação: identifique os **Motivos Ocultos** e **Aparentes**, busque entender as **Expectativas Técnicas**, **Financeiras** e **Emocionais** envolvidas no processo e comece a dar forma ao seu planejamento com estas variáveis. Logo mais à frente, iremos agregar outros itens para que você possa montar seu plano de negociação.

A seguir, identificaremos quais são as principais **armadilhas que impedem as pessoas de planejar melhor as suas negociações**. Vocês poderão perceber que boa parte dessas armadilhas são, na verdade, condicionamentos pessoais que desenvolvemos ao longo da vida e que nos impedem de pensar de maneira estratégica:

PREGUIÇA

A verdade nua e crua é que temos preguiça de planejar. Fazer isso dá trabalho, exige de nossa mente um esforço que ela não está habituada a fazer; o ato de planejar não se enquadra em nossa rotina diária. A maioria de nós só pensa em planejar alguma coisa quando o buraco já está fundo demais para continuar cavando, como, por exemplo, quando as dívidas se acumulam, quando a nossa saúde dá sinais de alerta, quando o nosso emprego está ameaçado ou quando o nosso negócio esta à beira de fechar as portas. É nessa hora que paramos e resolvemos que o melhor é realizar o planejamento do que queremos fazer.

Nós esperamos a crise chegar para pensar em planejamento. O grande erro é que ninguém pensa em planejar. É preciso planejar durante durante o período para evitar os tempos de crise. Sem um planejamento correto nos tempos de fartura, estaremos apenas acelerando a chegada da próxima crise em nossa vida.

A preguiça para planejar é fruto da nossa análise de custo-benefício. Quando tudo está bem em nossa vida e não identificamos ameaças no horizonte, naturalmente entramos em um estado de relaxamento latente, ficamos "hibernando", esperando a próxima crise enquanto desfrutamos do nosso sucesso. Essa postura faz com que paremos de pensar de forma criativa e inovadora, logo deixamos de questionar a forma como fazemos as coisas, paramos de controlar os gastos e negligenciamos as novas possibilidades de gerar negócios.

A falta de planejamento aliada a esse relaxamento latente apenas acelera a chegada da próxima crise, que pode acontecer na economia, como também em qualquer área da nossa vida. O segredo do sucesso é preparar nossa estratégia de mudança enquanto estamos no alto, para que os efeitos da crise sejam passageiros e possamos novamente retomar a nossa rota de crescimento.

Outro fator que provoca esta preguiça mental para planejar é o fato de que os modelos de planejamento adotados pela maioria das empresas não estão alinhados com a maneira natural que nosso cérebro usa para pensar. Os modelos adotados pelas empresas usam o que chamamos de **Planejamento Linear** ou **Não Associativo**, em que cada elemento do plano de ação é tratado de forma isolada e segue uma sequência linear rumo ao objetivo final desejado.

Nossa mente não funciona assim. Nosso cérebro trabalha com o que chamamos de **Planejamento Radial** ou **Associativo**, em que cada elemento do plano de ação surge de forma espontânea e gira em torno de associações com uma ideia central. Essa ideia central é nosso objetivo, e expande-se do centro da ideia para a periferia em uma rede de conexões. Quanto mais próximas as conexões estão da ideia central, mais forte a ligação com a ideia. Portanto, quanto mais afastadas, mais fraca é a ligação. Nossa mente trabalha de maneira **associativa** e **não linear**, onde cada ideia pode associar-se com todas as outras formando novas e magníficas conexões. Esta é fonte original de todo pensamento criativo.

Sempre que falo de **Planejamento Radial**, me vem à mente a visão do acelerador de partículas do Centro Europeu de Pesquisa Nuclear (CERN), localizado em Genebra, na Suíça. Nesse equipamento é que são feitas as colisões de partículas atômicas a uma velocidade altíssima, e dessas colisões é possível observar novas partículas que antes não podiam ser vistas.

A nossa mente funciona de modo parecido com um acelerador de partículas quando estamos planejando. As ideias viajam por nossa mente em altíssima velocidade e, vez ou outra, entram em choque, provocando o surgimento de novas ideias e associações que antes não podiam ser vistas. Esta é a forma orgânica e natural que usamos para planejar e ter novas ideias: primeiro o **caos,** depois a **ordem.**

Portanto, para planejar de forma natural.

- Primeiramente é preciso visualizar de forma clara o que queremos;
- Em seguida, deixar as ideias circularem livremente em nossa cabeça, formando novas e inusitadas conexões;
- Por fim, tentar colocar ordem no caos criativo que despertamos.

NÃO CONHECER AS VARIÁVEIS

Você conhece todas as variáveis envolvidas no processo da negociação? Será que entende todas as correlações existentes entre cada uma dessas variáveis?

Imagine que estão espalhadas no chão à sua frente todas as peças necessárias para montar um carro. Essas peças estão dispostas de maneira aleatória e sem nenhuma ordem aparente. Você sabe que tudo que precisa para montar o carro está ali, porém, a maioria de nós não consegue enxergar a conexão entre cada uma das peças.

Para as pessoas que, assim como eu, não são iniciadas nos mistérios da mecânica de automóveis, aquilo tudo é apenas um monte de peças jogadas no chão. Seria necessário entender qual a função de cada peça e como cada uma se relaciona com todas as outras para que pudéssemos montar o tal carro. Acontece que sem esse conhecimento prévio é quase impossível montar o quebra-cabeça.

Assim também acontece quando estamos planejando uma negociação. Olhamos em volta e vemos apenas peças desconexas e muitas vezes não temos conhecimento de sua função e de que forma cada uma dessas variáveis se relaciona dentro do processo. Essas limitações nos deixam desmotivados e, por conta disso, muitos preferem arriscar e ir para mesa de negociação sem o mínimo de planejamento prévio.

A falta de conhecimento das variáveis envolvidas no processo da negociação limita a nossa visão estratégica e impede que montemos um plano de ação que reflita de forma objetiva a dinâmica do processo. Sem entender as variáveis envolvidas, fica difícil calcular o impacto de cada uma delas em nossa estratégia e, mais difícil ainda, visualizar os cenários e possibilidades que podem surgir durante a negociação.

Ao longo do livro, apresentarei a você, caro leitor, quais são as variáveis e de que maneira podemos trabalhar com elas na mesede negociação.

FALTA DE TREINO

Como foi dito antes, o ato de planejar não está dentro da nossa rotina diária. O planejamento ocupa um lugar secundário na vida da maioria das pessoas, e muitas vezes assumimos o risco de não planejar e entramos em ação sem ter uma noção clara de onde estamos nos metendo. Esse afastamento do ato de planejar faz entrar em ação uma das leis naturais da evolução das espécies, a **lei do uso e desuso**. Na natureza, tudo que tem uso e produz resultados positivos para preservação da espécie é mantido e desenvolvido, enquanto tudo que não tem uso ou que não produz um resultado positivo é sumariamente eliminado da nossa vida.

AS ARMADILHAS DA NEGOCIAÇÃO

Quando não exercitamos o ato de planejar, automaticamente estamos diminuindo gradativamente a nossa capacidade de agir planejadamente. O treino do planejamento serve para manter a nossa mente ativa e alerta. Assim, quando planejamos, estamos desenvolvendo a nossa capacidade de visualizar as possibilidades na negociação.

ATENÇÃO! A visualização é um dos pré-requisitos do planejamento. Só podemos planejar alguma coisa depois que conseguimos visualizá-la em nossa mente com clareza. Nossa mente funciona como um projetor, tudo que desejamos ver caracterizado em nossa vida, precisa antes ser visualizado em nossa tela mental. O primeiro passo do planejamento é a **visualização**. É nesse momento que usamos nossa capacidade criativa e passamos a gerar em nossa mente uma imagem mental daquilo que desejamos alcançar. Só com uma imagem mental clara do que desejamos obter é que poderemos planejar as formas de alcançar o que estamos buscando.

Cada vez que praticamos a visualização, as imagens mentais vão ficando mais sincronizadas e detalhadas. Logo, ampliamos a nossa capacidade de antever cada movimento que faremos na negociação e também poderemos prever as manobras de contra-ataque do nosso oponente que podem neutralizar nossos movimentos.

É como um jogo de xadrez. Precisamos visualizar de forma antecipada quais os próximos movimentos do nosso oponente para prever quais as jogadas mais prováveis de acordo com o estilo do jogador. O mesmo acontece quando estamos negociando. Precisamos visualizar as prováveis escolhas que nosso oponente fará, para que possamos nos antecipar e neutralizar seus movimentos, antes que possam comprometer os nossos objetivos no fechamento do acordo.

A técnica da visualização serve para que você possa ver primeiro, com os olhos da mente, os possíveis cenários que podem surgir durante a negociação. Vendo a cena antes que ela aconteça, estamos usando o nosso cérebro como um simulador de voo, onde são treinados os novos pilotos. É no simulador que os aprendizes podem ficar frente a frente com as situações de emergência sem expor a sua vida e a vida dos seus passageiros ao perigo. Logo, vendo antecipadamente cada desdobramento da negociação, podemos nos preparar melhor caso o cenário aconteça.

Outra função da técnica da visualização é manter o foco no cenário que desejamos alcançar. Essa técnica é adotada por muitos atletas para fixar em sua mente as jogadas e visualizar o resultado final da partida. Muitos tenistas famosos, jogadores de golfe e treinadores de basquete da NBA usam a visualização para manter seus atletas concentrados nos objetivos desejados. Visualizar o resultado da negociação em nossa mente movimenta um conjunto de forças que irá nos ajudar a transformar a imagem mental em algo concreto.

O treino da técnica da visualização nos ajuda a desenvolver o pensamento e faz com que o ato de planejar torne-se algo menos linear e mais criativo. Por isso, se você deseja manter afiada a sua capacidade de planejar, comece treinando a visualização com situações mais simples do seu dia a dia. Então vá evoluindo, aos poucos, sua habilidade em criar na mente a imagem mental da cena para situações mais complexas. Agindo assim, você manterá a sua capacidade de pensar de maneira estratégica sempre preparada, para responder aos desafios da negociação.

DIFICULDADES EM MANTER A CONCENTRAÇÃO

Olhando em volta é fácil perceber que a natureza funciona através de determinados ritmos. Observamos isso através das estações do ano, das fases da lua, do ciclo das marés, do dia e da noite, e dos ciclos de rotação, gravitação e órbitas que não percebemos de maneira tão nítida e próxima. Nós, seres humanos, somos parte integrante da natureza. Na verdade, os ciclos da natureza se reproduzem dentro de nós. Somos parte de um todo universal que está conectado de maneira íntima, onde os movimentos de expansão e retração dessa energia afetam diretamente todos os outros elementos. Tais ritmos naturais são compartilhados por nós de maneira muito sutil; entender esses ritmos de energia e saber lidar com as suas oscilações, nos ajuda a manter um desempenho próximo da excelência em todas as atividades da vida.

É fácil perceber que nosso corpo reproduz internamente os ritmos da natureza. Podemos comparar, por exemplo, o ciclo menstrual com o ciclo das marés: há momentos em que o mar fica revolto e ameaçador para depois ficar calmo e convidativo a um bom mergulho. Todos os casais sabem do que eu estou falando, nenhum marido em sã consciência enfrentaria o mar revolto de uma TPM. É melhor esperar a maré baixar para mergulhar tranquilo nas águas mornas do amor. Há, porém, ritmos mais sutis que nos afetam e que muitas vezes não tomamos consciência de sua ação devido à correria da nossa rotina. Não enxergamos seu mecanismo, mas seus efeitos são percebidos através da fadiga mental, da dificuldade de concentração, da irritabilidade, da queda de energia física e da instabilidade emocional.

A palavra **biorritmo** vem do grego, sendo formada por duas raízes: *byos*, que significa vida, e *rhythmos*, que significa movimento. Portanto, o biorritmo é o ritmo da vida, é o que dá movimento e vitalidade a tudo aquilo que fazemos. Os primeiros cientistas a estudar os ciclos biológicos de seus pacientes foram o Dr. Hermann Swoboda, da Universidade de Viena, o Dr. Wilhelm Fliess, da Universidade de Berlim, e o Prof. Alfred Teltscher, da Universidade Innsbrück, na Áustria. Eles perceberam que o ser humano apresentava ciclos de energia que se repetiam em períodos regulares ao longo do tempo, então identificaram os dois primeiros ciclos: o **ciclo físico**, que dura por volta de 23 dias, o **ciclo emocional**, que dura por volta de 28 dias, e por último o **ciclo intelectual**, que dura por volta de 33 dias. Cada um desses ciclos rege um conjunto de atividades emocionais, mentais e físicas fundamentais para o nosso desempenho, por isso é tão importante tomarmos consciência de sua ação em nossa vida.

O CICLO FÍSICO (F): Afeta nossa resistência, impacta diretamente em nossa força, afeta a nossa coordenação motora, a nossa velocidade e o nosso desempenho sexual, entre outras funções orgânicas. Nos dias críticos, quando a nossa curva de energia física está em baixa, ficamos mais propensos a nos sentirmos cansados, a sofrer acidentes ou adoecer com mais facilidade. Por outro lado, quando a nossa curva de energia física está em alta, nos sentimos energizados, ficamos mais resistentes às doenças e mais alertas.

CICLO EMOCIONAL (E): Afeta diretamente o nosso sistema nervoso central com reflexos diretos em nossa sensibilidade, em nosso temperamento, e no nosso comportamento como um todo. Discussões, brigas, crises nervosas, depressão e frustrações sem sentido são mais frequentes em dias emocionalmente críticos, recomendando-se, portanto, toda calma possível para evitar os efeitos negativos da baixa de energia nesse ciclo biológico. Por outro lado, nos melhores períodos do **Ciclo Emocional**, sentimos alegria, entusiasmo, euforia e uma sensação de bem-estar. A influência do emocional afeta diretamente as dimensões física e intelectual, melhorando ou piorando os reflexos desses outros dois ciclos biológicos em nossa vida.

CICLO INTELECTUAL (I): Afeta diretamente a memória, a criatividade, a clareza mental, o poder de raciocínio, o pensamento lógico, e o poder de argumentação. Quando o ciclo intelectual está em fase crítica, podemos tomar decisões incorretas, a memória falha, as ideias criativas passam longe de nós, temos dificuldade de entendimento, resistimos aos novos conhecimentos, nos expressamos com maior dificuldade e falhamos em pensar de forma lógica e organizada. Por outro lado, quando estamos com a energia em alta neste ciclo, nossa lucidez aumenta, nosso raciocínio funciona com rapidez, a nossa criatividade brilha e os nossos argumentos são construídos de modo consistente.

COMO USAR SEU BIORRITMO NA MESA DE NEGOCIAÇÃO

Sabendo antecipadamente em que fase de cada ciclo você está, será possível avaliar em quais dos ciclos o seu equilíbrio encontra-se mais vulnerável. Com este nível de consciência, você poderá trabalhar de maneira preventiva antes de sentar-se à mesa para negociar. Por exemplo, em períodos **emocionalmente instáveis**, será possível preparar-se melhor, relaxando as tensões dias antes de participar de uma negociação importante. Já nos dias de baixa da energia **mental**, você poderá investir mais tempo em seu planejamento para contornar possíveis falhas de percepção enquanto nos dias de baixa energia **física**, você poderá investir em uma caminhada, alongamentos e na sua saúde de forma geral para que uma gripe ou dor de cabeça não possa lhe afastar de seus objetivos.

Para que você possa avaliar a importância de monitorar o seu biorritmo, vou apresentar, a seguir, alguns dados interessantes.

Pesquisas indicam que, apesar dos dias críticos dos ciclos de energia representarem apenas 20% de nossa vida, são nesses dias que ocorrem 90% dos acidentes, suicídios, mortes e outras tragédias. Sabendo disso, o metrô de Tóquio passou a monitorar os ciclos de energia de cada funcionário para dispensá-los do trabalho nos dias mais críticos. Várias companhias aéreas em todo mundo dão folga aos seus pilotos durante os períodos críticos; pesquisas realizadas pela Força Aérea Americana comprovaram que 82% dos pilotos acidentados ou abatidos em combate estavam atravessando exatamente os dias mais críticos de baixa de energia quando sofreram acidentes. Portanto, monitorar o biorritmo mostrou-se um método eficiente para reduzir acidentes, aumentar a produtividade, manter o foco e a concentração.

ATENÇÃO! Para que você possa monitorar o seu biorritmo, indico o site **http://www.biociclos.com.br/calculo.htm**, onde você poderá verificar, todos os dias, em que fase de cada ciclo de energia você se encontra. Assim, você poderá trabalhar preventivamente para ter um melhor desempenho na mesa de negociação, reduzindo o impacto das altas e baixas de energia em sua atuação como negociador.

DIFICULDADES PARA VISUALIZAR O FUTURO

Qual a diferença entre foco e concentração?

Foco: é a capacidade de definir o ponto final onde queremos chegar;

Concentração: é a capacidade de se manter no caminho até este ponto.

A camisa de força do presente, juntamente com as prisões do passado, nos limitam de tal forma que muitas vezes temos dificuldades para ver o futuro. É como dirigir sob neblina: precisamos seguir em frente, porém sem enxergar claramente o que vem em nossa direção. Saber lidar de forma positiva com a incerteza é fundamental para continuar seguindo rumo aos objetivos desejados.

Quando estamos diante de novas decisões, estamos o tempo todo equilibrando o passado, o presente e o futuro. Esse equilíbrio sutil de forças define, em última análise, a qualidade das decisões que tomamos. Quando ficamos presos ao passado, tentamos resolver novos problemas com soluções antigas e ultrapassadas, o que mostra como o passado pode influenciar na qualidade das decisões que tomamos, e também como ele pode definir a forma que enxergamos as possibilidades na mesa de negociação. Nossa mente procura sempre trazer para a negociação atual toda a experiência que acumulamos com as negociações do passado, pois temos a tendência a usar fórmulas já testadas anteriormente para tentar solucionar os conflitos do presente de maneira mais rápida e eficiente.

Porém, a velocidade das mudanças vem aumentando a cada dia e a natureza das mudanças também é outra. Antes, elas eram **evolutivas**, isto é, uma evolução natural de um modelo anterior. Por isso, tornava-se mais fácil prever a direção que as coisas iriam tomar. Hoje, as mudanças são **disruptivas**, ou seja, rompem com o modelo anterior, o que torna mais complexo, prever a direção para onde vão apontar. Esse fato agrava as dificuldades para visualizar o futuro. As mudanças disruptivas exigem de nós a capacidade de pensar de forma criativa, mapeando tendências e avaliando probabilidades.

Quando lidamos com mudanças disruptivas, precisamos estar atentos para a data de validade das nossas informações, pois, hoje, nada é mais perecível do que o conhecimento. Informações que consideramos verdades absolutas, hoje, podem ser motivo de piada amanhã. Isso significa que precisamos validar nossas informações todas as vezes que sentamos para negociar, não importa se faz uma semana ou um mês que checamos tudo. É preciso adotar a rotina de testar todas as nossas informações a cada rodada de negociação.

Até este momento, falamos apenas de como o passado influencia a nossa capacidade de visualizar o futuro. Agora, vamos entender como o presente também pode influenciar a nossa maneira de olhar para a frente. Vivemos em uma sociedade de múltiplas demandas, onde nosso tempo está sendo disputado, minuto a minuto, por pessoas e empresas desejosas da nossa atenção. A dispersão de energia tem comprometido a capacidade de concentração em um objetivo definido, pois a toda hora precisamos rever nossa agenda e prioridades, gerando um déficit de atenção que compromete a habilidade de visualizar o futuro.

Quando não direcionamos nosso foco para o ponto certo ou não nos concentramos nesta direção pelo tempo necessário, reduzimos a capacidade de olhar através da neblina. Sem ultrapassar obstáculos, como a ansiedade, as pressões e o estresse, nossa lente fica embaçada e temos dificuldade de identificar as oportunidades e ameaças que nos aguardam logo adiante.

ALEGAR FALTA DE TEMPO

O que nos falta é tempo ou disposição?

Muitas pessoas usam a velha desculpa da falta de tempo para justificar suas falhas de planejamento. Elas alegam que a vida agitada não lhes permite pensar de forma planejada. Olho para essas pessoas e penso sobre o que passa pelas suas cabeças quando fazem esse tipo de afirmativa. Nesses momentos, percebo como o ser humano é extremamente criativo para inventar desculpas que justifiquem sua falta de atitude. Vejo ainda que nos falta a exata percepção do valor do tempo.

O tempo é o bem imaterial mais precioso do mundo pois, através dele, todos os outros bens podem ser materializados em nossa vida. Ajustar nosso relógio biológico para que funcione a nosso favor, e não contra nós mesmos, é o ponto mais alto da maturidade e da sabedoria que uma pessoa pode atingir.

A percepção sobre a passagem do tempo em nossas vidas está diretamente ligada ao retorno esperado pelo tempo investido. Quando não conseguimos enxergar claramente esse retorno, o tempo passa lento, e tudo o que fazemos se torna enfadonho e sem sentido. Por outro lado, quando identificamos um valor claro e objetivo naquilo que estamos fazendo, o tempo passa rápido, e tudo o que fazemos ganha sentido. Portanto, a sensação de tempo perdido nada tem a ver com os ponteiros do relógio, e sim com a utilidade daquilo que estamos fazendo no momento. O planejamento de uma negociação funciona da mesma maneira: se você ainda não identificou os benefícios diretos em trabalhar de forma estratégica e planejada, você nunca terá tempo disponível para fazê-lo.

Selecionei uma parábola chinesa de autoria desconhecida para falar sobre a nossa relação com o tempo.

"Em uma aldeia no interior da China morava um jovem que não sabia valorizar seu tempo. Ele sempre deixava tudo para depois, julgava-se novo demais para fazer qualquer tipo de plano. Alegava ter toda vida pela frente, e não precisava usar de forma inteligente as horas a seu dispor.

Certo dia, esse jovem encontrou-se com um velho sábio que tinha sido líder e havia conquistado maravilhas em sua longa vida, sendo, assim, reverenciado por seus seguidores e respeitado por todas as outras tribos. Este sábio era conhecido por sua capacidade de realização e por suas frequentes conquistas nos mais diversos setores da vida. Foi um general vitorioso e sua liderança influenciou toda uma geração, sua cultura ficou registrada para a posteridade nos manuscritos que escreveu, foi considerado um grande político que soube usar a diplomacia para conquistar o poder. Diante de tantas conquistas nos mais diversos segmentos, o jovem ficou curioso para saber qual o segredo de tanta produtividade e energia.

O jovem perguntou, então, ao sábio: "Mestre, qual o segredo de tantas conquistas?"

O mestre respondeu: "Para você entender o meu segredo, será preciso transformar seu tempo em ouro. Imagine que você possui um baú mágico, onde todas as manhãs são colocadas, à sua disposição, 86.400 moedas de ouro. Há apenas uma condição para usar esta fortuna: todas as noites, o saldo de moedas que ficou no baú será zerado e nenhuma moeda poderá ser transferida para ser usada no dia seguinte. Mesmo que você não tenha conseguido gastar uma só moeda, todas as noites o seu saldo será zerado e você perderá todas as moedas que restaram em seu baú. O que você faria nesta situação?"

Respondeu o jovem: "Ora, eu tentaria gastar de forma inteligente todas as moedas, todos os dias."

O sábio devolveu: "Exatamente, cada um de nós temos em nossas mãos um baú mágico onde, todos os dias, são depositadas em nossas vidas, 24 horas para que possamos vivê-las de forma inteligente; as 86.400 moedas de ouro correspondem a cada segundo deste dia. Todas as manhãs são creditados para cada um de nós 86.400 segundos e, todas as noites, o saldo é debitado como perda. Não é permitido acumular esse saldo para o dia seguinte. Todas as manhãs, a sua conta é reiniciada e, todas as noites, as sobras do dia se evaporam. Não há volta. Você precisa usar de forma inteligente cada segundo, vivendo com a máxima eficiência o seu presente. Invista este saldo no que for melhor para sua saúde, para a sua felicidade e para o seu crescimento. O relógio está correndo. Faça o melhor uso do seu tempo hoje."

O mestre, então, concluiu dizendo: "Valorize cada momento de seu dia, pois o seu tempo não pertence só a você. Você precisa aprender a dividir esse tempo com alguém especial para poder ser feliz. Lembre-se de que, toda noite, seu baú estará de novo vazio e a única esperança é aprender com os nossos erros de hoje, para que possamos usar melhor o dia de amanhã. O dia de ontem é passado e já faz parte da nossa história, o dia de amanhã é um mistério insoldável. Então, temos apenas o hoje, que é um sopro de Deus em nossas vidas, e por isso o chamamos de presente."

O jovem ficou pensativo, e ali mesmo decidiu viver o seu tempo de forma intensa e inteligente. Conta-se que, por conta desta conversa, ele mudou completamente o rumo de sua vida. Cresceu, fez fortuna, criou uma grande família, foi feliz e respeitado como o seu mestre.

Por isso, caro leitor, para você entender o valor de um ano, pergunte a um estudante que foi reprovado e não conseguiu acompanhar a sua turma. Para entender o valor de um mês, pergunte a uma mãe que teve o seu bebê prematuramente. Para entender o valor de uma semana, pergunte ao editor de um jornal semanal. Para entender o valor de uma hora, pergunte aos amantes que estão esperando para se encontrar. Para entender o valor de um minuto, pergunte a uma pessoa que perdeu o trem. Para entender o valor de um segundo, pergunte a uma pessoa que conseguiu evitar um acidente. Para entender o valor de um milésimo de segundo, pergunte a um atleta que recebeu a medalha de prata na última Olimpíada.

Não espere sua cota diária de tempo zerar para começar a pensar em planejar suas negociações. Faça do ato de planejar uma rotina diária, cada minuto investido no planejamento fará você economizar preciosos segundos do seu tempo na mesa de negociação e, sem dúvida, lhe deixará mais preparado para perceber as oportunidades de bons negócios que só aqueles que pensam de forma estratégica sabem onde procurar.

ARMADILHAS DA PERCEPÇÃO

Os tubarões são mestres em sabotar a nossa visão, eles distorcem as informações para atingir seus objetivos.

Ter informações precisas é um fator decisivo quando se trata de negociação. Quando sentamos à mesa para negociar e não estamos suficientemente munidos de informações, deixamos a porta aberta para que nosso oponente fragilize nossas defesas. Porém, mesmo com as informações em mãos, podemos ser levados ao erro devido às armadilhas da percepção. Quando isso ocorre, nossa capacidade de processar e entender as informações fica comprometida. Em tais situações, somos induzidos a fazer avaliações parciais e incompletas do cenário e, por isso, deixamos de perceber detalhes importantes que poderiam nos ajudar a fechar o acordo. A seguir, vamos conhecer algumas dessas armadilhas e como reduzir o seu impacto em nosso desempenho como negociadores.

PONTOS CEGOS

Cada negociador avalia o ambiente da negociação segundo o seu próprio ângulo de percepção, na maioria das vezes, chegam a conclusões baseados apenas em pequenos fragmentos de informação. Assim, as conclusões desse tipo podem comprometer a qualidade das decisões e induzir ao erro. Esses fragmentos de informação precisam ser avaliados dentro de um contexto, para que possam ter valor na mesa de negociação. Uma informação processada fora do contexto é um dado isolado, e não pode ser considerada válida sem antes entendermos suas implicações para a negociação como um todo.

Os pontos cegos são falhas de percepção que nos impedem de ver o contexto em que cada informação está inserida. Quando agimos na mesa de negociação sem entender de forma completa todas as implicações e desdobramentos de cada informação, podemos cometer falhas graves de avaliação. Para ilustrar a importância de colocar cada informação dentro de um contexto, reduzindo com isso o impacto dos pontos cegos em nossas decisões, compartilho com você, leitor, uma fábula hindu que fala como cada pessoa pode chegar a conclusões erradas baseadas em fragmentos de informação.

Em uma pequena aldeia moravam seis irmãos, todos cegos de nascença. Todo final de tarde, os seis cegos se dirigiam à beira da estrada para pedir esmolas. Eles ficavam sentados esperando os comerciantes que voltavam do mercado passar para receber comida e algumas moedas para sobreviver. Um dia, todos os seis cegos estavam sentados à beira da estrada como de costume e ouviu-se um barulho fortíssimo, como o som de uma trombeta. Saíram, então, a procurar a fonte de tal barulho.

AS ARMADILHAS DA NEGOCIAÇÃO

Próximo da estrada, amarrado em uma palmeira, estava um elefante domesticado e muito dócil que pertencia a um comerciante local. Os cegos se aproximaram do animal, seguindo o som de sua tromba, e começaram a apalpar o elefante para conhecer através do tato o que era aquilo que emitia um som tão alto.

O primeiro cego foi direto para a barriga do animal, começou a apalpar e disse: "Já sei, estamos diante de um muro áspero e muito alto". O segundo cego passou as mãos pelas pontas das presas do elefante e disse: "De maneira nenhuma, o que esta à nossa frente é um belo par de lanças". O terceiro cego correu os seus dedos pela tromba do paquiderme e declarou com segurança: "Vocês dois estão enganados, o objeto que tenho em minhas mãos é uma mangueira grossa de borracha". O quarto cego estendeu os braços, abraçou uma das pernas do animal e disse: "Vocês estão todos loucos, está na cara que se trata do tronco de uma árvore". O quinto cego, que era um homem muito alto, levantou os braços para os céus, tocou com as mãos uma das orelhas do elefante e disse: "Como vocês podem ser tão idiotas? Não percebem que estamos diante de uma grossa lona"? Finalmente, o sexto cego, segurando o elefante pela cauda exclamou: "Não entendo como vocês podem ter alguma dúvida! O objeto que estamos segurando é uma corda trançada"!

Enquanto os cegos discutiam e defendiam cada um o seu ponto de vista sobre quem tinha razão a respeito daquele intrigante objeto, chegou pela estrada o tratador do animal e viu aquela cena cômica: um elefante amarrado com seis cegos à sua volta, cada um segurando uma parte do animal, tentando entender que diabos era aquilo afinal.

Muitas vezes agimos como esses seis cegos quando estamos na mesa de negociação: nos apegamos a um pequeno fragmento de informação e, sem entender a visão do outro, ficamos tentando de todas as formas provar que o nosso ponto de vista é o correto. Portanto, cuidado. Antes de fazer julgamentos e chegar a conclusões, precisamos avaliar se não estamos vendo a situação apenas sob o nosso ponto de vista.

ANÁLISE DE VALOR

Outra falha comum de percepção são os chamados erros de análise de valor. O conceito de valor deve sempre ser encarado como algo relativo e pessoal. Muitas vezes transferimos para nosso oponente uma percepção de valor que é única e exclusivamente nossa e, com isso, começamos a construir a nossa argumentação, baseados em benefícios que não estão alinhados com o conceito de valor percebido pela outra parte.

Este erro possui desdobramentos terríveis na mesa de negociação, pois, quando agimos assim, mostramos ao nosso oponente que não estamos prestando a devida atenção às suas necessidades. Corremos, ainda, o risco de nosso oponente perder o interesse no fechamento do acordo por não encontrar em nossa argumentação um benefício específico que possa resolver seu problema. É por isto que, quando sentamos à mesa para negociar, precisamos nos esforçar para entender quais pontos do acordo podem trazer benefícios, alinhados com a visão de valor agregado do nosso oponente.

A ideia de construir argumentos para agregar valor ao nosso produto está ultrapassada, é preciso construir argumentos que agreguem valor às necessidades do nosso cliente. Agregar valor às necessidades do cliente é apresentar soluções específicas que estejam alinhadas diretamente com as expectativas técnicas, financeiras e emocionais envolvidas no fechamento do acordo. Analisar valor sob o ponto de vista do cliente é o seguro de vida do negociador, pois construir argumentos que não tenham uma ligação direta com uma expectativa específica do cliente é como atirar com balas de canhão para matar formigas.

Não podemos começar a fazer concessões sem antes entender a perspectiva de valor do nosso oponente, porque entender essa perspectiva nos ajuda a oferecer o remédio certo na dose certa. Quando erramos na dose, duas situações podem se apresentar: a primeira é oferecer concessões além daquelas necessárias para o fechamento do acordo, desperdiçando nossos recursos na mesa de negociação; e a segunda é oferecer concessões tão baixas que desmotivam o nosso oponente a fechar o acordo, podendo fazer com que ele abandone a mesa de negociação. Em ambos os casos, o acordo seria prejudicado.

No primeiro caso, estaremos chegando a um acordo e um custo além do necessário. No segundo caso, arriscamos não fechar o acordo por não sabermos usar de forma inteligente as concessões que temos em nossas mãos. Por esses motivos, é preciso entender, de forma muito clara, o significado de valor sob a perspectiva do oponente. Somente depois desse esclarecimento poderemos montar um plano de concessões que realmente contribua para o fechamento de um acordo que possa gerar benefícios para ambas as partes envolvidas.

ARMADILHAS DA COMUNICAÇÃO

> Tubarões só respeitam as pessoas que falam com eles de igual para igual. Se você demonstrar fraqueza, será engolido sem piedade.

As armadilhas da comunicação podem afetar diretamente o fechamento do acordo. Nossa maneira de falar, nosso tom de voz, as palavras que escolhemos, nossa linguagem corporal, cada detalhe da nossa comunicação pode afetar positiva ou negativamente a capacidade de influenciar nosso oponente. A comunicação tem o importante papel de transmitir as ideias, o conceito de valor e os objetivos existentes, e todo o restante do processo de negociação fica comprometido se falhamos em comunicar esses pontos fundamentais.

A seguir, vamos detalhar as principais armadilhas da comunicação e de que maneira podemos evitá-las quando estivermos frente a frente com nosso oponente na mesa de negociação.

ESTILOS DIFERENTES DE COMUNICAÇÃO

Conhecemos pessoas que, mesmo quando estão conversando, parecem estar discutindo. Elas falam alto, defendem seus pontos de vista com emoção, são teatrais, usam gestos e movimentos sem economia, e chegam ao ponto de ficar vermelhas, parecendo que estão tendo um ataque cardíaco quando conversam sobre coisas em que acreditam. Por outro lado, conhecemos pessoas que falam manso, defendem seu ponto de vista com elegância, usam a emoção para seduzir e conquistar; parece até que suas palavras possuem uma espécie de mel que atrai todas as atenções. Essas pessoas sabem convencer sem precisar se impor, são sutis e nos envolvem utilizando argumentos que nos atraem e nos fazem querer fazer tudo o que elas dizem.

As diferentes formas de entregar a mesma mensagem podem criar problemas na mesa de negociação, levando em consideração que pessoas desacostumadas com estilos mais arrebatadores de comunicação podem se sentir ofendidas diante de pessoas que possuem um estilo mais passional e dramático de comunicar suas ideias. Em contrapartida, negociadores que possuem um estilo mais rápido e objetivo de comunicar-se podem ficar ansiosos diante de pessoas que precisam de mais tempo para construir os seus argumentos e falar o que pensam. Os diferentes estilos de comunicação afetam diretamente o fechamento do acordo, pois podem criar barreiras de relacionamento intransponíveis se não forem bem administradas.

Nosso estilo de comunicação é uma obra inacabada. Todos os dias, eventos, situações, pessoas e acontecimentos influenciam diretamente nossa maneira de comunicar ideias. Dentre todos esses fatores, as raízes culturais e familiares são os que mais afetam nosso estilo de comunicação. Pessoas cujas famílias possuem raízes nos países chamados de "sangue quente" — Itália, Espanha, Árabes e outras culturas de origem latina — possuem uma forma de comunicar mais intensa e arrebatadora, o que não significa que estejam sempre discutindo ou brigando, é apenas uma maneira de defender suas ideias que foi aprendida dentro de casa, vendo outras pessoas falando de forma semelhante.

Ao mesmo tempo, pessoas que tiveram suas raízes familiares em países germânicos ou de origem oriental possuem uma forma mais estruturada e organizada de comunicar suas ideias, o que não quer dizer que sejam lentas, apenas apresentam seus argumentos de maneira diferente, seguindo uma ordem estabelecida, de forma mais técnica e estruturada.

Portanto, quando for sentar à mesa para negociar, tome o cuidado de separar bem as duas coisas. Uma é um estilo de comunicação passional e arrebatador, e outra é uma pessoa arrogante, sem educação, que está buscando o confronto. Uma coisa é uma pessoa que precisa apresentar seus argumentos de forma organizada e técnica, e outra coisa é uma pessoa lenta de raciocínio, prolixa ou desorganizada. Entender os diferentes estilos de comunicação, sabendo separar o joio do trigo, nos ajuda a superar as diferenças e a focar no fechamento do acordo, não permitindo que pontos de menor importância possam afetar a continuidade da negociação.

USAR AS PALAVRAS ERRADAS

Para falar dessa perigosa armadilha, quero que você se imagine na seguinte situação:

Você passou várias semanas montando o planejamento de uma negociação importante e, durante todo esse tempo, pensou nos vários cenários possíveis para o fechamento do acordo. Levou em conta as Expectativas Técnicas, analisou as Expectativas Financeiras e considerou todas as Expectativas Emocionais envolvidas no processo. Além disso, você pensou sobre os Motivos Ocultos e sobre os Motivos Aparentes e, com tudo isso em mãos, montou um plano de negociação bem estruturado e partiu para fazer seu trabalho.

Chegando à mesa para negociar, você precisou usar todas as suas habilidades de argumentação. Soube, com precisão, vincular cada argumento a um benefício específico que agregasse valor às necessidades da outra parte e usou perguntas inteligentes para conduzir o oponente para o caminho do acordo. O contrato já estava para ser assinado, você estava com aquela maravilhosa sensação de que tudo deu certo e que o tão esperado acordo iria virar realidade.

Nesse momento dramático, você acaba por fazer mais um pequeno comentário e, por infelicidade do destino, usa uma palavra errada. Pronto! Bastou isso para colocar tudo a perder. A dúvida se instalou na cabeça da outra parte, a insegurança tomou posse daquela negociação e tudo ficou para ser resolvido outro dia. Agora você está correndo o risco de nunca mais conseguir assinar o tão esperado contrato.

Tenho certeza, caro leitor, de que você já se viu em uma situação parecida, onde bastou uma só palavra para levar por água abaixo todo um acordo que estava sendo costurado há semanas. Nesses momentos, nos fazemos aquela bendita pergunta: "Por que não fiquei de boca fechada?". Esta pequena cena serve para nos alertar da importância de escolhermos muito bem as palavras que vamos usar quando estivermos negociando.

Estudos recentes fizeram descobertas interessantes sobre a forma como as palavras são processadas em nossa mente. Descobriu-se que cada palavra dispara uma série de estímulos visuais em nosso cérebro. Portanto, para entender a importância de escolher as palavras certas, precisamos buscar ajuda na neurociência.

Cada palavra ouvida ou lida está associada a uma imagem correspondente, e é esta imagem que guarda o significado que aquela palavra específica tem para cada pessoa. A imagem não é estática, pelo contrário, está em movimento, como se fosse uma vinheta de apresentação, um pequeno flash de memória impregnado de sensações associadas àquela palavra, e as sensações são fruto das experiências que vivemos enquanto estávamos formando o significado da palavra em nossa memória. Logo, quando ouvimos ou lemos determinada palavra, um conjunto de emoções toma conta do nosso corpo e nos faz sentir novamente as mesmas sensações que estão associadas àquela experiência que vivemos. É por causa dessa característica que precisamos escolher bem as palavras que usamos, pois cada palavra dispara um gatilho de memória que está diretamente associado a experiências anteriores, que podem estar carregadas de emoções positivas ou negativas.

Aquele ditado que diz "a *palavra tem poder*" está certo. Uma boa forma de lidar com essa armadilha é observar as palavras usadas pelo nosso oponente para expressar suas próprias ideias, isso nos ajuda a entender que sensações nosso oponente associa a cada palavra. Quando você perceber, através das expressões faciais e do tom de voz do oponente, que determinada palavra desperta emoções positivas, passe a usá-la quando for o momento de expor seus argumentos. Agindo desta forma estaremos criando um canal de conexão através da nossa comunicação.

Esse artifício é conhecido na natureza como mimetismo, palavra vinda do grego *mimetés*, que significa imitação. Muitas plantas e animais usam a capacidade de reproduzir características de outros animais para atraí-los; é o caso de alguns tipos de orquídeas, que reproduzem as formas de abelhas para atrair os insetos responsáveis por espalhar o seu pólen para outras plantas como forma de garantir a reprodução da sua espécie. Como negociadores, poderemos ampliar nosso poder de influência reproduzindo as mesmas palavras de efeito positivo usadas por nosso oponente.

GRITOS DO SILÊNCIO

Boa parte da nossa comunicação ocorre de maneira não verbal. Na verdade, mesmo o silêncio tem poder de comunicação, e são esses gritos silenciosos que precisamos ouvir quando estamos na mesa negociando. Sinais não verbais são muitas vezes desconsiderados no calor da discussão e, com isso, deixamos de evitar conflitos que poderiam ter sido contornados antes mesmo de nascerem. Não ouvir gritos silenciosos é uma armadilha fatal quando estamos negociando.

O professor Albert Mehrabian, da Universidade da Califórnia, em seu famoso livro *Mensagens Silenciosas*, apresentou as seguintes estatísticas: 55% da mensagem é transmitida de maneira não verbal, 38% da mensagem é transmitida pela modulação, pelo tom e pelo nosso timbre de voz, e apenas 7% do significado da mensagem é transmitido pelas palavras propriamente ditas. Na verdade, é esse conjunto de fatores, interagindo em harmonia, que faz uma mensagem ser transmitida com sucesso. Observar as expressões faciais, em especial os olhos, é uma forma eficiente de escutar os gritos silenciosos da mensagem. O ditado de que os *olhos são as janelas da alma* está mais vivo do que nunca. Perceber o ritmo e o som de cada palavra que está sendo dita é um exercício maravilhoso de leitura para o negociador. Procure encontrar em seu oponente gestos e movimentos que estejam associados a padrões de linguagem: gestos e expressões que são repetidos ao longo da negociação podem formar um padrão de comunicação silenciosa, que precisa ser identificado pelo negociador.

ARMADILHAS DA DEFINIÇÃO DE OBJETIVOS

> Os tubarões tentam nos desviam de nossos objetivos. Forçam a barra, usando a pressão para enfraquecer nossa energia.

Definir objetivos é uma das atividades mais desafiadoras para o negociador. Os objetivos definidos de forma inteligente nos ajudam a seguir em frente, canalizando a energia para o foco desejado. Por outro lado, objetivos definidos de forma aleatória podem enfraquecer nossas forças e expor as nossas fraquezas diante de nossos oponentes. Estabelecer objetivos claros e bem direcionados colabora de maneira definitiva para o sucesso como negociadores, por isso precisamos entender e evitar as armadilhas mais comuns relacionadas à definição de objetivos.

A seguir, iremos detalhar quais são essas armadilhas e de que maneira poderemos evitá-las.

FOCO AMPLO E FOCO ESPECÍFICO

A cultura empresarial da sociedade capitalista diz que devemos sempre superar metas cada vez mais elevadas, porém, esse tipo de padrão de desempenho não pode ser sustentado a longo prazo, pois, durante a busca para alcançar estas metas, muitas vezes sacrificamos preciosos recursos, que não poderão ser recuperados a curto prazo. Essa cultura induz a acreditar que podemos elevar nossas metas infinitamente sem pagar um preço por isso, o que lamentavelmente não é verdade. Cada vez que elevamos nossas metas, estamos também mobilizando mais recursos para atingi-las.

O sutil equilíbrio entre a busca por metas cada vez mais elevadas e o consumo dos recursos necessários para atingi-las precisa ser considerado o tempo todo pelo negociador. Quando esse equilíbrio não é respeitado, corremos o risco de consumir recursos em uma escala cada vez maior e ter retornos cada vez menores sobre o nosso investimento.

A forma para manter esse sutil equilíbrio está diretamente ligada à maneira como definimos o nosso foco na mesa de negociação. Quando definimos um **Foco Amplo**, iremos precisar de mais recursos para atingir a nossa meta. Além disso, corremos o risco de desperdiçar estes mesmos recursos atirando em muitas direções diferentes. Quando definimos um **Foco Específico,** direcionamos os nossos recursos para um ponto específico da negociação e podemos utilizar os nossos recursos de maneira mais eficiente. Cair na tentação de estabelecer um foco muito amplo tornou-se comum hoje em dia. As empresas entendem que devem tentar resolver o máximo de questões de uma só vez, quando estão negociando, e isso é uma armadilha perigosa, pois acaba tornando a negociação longa e cansativa para ambas as partes, o que pode resultar em acordos mal negociados. Por outro lado, quando estabelecemos o nosso foco de maneira específica, podemos negociar o acordo ponto a ponto, primeiro canalizando energia para as questões mais estratégicas, e em seguida podendo negociar as questões periféricas do acordo.

MARGEM DE MANOBRA

Preservar nossa margem de manobra é uma estratégia inteligente. Quando temos uma margem de manobra confortável, podemos definir melhor cada um de nossos movimentos na negociação. O conceito de margem de manobra foi importado dos campos de batalha para o mundo dos negócios. Na ideia original, um general precisa a todo custo manter a sua capacidade de movimento no campo de batalha para preservar as suas tropas e atingir seus objetivos. Essa margem de manobra é o que, em última análise, define a capacidade de alterar as ações sem prejudicar a estratégia originalmente estabelecida.

Para entender corretamente a importância da margem de manobra, precisaremos esclarecer dois conceitos importantes para o negociador, o conceito de **Marco Inicial** e o conceito de **Marco Final**. Antes de sentarmos à mesa para negociar, precisamos estabelecer previamente alguns parâmetros para a negociação. O primeiro a ser definido é a condição mínima para que se aceite fechar um acordo nesta situação: essa condição mínima é o seu Marco Inicial. O segundo parâmetro a ser definido é a condição ideal (também conhecida como Zona de Excelência) que se deve buscar para fechar o acordo: este deve ser seu Marco Final.

O nosso verdadeiro trabalho como negociadores é procurar afastar o acordo o máximo possível do Marco Inicial e aproximá-lo o máximo possível do Marco Final, onde está localizada a **Zona de Excelência** (condição ideal). Por sua vez, o espaço entre esses dois marcos é o que chamamos de **Margem de Manobra** ou espaço da negociação. Quando os dois marcos são estabelecidos muito próximos um do outro, reduzimos a **Margem de Manobra** e colocamos a corda em nosso próprio pescoço, perdendo a mobilidade e reduzindo a capacidade de nos movimentarmos na mesa de negociação. Por outro lado, quando estabelecemos esses dois marcos muito distantes um do outro, corremos o risco de prolongar muito a negociação desgastando as partes envolvidas.

Para evitar a armadilha da margem de manobra, precisamos estudar cada negociação de maneira específica, procurando avaliar nossas posições e as posições de nosso oponente, para que possamos estabelecer os marcos da negociação de maneira adequada. Logo, evitamos distorções que possam nos colocar em dificuldades quando estivermos negociando.

ROTAS DE FUGA

A ideia de manter rotas alternativas de fuga também veio do universo militar. Quando um general planejava sua estratégia, um dos primeiros pontos a ser considerado era o relevo do terreno onde a batalha seria travada. Esse conhecimento prévio ajudava a traçar rotas alternativas de fuga para suas tropas, caso a batalha estivesse sendo vencida pelo inimigo. As rotas alternativas de fuga tinham a função de criar um espaço seguro para que as tropas pudessem reorganizar suas forças para, em seguida, avançar de forma mais objetiva contra os inimigos.

No momento em que traçamos nossa estratégia como negociadores, precisamos pensar de imediato em rotas alternativas para alcançar nossos objetivos. Quando sentamos à mesa para negociar com uma única linha de ação em mente, ficamos vulneráveis diante das investidas dos oponentes. Para evitar esse tipo de armadilha, devemos planejar, pensando em vários cenários alternativos que possam nos levar na direção do nosso objetivo final. Quando montamos uma estratégia baseada em múltiplas alternativas de ação, ficamos mais preparados para os fatos imprevisíveis que possam surgir quando estivermos negociando.

Ao contrário do que muitos pensam, as rotas de fuga não eram usadas para abandonar a batalha, e sim como alternativa de ação quando as forças do exército estavam fora de controle. Nessas situações, a melhor alternativa é uma retirada estratégica para colocar as tropas novamente em ordem e voltar em seguida atacando de maneira organizada. Nesse sentido, as rotas de fuga são fundamentais para preservar nossas forças diante das tropas inimigas. Na mesa de negociação, uma boa rota de fuga é usar o chamado **Tempo Técnico**. Ele é um momento de parada na negociação, onde ambas as partes, em comum acordo, retiram-se da mesa para colocar suas ideias em ordem e realinhar a sua estratégia de ação. Este tempo pode ser de alguns minutos a vários dias, dependendo da complexidade da negociação.

ARMADILHAS DA ATITUDE

> A primeira coisa que um tubarão tenta dominar é nossa atitude. Ele procura nos intimidar para assumir o controle da negociação.

As armadilhas da atitude estão na origem de boa parte dos problemas que encontramos como negociadores, pois atitudes erradas contaminam nossas ações e prejudicam a condução de todo o processo da negociação. Antes de sermos vencidos pelos nossos oponentes, somos vencidos pelas nossas atitudes. Cultivar as atitudes corretas e evitar as atitudes negativas contribui de forma decisiva para nosso bom desempenho como negociadores. Uma atitude ativa e centrada pode mudar o rumo da negociação.

As armadilhas da atitude são difíceis de admitir, pois somos diretamente responsáveis pelo surgimento de cada uma delas. Não temos como transferir a responsabilidade pelas nossas atitudes para outras pessoas. Elas são pessoais e intransferíveis. As armadilhas da atitude são os nossos monstros interiores, que precisamos identificar e neutralizar para que possamos nos tornar melhores negociadores.

O MÉDICO E O MONSTRO

No seu famoso livro, o Médico e o Monstro, publicado pela primeira vez em 1886, o escritor Robert Louis Stevenson imortalizou para sempre o conflito de atitudes que existe em cada um de nós, através dos dois personagens principais do livro que, na realidade, eram uma só pessoa. De um lado temos o Dr. Jekyll, médico famoso e respeitado na rígida sociedade inglesa do século XIX, e do outro, a versão monstruosa de sua própria personalidade, o Sr. Hyde, um homem devasso, beberrão e violento assassino.

Essas divergentes personalidades simbolizam a luta entre duas forças opostas que vivem dentro de cada um de nós. De um lado estão as atitudes positivas, o lado humano e as virtudes; do outro estão os vícios, os pecados e o lado escuro e turbulento de nossa alma. A todo o momento, essas duas forças estão em luta constante para nos submeter e dominar nossa personalidade, e muitas vezes durante esse conflito tomamos atitudes incorretas que podem prejudicar nossa imagem e também as pessoas que estão à nossa volta.

Existem pessoas que são extremamente instáveis, seu humor vai da alegria incontida à sombria desilusão em questão de minutos. Esse tipo de pessoa costuma enviar sinais confusos sobre o que está pensando e sobre o que está sentindo, e essa confusão de sinais deixa todos a sua volta em estado permanente de alerta, sem saber o que esperar e como agir. Este tipo de temperamento instável é fatal na mesa de negociação, visto que mudanças bruscas de humor podem comprometer a nossa credibilidade diante de nossos oponentes.

A estabilidade de uma negociação pode ficar comprometida quando não sabemos o que esperar da outra parte. Esta imprevisibilidade nos deixa desconfiados das propostas que ouvimos e também desqualifica cada argumento usado, pois quando não podemos confiar no mensageiro, desconfiamos também da mensagem. Para evitar tal tipo de armadilha, precisamos dar sinais claros de quem somos e de quais valores éticos e morais compartilhamos. Buscar valores compartilhados com o nosso oponente fortalece a nossa imagem como negociadores e facilita a construção do acordo entre as partes envolvidas.

O BEIJO DO VAMPIRO

Foi Bram Stoker quem eternizou a figura do vampiro sedutor que conhecemos hoje. Seu famoso romance de 1897 foi a obra que deu vida a um dos personagens mais marcantes da literatura e do cinema de todos os tempos, *O Conde Drácula*. A sua obra de ficção foi baseada em histórias do folclore da Europa Oriental, em especial da Armênia, que foram difundidas durante toda a Idade Média. As histórias falavam de seres imortais que seduziam suas vítimas com seu charme para se alimentar de seu sangue e com isso perpetuar a sua vida pela eternidade. Após um ritual elaborado de sedução, onde suas vítimas cediam aos seus encantos, o vampiro procurava envolver suas pretendentes, normalmente belas mulheres, para que, com seu beijo mortal, pudesse lhes retirar a essência da vida, simbolizada pelo sangue.

Hoje, nas mesas de negociação, ainda encontramos vampiros sedutores que buscam encantar suas vítimas com palavras, apenas para lhes conquistar a confiança e lhes tomar aquilo que lhes é mais precioso. Os sedutores são negociadores poderosos, pois sabem usar como ninguém o vazio existencial que existe dentro de cada um para nos induzir a fazer exatamente o que eles querem.

As armadilhas do sedutor vêm embrulhadas para presente em palavras doces e elogios falsos, que mexem com a nossa autoestima e com o nosso ego. Eles usam contra nós as nossas fragilidades e nos seduzem com suas maneiras elegantes, seus argumentos e a força de sua personalidade. Os vampiros nos iludem para poder tirar o nosso sangue na mesa de negociação; eles não pensam em montar um acordo que seja interessante para ambos os lados, pensam única e exclusivamente em tirar o máximo de seu oponente, não importando se, com isso, estarão inviabilizando qualquer chance futura de novos negócios.

Muitas vezes agimos como vampiros quando sentamos para negociar, pensamos unicamente em nosso sucesso e nos benefícios que o acordo trará para o nosso lado. Agir desta forma contraria o conceito básico da negociação, que diz que negociação é a busca de um acordo satisfatório para ambas as partes. Sem esta busca constante pela satisfação de ambas as partes, estaremos agindo impulsionados pela busca da satisfação exclusiva de nossas próprias necessidades, o que a médio prazo prejudica todo e qualquer tipo de relaciona-mento, seja ele pessoal ou profissional.

Para evitar esta perigosa armadilha, precisamos construir cada um dos nossos argumentos baseados em benefícios para a outra parte. Isso nos força a equilibrar nossas necessidades com as necessidades do outro, e nos ajuda a caminhar ao longo da negociação fechando pequenos acordos até a consolidação do acordo final. Agindo desta forma, criamos um ambiente de boa disposição e confiança para seguir negociando.

A VOLTA DOS MORTOS VIVOS

Em 1968, o cineasta americano, George Romero, presenteou os apreciadores de cinema com aquele que seria um dos maiores clás-sicos cult de horror de todos os tempos. Além de ser um sucesso ab-soluto de bilheteria, foi reconhecido pela Biblioteca do Congresso Americano como um filme histórico, cultural e esteticamente im-portante, e faturou aproximadamente 42 milhões de dólares desde o seu lançamento. No filme, o diretor George Romero consolidou a ideia do zumbi como o conhecemos hoje, uma pessoa morta que mesmo assim age como se estivesse viva.

Os mortos-vivos estão mais próximos de nós do que pensamos. Todos nós conhecemos pessoas que não possuem entusiasmo pela vida, vivem reclamando de tudo e com isso esquecem de viver o que a vida tem de melhor. São como os zumbis do filme, estão mortos por dentro devido sua falta de energia e pela incapacidade de enxergar todas as bênçãos que Deus nos dá todos os dias. Es-sas pessoas esquecem de agradecer por tudo de bom que recebem; são pessoas que enxergam apenas o lado difícil e complicado das coisas, focam sempre no negativo, e são incapazes de enxergar nos problemas as sementes da oportunidade.

Esse tipo de atitude muitas vezes toma conta do coração e contamina nossa vida sem pedir licença. Manter um olhar vigilante sobre como agimos e, acima de tudo, sobre os comentários que fazemos diante de cada situação, nos ajuda a perceber quando estamos entrando nessa de morto-vivo. A falta de entusiasmo é como uma doença que contamina as pessoas que estão a nossa volta. Este tipo de atitude drena energia e contamina nossos objetivos de forma extremamente negativa. Por este motivo é importante manter sempre o entusiasmo e a energia em alta, pois são atitudes fundamentais para ampliar o nosso poder de persuasão e influência sobre nossos oponentes.

VOCÊ BEIJARIA O FREDDY KRUEGER?

Freddy Krueger, o horrendo personagem imortalizado no filme *A Hora do Pesadelo*, pelo diretor e produtor Wes Craven, ficou famoso por sua horripilante aparência e por assumir o controle dos sonhos das pessoas transformando cada um deles em terríveis pesadelos. Muitas vezes julgamos as pessoas pela aparência e boa parte deste comportamento foi moldado pela mídia, que nos ensina que pessoas de sucesso são sempre bonitas, elegantes, saudáveis e felizes. Esse estereótipo é responsável por falhas de julgamento na mesa de negociação.

Quando tomamos decisões levando em conta apenas as aparências, somos induzidos a erros que podem comprometer todo o processo da negociação. Muitas vezes nosso olhar nos engana e fazemos julgamentos precipitados, e uma precipitação pode ser fatal para o negociador. Muitos negociadores quebram a cara por subestimar seus oponentes, julgando-os apenas pelo que veem. É preciso entender que na mesa de negociação, mais do que em qualquer outro lugar, podemos afirmar com segurança que as aparências definitivamente enganam.

Sinais fortes de ostentação, grandes salas de escritório localizadas em modernos centros empresariais, roupas e relógios de luxo, ternos bem cortados e carros modernos, não dizem nada a respeito do caráter das pessoas que os possuem. Na verdade, você deve temer os negociadores discretos, que pesam bem as suas palavras e que aparentemente não se mostram como uma ameaça: estes são os mais perigosos. Portanto, para evitar a armadilha de julgar pela aparência, precisamos avaliar o oponente com base em suas ações e na forma como ele cumpre o que promete quando está negociando.

Depois de ter conhecido as principais armadilhas presentes nas negociações, poderemos agora tratar de pontos mais estratégicos.

No próximo Capítulo, você irá conhecer os fatores-chave envolvidos no processo de negociação e o grau de influência de cada um desses fatores para o fechamento do acordo.

PONTOS-CHAVE DO CAPÍTULO

- Como negociadores, nós somos emocionais, passionais, competitivos e territorialistas, essa é a nossa essência ancestral;
- A maioria de nós só pensa em planejar alguma coisa quando o buraco já esta fundo demais para continuar cavando. Nessa hora, paramos e resolvemos que é melhor planejar o que queremos fazer;
- A preguiça para planejar é fruto da nossa análise de custo-benefício. Quando tudo está bem em nossa vida e não identificamos ameaças no horizonte, nós naturalmente entramos em um estado de relaxamento latente, ficamos meio que hibernando, esperando a próxima crise chegar, enquanto desfrutamos do nosso sucesso;
- Olhar para o futuro é como dirigir na neblina, precisamos seguir em frente sem enxergar claramente o que vem em

nossa direção. Saber lidar de forma positiva com este tipo de incerteza é fundamental para continuar seguindo rumo aos objetivos desejados;

- A natureza das mudanças se transformou,antes, as mudanças eram **evolutivas**, ou seja, elas eram a evolução natural de um modelo anterior. Hoje, as mudanças são **disruptivas**, ou seja, elas rompem com o modelo anterior, por isso é tão difícil prever a direção que elas vão tomar;

- O tempo é o bem imaterial mais precioso do mundo, pois é através dele que todos os outros bens podem ser materializados em nossa vida;

- O dia de ontem já faz parte do nosso passado, o dia de amanhã é um mistério insondável, por isso temos apenas o dia de hoje, que é um sopro de Deus em nossas vidas e, por isso, o chamamos de presente;

- A ideia de construir argumentos para agregar valor ao nosso produto está ultrapassada, é preciso construir argumentos que agreguem valor às necessidades do nosso cliente.

CAPÍTULO 03

FATORES-CHAVE ENVOLVIDOS NO PROCESSO DA NEGOCIAÇÃO

Para falar dos fatores-chave envolvidos no processo da negociação, vamos buscar a inspiração nas artes marciais japonesas. Essas artes milenares, além de serem consideradas como lutas são um estilo de vida. Possuem uma filosofia própria que tem como objetivo preparar as pessoas para enfrentar de maneira mais harmônica e equilibrada os desafios do dia a dia. Um dos principais conceitos dessas tradicionais lutas é o *Kata*, palavra que significa "forma" em japonês. O *Kata* é um conjunto de movimentos de ataque e defesa que são praticados como se o adversário estivesse realmente presente.

A simulação imaginária de movimentos representa uma sequência de manobras que devem ser executadas de forma pré-determinada e tem como objetivo, obrigar a mente do aluno a executar cada movimento de maneira tão perfeita e instintiva que não seja necessário pensar para agir. Segundo os japoneses, toda atividade da vida possui um *Kata* (forma) específico, e quando dominamos o *Kata* da atividade, podemos ser considerados mestres. O mestre exerce a sua arte com um nível de excelência tão alto que parece não fazer nenhum esforço para ser brilhante, tudo que ele faz flui de forma natural e elegante.

Neste capítulo, vamos nos dedicar a entender quais os fatores-chave, ou como dizem os japoneses, os *Katas* da negociação eficaz. Cada um destes fatores guarda em si, uma chave para a excelência na mesa de negociação e podem ser divididos em: Fatores Estratégicos,

Fatores Táticos e Fatores Comportamentais. A seguir, detalharei cada um, entendendo de que maneira eles podem ser determinantes para o sucesso da negociação.

FATORES ESTRATÉGICOS

Nossa mente tem uma forma específica de pensar. Nós partimos do quadro geral e depois, de maneira gradual, vamos dirigindo nossa atenção para cada detalhe específico. Essa maneira de pensar se reproduz na mesa de negociação. Primeiro precisamos entender os fatores estratégicos, que devem ser levados em conta em toda e qualquer negociação, e depois partimos para os detalhes específicos da negociação que estamos participando. A palavra estratégia tem sido usada em larga escala em várias áreas do conhecimento. Do grego (*strategos*), significa a arte do general, que envolvia o comando das tropas e o planejamento do uso dos recursos disponíveis para a guerra. Pensar nos fatores estratégicos é entender como podemos usar estes fatores a nosso favor para assumir o controle na mesa de negociação, pois cada um desses fatores guarda, em si, o poder de definir o resultado final e quais os caminhos vamos escolher para tentar chegar ao acordo.

O conceito de **Inteligência Estratégica** está ligado à busca do entendimento desses fatores e suas inter-relações. Quando atuamos com conhecimento de causa-efeito, ponderando e utilizando cada uma desses fatores-chave a nosso favor. Quando estamos negociando, podemos dizer que aprendemos a trabalhar usando a nossa **Inteligência Estratégica**.

FATOR ESTRATÉGICO 1 – INFORMAÇÃO

Erwin Rommel, Marechal de Campo na Segunda Guerra Mundial, conhecido como A Raposa do Deserto, foi responsável pelas tropas alemãs no norte da África. Seu grupamento era conhecido como *Afrika Korps*. Sua fama como comandante foi construída através de

FATORES-CHAVE ENVOLVIDOS NO PROCESSO DA NEGOCIAÇÃO

sua audácia, pelo seu domínio das táticas de guerra com divisões blindadas e por sua velocidade nos ataques. Rommel soube aplicar como ninguém a doutrina militar da *Blitzkrieg* (guerra-relâmpago, em alemão), que consistia em utilizar forças de combate móveis em ataques rápidos e de surpresa, com a intenção de evitar que as forças inimigas tivessem tempo para organizar suas defesas.

Os três elementos essenciais desta tática eram: o efeito surpresa, a rapidez da manobra e o peso concentrado do ataque. Isto dependia fortemente de um serviço eficiente de inteligência militar, que trazia o tempo todo informações atualizadas sobre as tropas inimigas, sobre as condições do terreno e sobre a situação no campo de batalha.

Para suas tropas, o Marechal Rommel parecia ter uma intuição acima da média e um talento militar extraordinário. Sem dúvida alguma era um estrategista brilhante, mesmo assim, ele não se acomodava em seu próprio talento. Rommel fazia sua lição de casa de maneira sistemática e organizada como todo bom alemão e este era o segredo de seu sucesso. Ele contava com um excelente sistema de informação: estudava profundamente os armamentos do inimigo, a formação de suas tropas e até os aspectos psicológicos do comandante inimigo; procurando encontrar fraquezas expostas para usar como arma no campo de batalha.

Além disso, Rommel estudava os mapas do deserto e sobrevoava o campo do adversário, correndo grande risco, apenas para conhecer melhor o território onde estava sendo travada a batalha. Tornou-se também especialista em armamentos pesados (tanques a guerra) para que pudesse conhecer como ninguém o seu próprio armamento e, assim, poder tirar o máximo proveito do seu equipamento.

Como se não bastasse, ele estava sempre próximo de seus homens para sentir o ânimo das tropas e saber qual o melhor momento para colocá-los em ação; tendo trabalhado arduamente nos bastidores para obter todas as informações. Para ele era fácil tomar decisões relâmpago, dessa forma seus inimigos ficavam atordoados e sem possibilidade de contra-ataque.

Esta pequena história de guerra nos deixa uma importante lição: não podemos sentar à mesa para negociar sem ter feito nosso dever de casa. Antes de marcar uma visita ou reunião de negócios, faça uma busca completa nas redes sociais, nas comunidades, no site da empresa e nos sites de pesquisa à procura de informações relevantes sobre os interesses de seu oponente. Hoje, nossa intimidade está disponível para qualquer pessoa na internet. Nossos perfis nas redes sociais revelam nossos hábitos, valores, as causas que defendemos, tornam públicas as nossas ideias e revelam informações importantes sobre quem somos e como pensamos. Reunir estas informações e processá-las de maneira estratégica é fundamental para chegar aos nossos objetivos na mesa de negociação.

Como dizia o famoso estrategista chinês, Sun Tzu, "Quando você conhece a si mesmo e não conhece o seu inimigo, você terá metade das chances de vencer a batalha. Quando você conhece o seu inimigo e não conhece a si mesmo, todas as batalhas estarão perdidas. A única maneira de obter a vitória em todas as batalhas é conhecer o seu inimigo tão bem quanto você conhece a si mesmo".

Eu diria que, na verdade, nosso maior problema não é a falta de informação, mas sim a **Overdose de Informação**, que nos liberta e ao mesmo tempo nos oprime. O volume de informação disponível é tão grande que vivemos com a sensação constante de que tudo que sabemos ainda não é suficiente. Aprender a processar esta massa disforme de dados está se tornando um desafio cada vez mais presente na vida das pessoas e no cotidiano das empresas. A sobrecarga de estímulos congestiona nossos sentidos e nos aprisiona em uma rotina angustiante de busca por mais conhecimento que parece não ter fim. Para que você, caro leitor, possa ter uma ideia do que eu estou falando, lhe apresentarei, para seu desespero, mais

FATORES-CHAVE ENVOLVIDOS NO PROCESSO DA NEGOCIAÇÃO

algumas informações para ilustrar o tamanho da overdose em que estamos metidos.

- Uma edição de um jornal como o *New York Times* contém mais informação do que uma pessoa comum poderia receber durante toda a vida na Inglaterra do século XVII. Agora, esta mesma dose de informação é recebida em apenas um dia;
- São produzidos aproximadamente 1,5 bilhão de gigabytes de informação todos os anos, o que nos leva a dizer que cada ser humano do planeta, seja ele homem, mulher ou criança, teria que processar em média 250 megabytes de informação por ano para que o mundo se mantivesse atualizado. Só para você ter ideia, existe hoje mais de 3 bilhões de páginas disponíveis para consulta na internet e o número de livros publicados dobra a cada ano.

É por estes e outros motivos que saber processar a informação recebida está se tornando um diferencial estratégico. Precisamos aprender a lidar de forma eficiente com esta overdose de informação, entendendo como separar meros dados de informações verdadeiramente importantes. Antes de qualquer coisa é preciso entender qual a diferença entre dados e informações. Dados são o que a maioria das empresas gera, o que está disponível na internet e em outras fontes. Os dados são informações brutas não lapidadas, enquanto as informações são os dados trabalhados e direcionados para um objetivo estratégico. Portanto, hoje é fácil perceber que temos à nossa disposição muitos dados, mas são poucas as pessoas que sabem transformá-los em informações verdadeiramente estratégicas.

Quando um dado se transforma em uma informação estratégica, necessariamente estará ligado a um objetivo específico que procuramos alcançar, portanto, não basta ter em suas mãos um volume imenso de dados. Para sermos eficientes como negociadores, precisamos transformar esses dados em informações estratégicas, que possam nos ajudar na negociação específica que estamos participando.

Existem quatro passos para transformar dados brutos em informações estratégicas, esses passos seguem uma sequência lógica, que nos ajuda a trabalhar com mais eficiência na hora que precisamos selecionar as informações verdadeiramente importantes para uma negociação.

OS QUATRO PASSOS

1. BUSCA

Há uma oferta crescente de conteúdo sendo disponibilizada pelos meios digitais, por isso, precisamos redobrar os cuidados no que diz respeito às nossas fontes de informação. Boa parte dos conteúdos oferecidos na internet são de fontes pouco confiáveis e, em sua maioria, geradas por sites extraoficiais. Validar as nossas fontes de conteúdo, buscando avaliar sua credibilidade, é crucial para a tomada de decisão dos negociadores. Informações erradas ou pouco confiáveis comprometem a qualidade das nossas escolhas, e podem nos deixar em situação vulnerável diante dos nossos oponentes, pois, ao apresentar uma informação sem fundamento, estamos indicando que falhamos em nosso planejamento e que não tomamos os devidos cuidados antes de negociar. Para evitar este tipo de problema, busque sites oficiais que sejam mantidos por instituições sérias, identifique os autores de cada conteúdo, e certifique-se de que sejam especialistas no assunto, ou seja, antes de utilizar qualquer informação como referência na mesa de negociação, tome os cuidados necessários para garantir a validade de cada conteúdo que chegar às suas mãos.

Após comprovar a validade das informações, você precisa entender de que maneira elas podem favorecê-lo na mesa de negociação.

As informações verdadeiramente estratégicas geralmente dizem respeito às necessidades e ao perfil do nosso oponente. Com elas em mãos, podemos construir argumentos que estejam diretamente vinculados aos benefícios específicos que possam motivar o nosso oponente a caminhar em direção ao fechamento do acordo. Outras informações consideradas estratégicas são as que indicam quais os motivos que estão levando o oponente a negociar, pois o simples fato de precisar negociar já nos mostra que ele necessita de algo que temos em nossas mãos. Se não fosse assim, ele simplesmente não negociaria. Nestes casos, precisamos descobrir primeiramente qual é o objeto de desejo do oponente, para depois usar esta informação a nosso favor. As informações que podem ser consideradas estratégicas são aquelas que podem acelerar de alguma maneira o fechamento do acordo, seja por meio de persuasão ou de pressão.

2. SELEÇÃO

Após cumprir a etapa de busca, provavelmente você terá em mãos um volume imenso de informações. Isso não quer dizer que todas as informações obtidas devam ser utilizadas; é preciso que estas informações passem por um filtro, ou seja, por uma seleção, para que possam ser retiradas todas as impurezas e informações secundárias que não sejam de aplicação imediata na mesa de negociação. Os critérios desta seleção precisam ser estabelecidos levando em conta os objetivos que estamos buscando. O que definirá realmente se uma informação será utilizada ou descartada é sua capacidade de acelerar o fechamento do acordo. Informações que guardam em si uma grande força motivadora para conseguir o acordo, devem ser mantidas e trabalhadas, enquanto as demais devem ser estocadas para ser utilizadas em outro momento, dependendo dos rumos que a negociação tomar.

Outra maneira de selecionar as informações é classificá-las segundo as expectativas que podem atender. Como vimos anteriormente, os grupos de expectativas envolvidos em uma negociação são as:

Expectativas Técnicas, Financeiras e Emocionais. Quando você estiver selecionando as informações, procure entender em qual destes três grupos elas se encaixam melhor. Fazendo isso, você estará ganhando um tempo importante na fase do planejamento, além de conseguir obter um sentido de unidade e correspondência entre cada informação obtida e as expectativas que ela pode atender.

3. SÍNTESE

Na minha visão, o passo da síntese é o mais importante de todos, pois exige de nós a capacidade de enxergar conexões e desdobramentos de cada fragmento de informação isolada que temos em nosso poder. Você verá que muitas informações estão interligadas, formando um padrão que precisamos identificar. Entender a formação desses padrões e de que maneira se encaixam é a função mais importante de qualquer serviço de inteligência. Uma boa maneira de trabalhar no passo da síntese é criar um Mapa Visual das informações disponíveis. Este tipo de ferramenta é visto em filmes policiais, onde um crime está sendo investigado. Nas paredes do escritório do investigador, são classificadas e dispostas todas as informações disponíveis, de modo que ele possa visualizar o conjunto de informações e trabalhar na busca de conexões e *insights* sobre como pensa o assassino. Nestes casos, o trabalho do investigador é procurar um padrão de atuação através da ligação dos pontos isolados até que um padrão lógico se revele. Após revelado como funciona a mente do assassino, fica fácil se antecipar aos seus movimentos e capturá-lo.

Podemos usar esta mesma ferramenta do mapa visual em nossas negociações. Atue como o investigador do filme: busque um padrão lógico entre as informações disponíveis que possa lhe ajudar a entender como pensa e age o seu oponente na mesa de negociação. A revelação desse padrão irá lhe colocar em posição de vantagem competitiva diante dos seus concorrentes, pois entender como funciona a mente do oponente é a última fronteira entre você e seus objetivos. Quando entendemos sua mente, podemos antecipar seus movimentos e neutralizá-los antes que possam enfraquecer nossas defesas.

4. APLICAÇÃO

Depois de mapear as informações e entender os seus desdobramentos e conexões, precisamos definir de que forma vamos aplicá-las na mesa de negociação. A forma como vamos usar cada informação deve ser estabelecida levando em conta alguns critérios. Primeiro, precisamos considerar o momento certo, depois definir como esta informação vai impactar o jogo de forças na mesa de negociação e, por último, de que forma esta informação pode, de alguma maneira, nos ajudar a pressionar nosso oponente a fechar acordo. Estes critérios serão tratados a seguir, quando estivermos falando sobre os outros três fatores estratégicos envolvidos no processo da negociação: o tempo, o poder e a pressão.

FATOR ESTRATÉGICO 2 – TEMPO

O tempo pode ser nosso aliado ou nosso inimigo na mesa de negociação. Saber lidar de forma inteligente com o fator tempo é uma das linhas que divide os negociadores profissionais dos amadores. A sociedade moderna vive a ditadura do relógio; o tempo parece estar passando cada vez mais rápido, o número de atividades sob nossa responsabilidade vem crescendo a cada dia, e nossas 24 horas continuam as mesmas de sempre. Essa nova realidade vem produzindo toda uma geração de pessoas aceleradas, o ser humano está perdendo a capacidade de saborear a vida e tudo o que ela pode oferecer. Estamos sendo soterrados por tantas atividades, dentro e fora do trabalho, que cada segundo perdido passou a fazer uma enorme diferença.

O tempo de resposta esperado dos executivos está cada dia menor, os novos líderes precisam avançar em tempo recorde na direção dos objetivos traçados por sua empresa e, caso você seja empresário, a realidade é ainda mais cruel. O mercado está mudando em tal velocidade que a cada dia fica mais difícil acompanhar as tendências, entender as novas leis tributárias que surgem e desaparecem a toda hora, e ainda ter que ser capaz de desenvolver a si mesmo e a sua equipe para que todos estejam prontos para responder a tais desafios. É por esses motivos que aprender a usar o tempo a nosso favor está se tornando um diferencial competitivo em vários setores e uma habilidade exigida pela maioria absoluta das empresas.

Para ilustrar a importância de usar o tempo a nosso favor, fomos buscar uma história de guerra de um dos maiores estrategistas de todos os tempos, Napoleão Bonaparte. Em 1805, uma aliança formada pela Áustria, Inglaterra e Rússia foi criada para impedir o avanço do império de Napoleão. A esta altura, Bonaparte já controlava todo o norte da Itália e muitos territórios na Bélgica, e nada indicava que seus desejos de conquista haviam sido saciados. O oficial designado para combater Napoleão foi o general austríaco Karl Mack, um experiente veterano de guerra. O plano era cercar o exército de Napoleão por todos os lados, enfraquecendo suas forças, fazendo com que ele combatesse em várias frentes de batalha.

A estratégia dos aliados era a seguinte: um destacamento formado por 95 mil soldados austríacos atacaria Bonaparte no norte da Itália, outros 23 mil protegeriam a passagem entre a Itália e a Áustria, na região do Tirol, para evitar uma retirada de Napoleão e, por fim, o general Karl Mack lideraria pessoalmente 70 mil homens ao longo do rio Danúbio até a região da Bavária, impedindo que este país, estrategicamente localizado, se tornasse aliado de Napoleão. Uma vez tomada a Bavária, as tropas de Mack iriam montar acampamento e aguardar a chegada das tropas russas. Em poucas semanas, o contingente russo somaria mais 75 mil soldados ao exército aliado. Quando as tropas russas chegassem, os exércitos iriam se unir e marchar em bloco sobre o território francês. Enquanto este enorme exército estivesse em marcha sobre a França, a Inglaterra invadiria as costas francesas com sua frota de navios. Após a tomada de todas essas posições, mais homens de cada um dos países aliados seriam enviados, somando ao todo uma força de guerra com mais de 500 mil homens, sendo considerada a maior força militar jamais reunida na Europa até àquele momento.

O que os aliados não contavam era com a rapidez das tropas de Napoleão. O pensamento militar daquela época pregava que um comandante não poderia dividir suas tropas, pois isso enfraqueceria seu comando e o poder de seu exército. Napoleão contrariou tudo isso e dividiu o seu exército em unidades móveis independentes, com sua própria artilharia, cavalaria, infantaria e o comando maior. Unidades que eram comandadas por Marechais de Guerra, que podiam tomar decisões de forma rápida e independente no campo de batalha. Cada uma dessas tropas era formada por grupos que variavam entre 15 mil e 30 mil homens, tendo por base uma movimentação extremamente rápida e flexível. Os generais recebiam os objetivos estratégicos diretamente de Napoleão e tinham liberdade para escolher quais caminhos buscar para chegar nesses objetivos. Com isto, o tempo de resposta do exército francês era muito menor do que o de seus inimigos, e Bonaparte podia movimentar seu imenso exército em variados padrões de formação e deslocamento, contando com a velocidade característica dos pequenos batalhões, pegando quase sempre de surpresa seus oponentes.

Foi o que aconteceu com o General austríaco Karl Mack na Baviária. Entre a posição ocupada pelo exército austríaco e a fronteira com a França, estava localizada a famosa Floresta Negra, uma área de difícil acesso, principalmente quando se estava esperando um contra-ataque de um grande exército, como era o de Napoleão. Por este motivo, Mack foi pego de surpresa quando seus batedores avançados comunicaram, assustados, que o exército de Bonaparte estava avançando sobre as tropas austríacas exatamente neste ponto de difícil acesso. Mais uma vez, Napoleão estava surpreendendo seus inimigos, movimentando-se velozmente em meio a um terreno irregular e de difícil acesso. O exército francês continuou avançando sem descanso, forçando Mack a enviar tropas para a região. Enquanto isso, novas notícias de movimentação de tropas francesas chegavam ao acampamento austríaco, elas confirmavam outra grande movimentação pelo norte.

Neste momento, Karl Mack estava isolado, sem condições de confirmar todas aquelas informações, o que lhe deixou confuso e fez aflorar um clima de incerteza em suas tropas. Dias depois, o general austríaco começou a entender o tamanho do problema em que se metera: as tropas francesas haviam atravessado o rio Danúbio e bloqueado o caminho de volta para Áustria, isolando também as tropas russas e impedindo-as de chegar até o exército austríaco. Como se não bastasse, Napoleão enviou outra tropa de soldados para o sul, bloqueando a passagem para a Itália. O que o general Karl Mack mais temia, ficar cercado por todos os lados, aconteceu, e ele nem sabia de onde tinham surgido tantos soldados franceses em tão pouco tempo. No dia 20 de Outubro de 1805, descobrindo que as tropas russas haviam desistido de tentar ir a seu auxílio, o grande general austríaco entregou-se às tropas de Napoleão. Mais de 60 mil soldados austríacos foram feitos prisioneiros neste dia, sem que tivesse havido a mínima resistência.

Tempos depois, Karl Mack foi resgatado e, voltando à Áustria, terminou seus dias na prisão por conta desta derrota humilhante onde, segundo dizem, perdeu a sanidade mental tentando entender como o exército francês havia surgido do nada e derrotado todas as suas tropas naquela infeliz batalha. Napoleão soube usar o tempo a seu favor no campo de batalha, ao dividir seu grande exército em tropas ligeiras de menor tamanho. Assim, ganhou velocidade de resposta e agilidade nas ações em campo e pôde virar o jogo e vencer sobre as forças do exército aliado, que era duas vezes superior ao seu.

Esta pequena história de guerra nos mostra como podemos usar o tempo a nosso favor, mesmo estando nas piores situações. Existem basicamente duas maneiras de fazer isso: podemos usar o que chamamos de **Tempo Lento**, quando queremos deixar nossos oponentes ansiosos e, com isso, levá-los ao erro na hora que estiverem negociando; ou podemos usar o que chamamos de **Tempo Rápido**, quando queremos forçar o nosso oponente a se decidir logo pelo fechamento do acordo.

Na estratégia do **Tempo Lento**, atrasamos de propósito as nossas decisões para mexer com os nervos de nosso oponente. Quanto mais demorada a nossa resposta, mais coisas irão passar pela cabeça da outra parte. Ele pensará que estamos desinteressados no negócio, ficará achando que seus concorrentes fizeram uma proposta melhor do que a dele, ficará inseguro quanto a seus argumentos. Neste processo de espera, a ansiedade do oponente vai crescendo e tomando conta de sua mente e coração, e é neste ponto que surgem os erros e as precipitações. Como negociadores profissionais, precisamos aprender a usar com sabedoria o **Tempo Lento** a nosso favor ou, como se diz na gíria, precisamos aprender a "cozinhar o galo" para que sua carne fique macia e tenra.

A estratégia do **Tempo Lento** é uma arma poderosa nas mãos de um negociador preparado, pois, com ela, podemos pressionar sutilmente nosso oponente sem paralisá-lo. Quando adiamos nossas decisões, deixamos a negociação em suspenso por um tempo e, com este movimento, podemos medir o grau de necessidade do oponente. Se ele não estiver preparado ou precisar muito do que temos a oferecer, vai entrar em contato e tentar retomar a negociação o mais breve possível.

Outra forma de utilizar a estratégia do **Tempo Lento** é adiar as decisões para acalmar os ânimos quando as discussões estiverem muito exaltadas. Neste caso, estaremos utilizando a estratégia com a mesma intenção dos técnicos de voleibol, que pedem um tempo técnico para colocar o time em ordem novamente, evitando que uma sequência negativa de jogadas prejudique o resultado final da partida.

Na estratégia do **Tempo Rápido**, nosso trabalho como negociadores é forçar o nosso oponente a fechar o acordo o mais rápido possível. Esta estratégia funciona muito bem com oponentes indecisos, que não estão preparados para negociar ou que não possuem objetivos muito bem definidos. Nestes casos, a melhor maneira de acelerar o processo de escolha é apresentar um leque de alternativas pré-definidas, onde todas as opções estejam dentro dos nossos limites para fechamento do acordo. Com isso, facilitamos a vida de nosso oponente, pois ele precisará apenas indicar qual das alternativas apresentadas mais lhe agrada. Feito isto, o acordo estará automaticamente fechado.

Outra forma de utilizar a estratégia do **Tempo Rápido** é forçar o oponente a revelar suas exigências o mais breve possível. Quando estamos cientes das exigências da outra parte, fica fácil preparar nossos argumentos, apresentando os benefícios para ambos os lados. Na hora de apresentar os benefícios, devemos utilizar as mesmas palavras que o oponente usou quando formalizou suas exigências. Assim, temos mais condições de mostrar que entendemos o que ele falou e que os nossos argumentos estão em sintonia com as suas necessidades. Passamos segurança para a outra parte e agilizamos o fechamento do acordo.

Existe também uma maneira clássica de utilizar a estratégia do **Tempo Rápido**, que é sinalizar com a escassez ou com a falta do recurso desejado pelo oponente. Quando conseguimos mostrar para oponente que a oferta é por tempo limitado, que o IPI vai subir, ou que a safra futura não será boa, induzimos a outra parte a um estado de urgência. Porém, só faça isso se o que você está dizendo for verdade, não use blefes, pois você estará colocando em jogo a sua credibilidade.

FATOR ESTRATÉGICO 3 – PODER

Na antiga China, durante a época dos estados guerreiros, um dos mais ricos reinos, o estado soberano de Qi, estava sendo ameaçado pelos poderosos exércitos de seu vizinho de fronteira, o estado de Wei. A cidade de Qi contava com os serviços do general Sun Pin, conhecido em toda a China por sua astúcia e sabedoria de guerra, e descendente direto do famoso Sun Tzu. O general Sun Pin sabia que o soberano da cidade de Wei era um homem arrogante, que desprezava os exércitos da cidade de Qi, pois acreditava que seus soldados eram covardes e, por isso, não estavam a altura de enfrentar as tropas de Wei.

Baseado nesta informação, o general Sun Pin bolou um plano bastante inteligente. Sua ideia era invadir o território de Wei à noite, com todos seus soldados e, após a invasão, acender milhares de fogueiras no seu acampamento para que o soberano de Wei pudesse ver, de longe, o tamanho de seu exército. A visão do tamanho das tropas inimigas iria dar ao soberano de Wei a ideia exata do tamanho da invasão que viria em seguida. Contrariando o senso comum, como fazem todos os grandes estrategistas, o general Sun Pin orientou os soldados para que, na noite seguinte, acendessem apenas metade das fogueiras da noite anterior, e na noite depois desta, apenas a metade da metade. O soberano de Wei entendeu que a diminuição das fogueiras era uma debandada geral das tropas do inimigo, certamente com medo de seu poderoso exército. Concluiu que as tropas de Qi estavam fugindo em desespero.

Agindo segundo sua predisposição de acreditar que as tropas de Qi eram formadas por soldados covardes, o soberano de Wei avançou com sua cavalaria sobre o exército opositor. Sabendo disso, Sun Pin recuou as suas tropas para uma passagem estreita entre as montanhas e ficou aguardando a chegada de seu inimigo. Nessa passagem, Sun Pin montou uma armadilha para o poderoso senhor de Wei: mandou cortar uma grande árvore e com isso bloqueou a estreita passagem. Na árvore, escreveu: "O soberano de Wei irá morrer neste local". Feito isso, Sun Pin mandou suas tropas de arqueiros ficarem escondidas entre as árvores esperando pela chegada do inimigo.

O exército inimigo alcançou a passagem estreita na completa escuridão da noite. O soberano de Wei estava à frente de suas tropas e, chegando próximo ao tronco da árvore, viu que havia alguma coisa escrita, mas não conseguia ler devido à total escuridão. Mandou, então, acender uma tocha para iluminar o local. A luz da tocha era o sinal que os arqueiros de Sun Pin estavam aguardando e, assim que a viram, derramaram uma chuva de flechas sobre as tropas do inimigo. As tropas de Wei foram dizimadas, e seu soberano, humilhado pela armadilha de Sun Pin, suicidou-se. Sun Pin soube disfarçar seu poder e conseguiu derrotar o soberano de Wei de uma forma humilhante. Disfarçar nossas forças para que nosso oponente aja de forma precipitada é uma forma inteligente de manipular o poder a nosso favor na mesa de negociação.

Existem duas maneiras clássicas de se usar o poder como fator estratégico na negociação ou em qualquer outra arena de guerra. A primeira é ostentar o poder. Quando fazemos isso, estamos buscando intimidar o nosso oponente para que ele não tente nos enfrentar de igual para igual, evitando um desgaste de ambas as partes envolvidas. Neste caso, a ostentação do poder pode ser verdadeira, quando realmente temos mais força do que o nosso oponente, ou pode ser um poder simulado, quando as nossas forças são menores que as do oponente, mas procuramos parecer mais fortes. Deste jeito, estamos usando o poder de forma dissimulada, induzindo o oponente ao engano e ao erro, fazendo com que ele pense que temos uma força que realmente não possuímos. Nesta situação, temos a chance de avaliar as reações e o poder de fogo do nosso oponente.

A segunda forma clássica é disfarçar o nosso verdadeiro poder, para que o inimigo se sinta confortável o suficiente para nos atacar de maneira precipitada, como fez o general Sun Pin. O oponente fica exposto e sem condições de defesa, por isso, torna-se uma presa fácil, caindo em nossa armadilha sem chances de esboçar a menor reação. Precisamos avaliar também o poder do oponente quando estamos negociando, isso ajuda a evitar a perda de tempo com pessoas que não detém em suas mãos o poder para definir os rumos da negociação. Muitas vezes, só tomamos consciência de que a pessoa com a qual estamos negociando é, na verdade, o assistente do estagiário júnior quando já é tarde demais. Para evitar esse tipo de problema, certifique-se das credenciais da pessoa com a qual você está negociando. Agindo assim, você terá certeza de que a pessoa tem poder para negociar.

FATOR-ESTRATÉGICO 4 – PRESSÃO

O negociador experiente sabe que existem pontos mais sensíveis à pressão do que outros quando se está negociando. Escolher os pontos certos onde fazer pressão pode nos ajudar de maneira decisiva no fechamento do acordo. O negociador que sabe pressionar os pontos certos é como um mestre em acupuntura: ele sabe quais os efeitos que as agulhas espetadas naquele ponto vão causar em todo o organismo, é por isso que cada ponto escolhido possui uma ligação direta com cada um dos nossos órgãos vitais. Esses pontos vitais são conhecidos como chacras, e a pressão exercida sobre eles pode tanto curar, como tem o poder de matar. Saber como pressionar esses pontos sensíveis, dosando a força, o tempo de pressão, e a concentração de energia é a principal linha terapêutica das medicinas orientais. O mesmo acontece quando estamos negociando, precisamos saber dosar a pressão nos pontos sensíveis, para que possamos levar o nosso oponente ao fechamento do acordo.

Para ilustrar a forma como podemos usar a pressão nos pontos sensíveis do nosso oponente, vamos contar a história de uma das grandes batalhas de Alexandre III, Rei da Macedônia e um dos maiores estrategistas da antiguidade. Por sua capacidade de expandir o seu império, avançando sobre os seus inimigos, é conhecido como Alexandre, O Grande. Filho de Felipe II, soberano da Macedônia, Alexandre era o herdeiro direto de um império. Seu pai era um rei vitorioso e fez de seu reino uma nação respeitada. Felipe havia subjugado todas as grandes cidades da Grécia: Tebas, Atenas, Corinto, com a única exceção da cidade de Esparta. Com as respectivas vitórias, ele formou a liga helenística, resultado da união das principais cidades-estado gregas, todas sob o seu comando.

Sua mãe, Olímpia, era uma mulher supersticiosa e mística, que tinha visões em sonhos, onde seu filho Alexandre seria o soberano absoluto de todo o mundo conhecido na época. Ela alimentava em seu filho a sede de conquista e o sentimento que o destino lhe traria grandes vitórias. A formação de Alexandre foi dividida entre os cavalos, os jogos de guerra, e o estudo da política, filosofia e ciências — seu professor particular foi ninguém menos que Aristóteles, uma das mentes mais brilhantes de sua época. Felipe, o pai de Alexandre, foi assassinado em 336 a.C. Com a morte do pai, aconteceram uma série de revoltas em várias cidades gregas que antes estavam sob seu comando. A primeira a declarar independência foi Atenas, e outras cidades acompanharam seu exemplo. Foi neste cenário de lutas e disputas políticas que o jovem Alexandre precisou assumir o trono do pai, com apenas 20 anos.

Devido à sua pouca experiência prática com as guerras e o jogo político, seus assessores o aconselharam a ir devagar com relação às cidades dissidentes. A ideia deles era reforçar primeiro o poder de Alexandre junto ao exército e aproximar o novo soberano das forças políticas do país, antes que ele tentasse recuperar o poder sobre as cidades de Tebas e Atenas. Alexandre não deu ouvido aos seus conselhos, tinha outros planos em mente. Sem dar tempo para que seus inimigos se organizassem, ele avançou em direção a cidade de Tebas e, em uma série de manobras ousadas, recuperou o poder em tempo recorde. Sem ao menos descansar da batalha, direcionou suas forças na direção de Atenas, seu próximo alvo. Os atenienses, temendo o mesmo destino de Tebas, renderam-se sem resistência. Com estas ações relâmpago, o jovem soberano revelou-se um rei corajoso e determinado, conquistando assim a lealdade do exército e, de quebra, conseguindo apoio político para suas próximas ações.

Após reconquistar Tebas e Atenas, Alexandre voltou a ter o controle sobre a maioria das cidades-estado gregas. Com isso, ele pôde direcionar seus pensamentos para alvos muito maiores. A Pérsia era, naquela época, a maior ameaça ao poder dos gregos. A nação inimiga já havia tentado invadir a Grécia outras vezes sem sucesso, mas, mesmo assim, continuava sendo como uma nuvem negra pairando sobre o céu ensolarado da Macedônia. Os persas ameaçavam também o comércio grego nas águas do Mar Mediterrâneo, prejudicando a troca de mercadorias e o fluxo de riqueza — os atentados da marinha persa contra os navios comerciais da Macedônia haviam se tornando constantes. Sabendo que a Pérsia seria sempre uma sombra assustadora sobre o seu reino, Alexandre decidiu atacar.

Recrutou 35 mil gregos de várias cidades-estado para esta gigantesca campanha de guerra. As tropas seguiram pelo estreito de Dardanelos até a Ásia Menor, região que ficava ao norte do império persa. Em seu primeiro confronto com o exército persa, na Batalha do Grânico, os gregos venceram facilmente as tropas inimigas. Esta vitória fácil levou os generais de Alexandre a pensar que ele seguiria diretamente para a capital persa. Porém, ao contrário das expectativas, Alexandre decidiu não se apressar. Seguiu libertando várias cidades do domínio persa ao longo do caminho, cidades que não aceitavam ser dominadas e, por isso, Alexandre foi recebido como libertador. Agindo desta maneira, ele foi formando um novo contingente de aliados.

Em seguida, mais uma vez contrariando o senso comum, ele dirigiu suas tropas através da Fenícia em direção ao Egito. Os egípcios odiavam os persas, o que facilitou a vitória de Alexandre sobre as tropas inimigas situadas naquele país. Com a conquista do Egito,

Alexandre garantiu um suprimento constante de alimentos para suas tropas e, com isso, pôde seguir com sua campanha. Além disso, com as riquezas do Egito, ele pôde cobrir os gastos da campanha contra a Pérsia, mantendo o tesouro grego intocado. Ao mesmo tempo, pôde privar o inimigo persa de valiosos recursos financeiros e agrícolas que vinham do Egito.

A esta altura da campanha, a linha de suprimentos grega se estendia por vários quilômetros de extensão, o que deixava vulnerável o exército de Alexandre, pois a marinha persa podia atacar o exército grego pela costa, comprometendo o fluxo de suprimentos das tropas gregas. Os conselheiros de Alexandre tinham lhe recomendado investir em recursos para ampliar a frota de navios grega, na intenção de combater de igual para igual a marinha persa. Mais uma vez Alexandre não deu ouvidos. Ao invés disso, seguiu com seu exército contornando a costa da Fenícia, onde ficavam localizados os principais portos do exército persa, e foi capturando um a um todos os principais portos do inimigo. Assim, ele tornou inútil a imensa marinha persa, sem gastar sequer um grama de ouro do tesouro grego.

Alexandre tinha uma forma diferente de governar. Ao contrário dos persas, que eram violentos e desrespeitavam os costumes dos povos que conquistavam, o conquistador grego estudava e aprendia a cultura de cada país, respeitava suas leis e tradições, honrava seus deuses e, acima de tudo, sabia respeitar a família real dos países conquistados. Alexandre manteve a mesma estrutura de governo em cada nova cidade persa que se tornava sua aliada, respeitando os cargos e as funções burocráticas já estabelecidas. Manteve também a mesma estrutura de cobrança de impostos dos persas e, em muitos casos, chegou até a casar com as filhas de alguns soberanos para poder consolidar o seu poder. A fama de rei generoso e respeitador dos costumes conquistada por Alexandre, logo se espalhou por toda a Pérsia. Cidade e mais cidades rendiam-se e entregavam as armas à sua passagem, pois todos queriam fazer parte de seu reino e de sua cruzada vitoriosa contra os violentos persas.

Finalmente em 331 A.C, Alexandre enfrentou o rei persa Dário, na Batalha de Arbela, a vitória foi total. Privados de sua marinha, sem os recursos agrícolas valiosos do Egito e os tributos de quase todos os seus súditos, o Império persa já havia sido destruído muito antes dessa batalha. A vitória em Arbela só veio confirmar militarmente uma conquista que vinha sendo construída passo a passo por Alexandre muitos meses antes. Agora rei da Macedônia, Alexandre era o governante supremo do poderoso Império persa, realizando com isso as profecias de sua mãe e tornando-se senhor de quase todo o mundo conhecido da época.

A vitória de Alexandre mostra claramente a necessidade de saber colocar pressão nos pontos certos na hora de negociar. Ao invés de atacar o inimigo persa diretamente, Alexandre fez uma série de ataques indiretos, colocando pressão em pontos sensíveis da estrutura do estado inimigo antes de atacá-lo frontalmente. Primeiro, cortou os suprimentos agrícolas do Egito, comprometendo com isso o abastecimento das tropas persas. Depois, inutilizou a marinha do inimigo tomando seus principais portos. E, por último, antes do golpe final, ele interrompeu as fontes de recursos do tesouro persa, trazendo as cidades escravas dos persas para o seu lado com uma forma sofisticada de gerenciar. Ou seja, fazer pressão nos pontos certos foi fundamental para construir as condições para a batalha final, o que culminou com a derrota do Império Persa.

Como negociadores, temos muito que aprender com Alexandre. Muitas vezes, tentamos vencer o oponente atacando de frente, quando deveríamos fazer pressão nos seus pontos sensíveis para que ele baixe a guarda antes de negociar. Entender que pontos são estes e de que forma podemos pressionar até neutralizá-los é uma arte que devemos cultivar. Cada oponente possui pontos sensíveis específicos, devemos procurar mapear quais são eles para entender de que forma estão conectados. Conhecendo suas conexões, podemos atacar os pontos certos para que possamos provocar, com isso, uma reação em cadeia, como fez o grande Alexandre contra os persas. Por fim, precisamos perceber quando o oponente está indefeso, para que possamos desferir o golpe final.

FATORES TÁTICOS

A palavra tática vem do grego *taktiké*, que significa a arte de manobrar as tropas no campo de batalha. Portanto, difere da estratégia quanto ao alcance no processo. A estratégia, como foi visto nos **Fatores Estratégicos**, trata de uma visão mais ampla, mais sistêmica, e mais macro da negociação. Já os **Fatores Táticos** tratam de uma visão mais focada na mesa de negociação, nos fatores que precisamos articular quando estamos no momento da ação para que o acordo avance. No sentido militar da palavra, a tática seria entendida como a parte da arte da guerra, que trata a disposição e a manobra das tropas no campo de batalha, e a estratégia é o planejamento anterior, exigido do general, para que ele possa partir para a ação em campo.

FATOR TÁTICO 1 – AVALIAR AS POSIÇÕES

Um passo importante na mesa de negociação é saber avaliar as posições, isto é, procurar mapear as possíveis jogadas do oponente antes que ele o faça. Quando entendemos de forma clara como o nosso oponente está jogando, temos mais chances de bloquear suas ações e, com isso, conduzir a negociação para a direção que desejamos. Neutralizando as intenções do oponente, podemos assumir o controle da mesa, e quem assume este controle tem o poder de conduzir a negociação para o lado que lhe for mais favorável. Para ilustrar a importância de avaliar as posições na mesa de negociação, vamos contar uma história sobre como o grande estrategista

Napoleão Bonaparte se deixou vencer por não ter avaliado de forma clara as posições no campo político da guerra.

Napoleão Bonaparte era um homem de origem simples, sem estudos, que não estava habituado ao ambiente requintado e fino da aristocracia europeia. Apesar de ter conquistado várias vitórias no campo de batalha, ele ainda se sentia excluído das rodas da nobreza devido à sua maneira ríspida. Em seu íntimo, ele queria ser aceito pelos nobres dos países que havia conquistado com a guerra. O jogo político da Europa, nesta época, era muito turbulento; alianças eram feitas e desfeitas no apagar das luzes, e muitas vezes eram ditadas apenas pela conveniência do momento, sendo frágeis como um delicado cristal.

A Áustria exercia um papel importante na Europa como mediadora política e, por isso, era uma aliada interessante a Napoleão. Alguns anos antes, em 1805, Bonaparte havia derrotado de forma humilhante as forças austríacas nas Batalhas de Ulm e de Austerlitz e, em seguida, dividiu o Império Austríaco e tomou para si os territórios na Itália e da Alemanha. O objetivo maior de Napoleão era manter a Áustria sob controle, fazendo dela uma aliada fraca e subordinada aos seus objetivos políticos. Havia também um interesse não revelado de Napoleão: ele queria aproximar-se da nobreza austríaca, pois a linhagem da Casa Real da Áustria era uma das mais prestigiadas e tradicionais de toda a Europa e, com essa aproximação, passaria a ser reconhecido e aceito por outros países europeus que conquistara.

Para estreitar os laços políticos com a Áustria, Napoleão requisitou ao governo austríaco que enviasse um novo embaixador para residir na corte francesa. O enviado foi Klemens von Metternich, na época embaixador austríaco em Berlim, e membro de uma das famílias mais ilustres de toda Europa. Metternich tinha 32 anos, falava um francês impecável, era conhecido por sua cultura, elegância, boas maneiras, requintada educação e, sobretudo, pela sua fama de conquistador. A presença deste aristocrata de tão nobre estirpe daria um brilho especial à corte de Napoleão e, ao mesmo tempo, lhe ajudaria a estreitar a aliança política com a Áustria.

No primeiro encontro entre os dois, quando o embaixador austríaco foi apresentar suas credenciais, Napoleão pretendia mostrar de imediato quem estava no comando. Para isso, propositalmente, deixou de pé o representante austríaco durante toda a reunião, não permitindo que ele sentasse em sua presença. Usou uma linguagem direta, mas recheada de palavras polidas, tentando disfarçar seu sotaque do interior. Enquanto falava, andava na ponta dos pés para parecer mais alto, tentando disfarçar a baixa estatura. A ideia de Bonaparte era mostrar que, mesmo com toda a sua cultura e refinamento, Metternich não era páreo para ele. O que Napoleão não sabia era que as habilidades políticas do austríaco eram muito maiores do que ele apresentava.

Nos meses seguintes, aconteceram vários encontros entre os dois, e a cada encontro Napoleão ficava mais encantado com Metternich. O embaixador austríaco ouvia com toda atenção, fazia comentários inteligentes, e sabia elogiar a capacidade de Bonaparte como general e grande estrategista. A cada encontro, Napoleão saía satisfeito, pensando que havia encontrado uma pessoa que sabia valorizar seus talentos. Suas conversas foram ficando mais francas e cordiais, e após um tempo, já falavam sobre política europeia e sobre os planos de Napoleão. O nível de confiança entre os dois foi crescendo até um ponto perigoso para um homem na posição de Napoleão. Sabendo disso, e do fraco que Metternich tinha por belas mulheres, Napoleão armou para que o embaixador austríaco tivesse um caso com sua irmã, Carolina Bonaparte, para assim poder monitorar as atividades de Metternich sem levantar suspeitas ou abalar a relação que tinha com o representante da Áustria.

Como prévia, sua irmã, ingenuamente, começou a alimentar Bonaparte de informações preciosas. Estas informações atestavam a

FATORES-CHAVE ENVOLVIDOS NO PROCESSO DA NEGOCIAÇÃO

fidelidade da Áustria como aliada e ainda mostravam o respeito, e até mesmo, a admiração que Metternich tinha por Napoleão. Ao mesmo tempo, Carolina comentou com seu amante que Napoleão não estava satisfeito com seu casamento com Josefina, pois ela não era capaz de lhe dar filhos e ele queria muito um herdeiro para seu império. Por essa razão, ele pensava seriamente em se divorciar. Napoleão soube dos comentários sobre o seu casamento feitos por Carolina, mas parecia não se importar que Metternich soubesse por menores de sua vida particular, pois acreditava cegamente que tinha no austríaco um aliado fiel.

Alguns meses depois, de maneira inesperada, o imperador austríaco lhe ofereceu a mão de sua filha mais velha, Maria Luísa, em casamento. Imediatamente, Napoleão pensou que havia o dedo de Metternich nesta proposta tão oportuna. Com o casamento, a França e a Áustria teriam uma aliança de sangue, onde as duas famílias teriam ligações próximas de parentesco e, assim, os laços seriam fortalecidos e as pretensões de Napoleão de ser aceito como nobre pelos demais países europeus seria finalmente alcançada. Casar-se com a princesa da Casa Real da Áustria, uma das famílias reais mais tradicionais da Europa, era o atestado de nobreza que Napoleão vinha desejando há algum tempo. Com seu casamento enfraquecido, e sua esposa Josefina descartada por não poder lhe deixar herdeiros, Napoleão não titubeou. Pediu o divórcio, casando-se, em seguida, com a jovem princesa da Áustria, consolidando a união entre os dois países.

A jovem imperatriz encantou Napoleão com sua inteligência e sua articulação social, por isso, ele passou a confidenciar a ela seus planos de ampliar o império da França por toda a Europa, e começou também a ouvir suas opiniões de maneira interessada. Após o casamento entre Napoleão e Maria Luísa da Áustria, o nível de confiança em Metternich também aumentou. Bonaparte passou a ver no embaixador austríaco um conselheiro confiável e um importante aliado político. Napoleão pensou, então, que os ventos estavam soprando a seu favor, portanto, era o momento de buscar novas conquistas e expandir seu império para outras regiões da Europa. A Rússia era um inimigo que ameaçava, há muito tempo, seus planos de expansão, por isso foi uma candidata natural a ser a próxima nação invadida.

Enquanto preparava os planos para invadir a Rússia, Metternich surgiu com uma proposta que interessou Napoleão. A Áustria iria formar um exército de 30 mil soldados e colocá-los à disposição da França no momento que fossem necessários. Em contrapartida, Napoleão permitiria que a nação austríaca pudesse recompor suas forças militares, destruídas pelo próprio Napoleão nas Batalhas de Ulm e Austerlitz. Bonaparte não viu sinal de perigo nesta proposta, pois a Áustria era uma aliada fiel e ele tinha uma relação de parentesco, através de seu casamento com Maria Luísa, com a corte do imperador austríaco. Sendo assim, autorizou Metternich a recompor suas tropas e armar novamente seu exército.

O que Napoleão não sabia era que sua campanha na Rússia seria seu maior desastre militar. Ele voltou das gélidas paragens russas com seu exército derrotado e quase dizimado. Estava vulnerável e precisava urgentemente fazer um acordo com o alto comando dos países inimigos que tinham formado uma aliança para derrotá-lo (Rússia, Prússia, Inglaterra e Suécia). Neste momento tão importante, Metternich ofereceu seus serviços como mediador entre Napoleão e as principais potências europeias da aliança, a ideia de Bonaparte era ganhar tempo para recompor suas forças e organizar outra vez o seu exército. Neste ambiente desfavorável, a Áustria teria um papel fundamental na recuperação das tropas francesas, mesmos que isso significasse a perda do controle de Napoleão sobre o império austríaco. Sem escolhas, ele aceitou a oferta de Metternich.

Para infelicidade de Napoleão, as negociações fracassaram e uma nova guerra, de dimensões ainda maiores, estava para começar. Com o exército da França fragilizado e uma guerra iminente pela frente, o comandante francês estava sem muitas opções. Napoleão pensou em requisitar as tropas da Áustria para recompor o seu contingente — a esta altura, os austríacos já haviam reforçado o seu exército e possuíam agora uma força de guerra poderosa. O que Napoleão não sabia era que o governo da Áustria havia selado um acordo nos bastidores com as tropas da aliança, e se uniriam às tropas da Rússia, Prússia, Inglaterra e Suécia caso Napoleão não se entregasse e assinasse um acordo de paz.

Nesse meio tempo, Napoleão viajou à Áustria para requisitar as tropas austríacas a fim de realizar o combate. Tinha ouvido rumores da suposta união de forças entre os austríacos e as tropas da aliança, porém, não deu ouvidos aos seus espiões, pois não acreditava que o soberano da Áustria pudesse atacar seu próprio genro. Ao chegar a Dresden, marcou um encontro com Metternich para entender o que estava acontecendo e, para sua total surpresa, foi recebido com frieza e rigidez por seu antigo aliado. Nesse momento, viu que a situação era pior do que pensava, pois, sem as tropas da Áustria, não teria a menor chance de entrar em combate. Foi quando ele ouviu, da boca do próprio Metternich, que se a França não negociasse a paz, as tropas da Áustria iriam se unir com os aliados, deixando a sua posição de simples mediadora no conflito.

De repente, ficou claro que todas as atitudes de Metternich tinham sido de caso pensado. Conquistou a confiança de Napoleão para poder entender sua mente e manipular as peças do jogo político a favor da Áustria, utilizando todos os recursos disponíveis, inclusive um casamento de fachada com a filha do imperador austríaco, para satisfazer os desejos de nobreza de Napoleão. Como era de se esperar, Bonaparte não assinou o tratado de paz, e as tropas austríacas se uniram aos demais países da aliança contra a França. No ano de 1814, o grande general francês Napoleão Bonaparte foi derrotado e exilado na Ilha de Elba, no Mar Mediterrâneo. Com seu exílio, teve fim o poder de um dos maiores estrategistas da história.

Não existe sabedoria maior do que aprender com os erros alheios, portanto, a história da derrota do famoso Napoleão Bonaparte tem tanto a nos ensinar. Como negociadores, precisamos identificar claramente com quem podemos contar quando estamos negociando; quem são realmente nossos aliados e quem são os inimigos. Muitas vezes, estamos tão envolvidos na negociação, propriamente dita, que nos esquecemos de avaliar as posições do jogo para saber quem está realmente do nosso lado. Avaliar as posições significa, também, analisar de que forma as movimentações estão sendo feitas na mesa de negociação.

Analisando as movimentações podemos encontrar os padrões de jogo do nosso oponente. Identificando o padrão de jogo, podemos nos antecipar aos seus passos e criar contra-ataques eficientes, que possam neutralizar suas jogadas antes que elas façam um estrago tão grande que não possamos mais nos recuperar, como aconteceu com Bonaparte.

Como negociadores, precisamos ficar atentos às movimentações políticas que acontecem nos bastidores da negociação. Trocas de posições de poder ou uma mudança no padrão de movimentação do jogo podem indicar que o equilíbrio de forças na mesa de negociação está para ser alterado, sendo necessário repensar a nossa maneira de negociar.

FATOR TÁTICO 2 – FAZER PERGUNTAS INTELIGENTES

Você conhece uma pessoa sábia pelas perguntas que ela faz. Na verdade, fazer perguntas é um dos atos mais inteligentes do ser humano. Acredito também que foi a nossa capacidade de fazer perguntas que nos fez evoluir e dominar todas as outras espécies do planeta. Quando fazemos uma pergunta, estamos colocando em movimento uma série de forças que produzem como resultado um pensamento, uma ideia, uma solução, ou uma nova maneira de encarar o mundo à nossa volta. As perguntas inteligentes são também a melhor maneira de influenciar a mente de uma outra pessoa. Esta máxima já era conhecida desde os tempos do grande filósofo grego Sócrates, que com o seu famoso Método Socrático ajudou a desenvolver o espírito questionador de seus alunos e, através disso, criou toda uma nova escola de pensamento.

A cultura empresarial moderna estimula os profissionais a serem diretos e objetivos em suas colocações, o que muitas vezes causa conflitos desnecessários de opinião. O que precisamos é aprender a sermos mais políticos e estratégicos em nossa comunicação. No lugar de simplesmente dizer ao outro o que achamos que ele deve fazer, poderíamos ser muito mais convincentes se deixássemos a outra pessoa encontrar o caminho que levaria àquela solução com seus próprios pés.

Através de perguntas inteligentes, podemos conduzir o raciocínio do nosso oponente até o ponto que desejamos. Nesse caso, as perguntas são como pistas que devem ser seguidas pela mente da pessoa com a qual estamos negociando. A ideia central é induzir a outra pessoa a concordar com a nossa opinião, sem que ela perceba que está sendo levada a fazer isto. As perguntas verdadeiramente inteligentes são aquelas que nascem invertidas. Para construir uma pergunta inteligente, precisamos primeiro definir qual a resposta que desejamos obter da outra pessoa. Definida a resposta, podemos, então, construir a pergunta que vai induzir a outra pessoa a nos dar a resposta que esperamos.

A equação das perguntas inteligentes é a seguinte:

RESPOSTA DESEJADA + PERGUNTA INTELIGENTE = RESPOSTA INDUZIDA

Apesar do Método Socrático ser amplamente difundido, muitas pessoas ainda têm dificuldade de usar perguntas de forma estratégica na mesa de negociação. Isso acontece, pois existem algumas barreiras que nos impedem de fazer perguntas quando estamos negociando. São barreiras culturais e gerenciais, que comprometem a nossa capacidade de produzir as respostas que precisamos. A seguir, vamos identificar cada uma destas barreiras, procurando entender como podemos evitá-las durante o processo de negociação. A superação destas barreiras nos ajudará a construir perguntas de forma mais inteligente para que possamos ampliar nosso poder de influência sobre os oponentes na mesa de negociação.

PRIMEIRA BARREIRA: SÓ FORMULAR AS PERGUNTAS DURANTE A NEGOCIAÇÃO

Precisamos sentar-nos à mesa para negociar com algumas perguntas-chave em mente, não podemos deixar para formular todas as perguntas somente quando estivermos negociando. É bom lembrar que já é muito difícil acompanhar o raciocínio de nosso oponente enquanto ele fala, já pensou ter que elaborar perguntas e escutar ao mesmo tempo? Alguma dessas duas tarefas não será bem feita. Logo, precisamos montar uma lista com as perguntas que precisam ser feitas antes de sentar para negociar. Claro que algumas perguntas vão surgir no calor da discussão, até mesmo como resultado de outras perguntas já feitas, isso não é problema. O que não pode acontecer é sentar à mesa para negociar sem ter nenhuma pergunta em mente para fazer a seu oponente. Isso é uma prova de despreparo do negociador e, além disso, mostra que ele não fez o dever de casa, pois se tivesse pesquisado informações sobre seu oponente e montado de forma clara o seu planejamento, teria milhares de outras perguntas a fazer.

SEGUNDA BARREIRA: MEDO DE SER INVASIVO

Muitas perguntas importantes deixam de ser feitas devido ao medo que temos de invadir a privacidade alheia. Este medo se justifica, pois, na nossa sociedade, a privacidade de uma pessoa é quase sagrada. Portanto, invadi-la sem cerimônias pode não pegar bem. O problema é que, enquanto negociadores, não podemos deixar de fazer perguntas importantes por esse motivo. Se agirmos assim, estaremos respeitando o outro, mas, ao mesmo tempo, estaremos deixando de obter informações estratégicas que poderiam ser usadas para ajudar no fechamento do acordo. Por isso, não tenha medo de ser invasivo. Se você fizer uma pergunta e a outra pessoa tentar desviar do assunto, persista: deve haver algum "esqueleto enterrado" que a outra parte não deseja revelar. Continue "cavando": insista na pergunta até que ela seja respondida. Agindo assim, a verdade que seu oponente tanto temia vai aparecer e, com certeza, dará a você uma vantagem emocional sobre ele, pois qualquer um fica vulnerável quando revela um segredo, mesmo sem querer. Neste quesito, admiro bastante Oprah Winfrey, a badalada apresentadora de TV americana. Oprah nunca se contenta com uma resposta evasiva, continua buscando fatos até que a verdade seja revelada. Esta postura deveria ser seguida também pelos negociadores; aprenda a pôr seu oponente em xeque com perguntas que possam revelar os seus mais obscuros segredos.

TERCEIRA BARREIRA: NÃO QUERER DEMONSTRAR IGNORÂNCIA SOBRE O ASSUNTO

É interessante perceber como temos medo de mostrar nossa ignorância. Deixamos de fazer algumas perguntas por medo de parecer ignorante diante das pessoas e isto é uma tremenda bobagem. Não somos obrigados a conhecer e saber de tudo, somos todos ignorantes em alguma área do conhecimento. Eu, por exemplo, sou completamente ignorante em física, cálculo, química, e em qualquer outra coisa que exija muito raciocínio matemático — definitivamente este não é o meu ponto forte. É por este motivo que tenho na minha equipe pessoas, principalmente no setor financeiro, que cuidam desta parte, não existe vergonha alguma nisso. Precisamos começar a trabalhar e agir seguindo nossos pontos fortes, são eles que nos farão crescer. Na verdade, precisamos aproveitar melhor o nosso "equipamento de fábrica", ou seja, aquelas habilidades que são favorecidas pelo nosso DNA. Fazendo isto, seremos mais eficientes em tudo que fizermos. Portanto, não tenha medo de fazer uma pergunta que faça você parecer bobo ou ignorante, é melhor admitir que não temos conhecimento do assunto para obter as informações que precisamos, do que ficar calado sem entender o que está acontecendo. Portanto, troque sua ignorância por uma pergunta inteligente, a pessoa que mais vai ganhar com isso é você.

QUARTA BARREIRA: MEDO DE ADMITIR QUE NÃO ESTAVA PRESTANDO ATENÇÃO

Não tenha medo de admitir que estava distraído, milhares de coisas passam em nossa cabeça a cada segundo. Esses pensamentos vão e vêm sem o nosso controle, são memórias, flash de ideias que viajam em nossa mente em alta velocidade e, na maioria das vezes, não escolhem nem hora nem local para aparecer. Esse mecanismo faz parte do processo criativo do cérebro; ideias que circulam em nossa cabeça e, uma vez por outra, voltam à nossa consciência para nos visitar, até que tenhamos formado conexões suficientes para que possamos encontrar nestas ideias a solução que estamos procurando. Portanto, quando você estiver negociando e perceber que viajou nos seus pensamentos por um segundo, não tenha medo de dizer que esteve "ausente", todos nós passamos por isso várias vezes ao dia. O melhor a fazer é pedir desculpas pela "ausência" temporária e, em seguida, fazer perguntas para buscar as informações que você perdeu.

FATOR TÁTICO 3 – DEFINIR SEUS MOVIMENTOS

A arte de saber movimentar nossas forças no campo de batalha é a essência das táticas de guerra, e pode definir o resultado final do combate. Da mesma forma, a maneira como movimentamos as nossas forças quando estamos negociando pode determinar qual será o resultado final do acordo. Saber qual o momento certo para atacar nosso oponente, aprender a usar o contra-ataque como arma de combate, e entender que nem todo movimento de defesa significa covardia é o que separa os negociadores profissionais dos meros iniciantes. Usar de forma consciente esses movimentos na mesa de negociação nos dá uma vantagem competitiva sobre nossos oponentes, pois demonstra claramente que sabemos exatamente onde queremos chegar e que, além disso, dominamos a mesa quando estamos negociando. Obter o controle da mesa é fundamental para o negociador. Quem controla a mesa determina os movimentos do jogo, e quem determina os movimentos do jogo controla a mente do oponente, e quem controla a mente do adversário sai ganhando na negociação. A seguir, vamos entender quais as formas clássicas de movimentação de forças na mesa de negociação, e de que forma podemos usar estes movimentos quando estivermos frente a frente com o nosso oponente na mesa de negociação.

FORMAS DE MOVIMENTAÇÃO

MOVIMENTO DE ATAQUE

O movimento de ataque visa ferir as forças do adversário nos chamados **Centros de Sustentação**, onde são pontos de apoio que dão ao oponente forças para continuar o combate. Quando estamos negociando, precisamos identificar o mais rápido possível quais são os Centros de Sustentação que mantêm o nosso oponente ativo e com fôlego para negociar. Atacando os centros de sustentação do oponente, fragilizamos suas forças e o deixamos em situação vulnerável. Sem os seus Centros de Sustentação, ele não poderá continuar negociando e terá que buscar rapidamente o acordo. Para ilustrar a importância de atacar o adversário nos seus Centros de Sustentação, vamos compartilhar a história do famoso General romano Cipião, que foi o responsável pela derrota de um dos maiores estrategistas de todos os tempos, Aníbal, o grande general cartaginês.

Roma e Cartago vinham se enfrentando já há algum tempo pela hegemonia do comércio em todo o Mar Mediterrâneo — esta série de conflitos ficou conhecida como Guerras Púnicas. A cidade fenícia de Cartago era uma das maiores potências econômicas de sua época, dominando os mares. As frotas da Fenícia eram responsáveis por grande parte do comércio de mercadorias entre as cidades que rodeavam a região do mediterrâneo. Os comerciantes cartagineses possuíam diversos pontos estratégicos de comércio localizados na Sardenha, na Córsega, na Sicília e no sul da Península Ibérica. Destas regiões vinham constantes suprimentos de cereais e de metais preciosos, que eram distribuídos por Cartago em toda aquela região. Roma desejava este rico fluxo de recursos para si e, por este motivo, tentou várias vezes destruir a hegemonia de Cartago naquela região. Em resposta, Cartago tentou invadir os domínios romanos, chegando até às portas da sua capital, Roma. Cartago era uma ameaça constante aos interesses romanos, tanto em termos de comércio como em termos de segurança militar, por isso algo precisava ser feito com urgência.

Foi neste ambiente de hostilidades mútuas que se deu o confronto entre esses dois brilhantes generais, de um lado Cipião, defendendo os interesses de Roma, e do outro lado Aníbal, defendendo as posições comercias de Cartago. O pai de Cipião havia sido morto em combate por tropas cartaginesas em um dos confrontos anteriores entre estas grandes potências, fato que despertou o desejo de vingança em Cipião. Ele sabia também que, enquanto Cartago não fosse completamente destruída, Roma não poderia dormir tranquila. Somaram-se, então, duas forças motivadoras de grande peso: de um lado o desejo de vingar a morte do pai, e do outro o sentido de dever para com seu país. Essas forças motivadoras reunidas fizeram Cipião aguardar ansioso por uma oportunidade de encarar Aníbal de frente no campo de batalha. Esta oportunidade surgiu na terceira, e última, Guerra Púnica. Cipião tinha sido enviado por Roma com a missão de invadir Cartago e destruí-la. Para isso, soube como ninguém atacar os Centros de Sustentação do inimigo

A cidade de Nova Cartago, atual Cartagena, era a capital cartaginesa na região naquela época. Ela era utilizada por Cartago como ponto de armazenagem e distribuição de mercadorias, milhares de produtos seguiam todos os dias através dos navios fenícios para toda a região do mediterrâneo. Cipião sabia que atacando este porto estratégico, estaria bloqueando o fluxo que abastecia as tropas de ocupação cartaginesas, por isso aguardou a melhor oportunidade para agir. Sua rede de espiões informou o momento que as tropas cartaginesas estavam divididas por toda a região, tentando conquistar outras cidades para consolidar o seu domínio, deixando desprotegida a cidade de Nova Cartago. Sabendo disso, Cipião direcionou suas forças para tomar aquele importante porto inimigo.

Chegando às portas de Nova Cartago, encontrou apenas mil homens fazendo a segurança da cidade. As tropas de Cipião aproveitaram a maré vazante e escalaram os muros da fortaleza com certa facilidade e, em poucas horas, a cidade havia sido dominada pelas tropas do general romano. Esta perda foi decisiva para derrota total de Cartago; com seu centro de distribuição na Espanha tomado, toda sua estrutura de abastecimento ficou comprometida e o seu fluxo de recursos financeiros abalado, pois as riquezas geradas na Europa eram usadas para alimentar e equipar o exército cartaginês. Cipião enxergou, então, que era o momento de atacar a própria Cartago, por isso, voltando a Roma, imediatamente arregimentou novas tropas. Cruzou o Mar Mediterrâneo e dirigiu-se para o centro nervoso do poder cartaginês. Para garantir que suas tropas lutariam em pé de igualdade com as forças de Cartago Ci   ) selou uma aliança militar com o Massinissa, rei de Num   ovo vizinho dos cartagineses, que possuía uma excelente cavalaria e poderia dar suporte no campo de batalha para uma invasão romana. Com este reforço, Cipião sentiu-se seguro para avançar.

Na primavera do ano de 204 a.C, Cipião embarcou suas tropas para África em numerosos navios, que levavam não apenas as tropas romanas, mas também os suprimentos e todos os equipamentos de guerra. Cipião cruzou o Mar Mediterrâneo e desembarcou suas tropas na costa cartaginesa, próximo à região de Útica. Aníbal e seu exército foram pegos de surpresa; até aquela data, nenhum general romano havia tido a ousadia de cruzar as águas revoltas do Mar Mediterrâneo para tentar invadir Cartago. Este movimento corajoso do general romano havia pego as forças de Cartago sem preparo para a luta. Mesmo diante de tamanha surpresa, Aníbal conseguiu mobilizar rapidamente suas tropas e montou um cordão de isolamento para manter o exército romano preso na praia. Sua estratégia deu certo e os romanos ficaram em uma situação vulnerável. O jogo se inverteu, pois agora era Cipião quem precisava repensar sua estratégia, pois as forças romanas estavam encurraladas com o mar às suas costas e os inimigos cartagineses à sua frente. Sabendo da gravidade da situação, criou um plano de ação.

Cipião sabia que na atual situação, em pouco tempo seus suprimentos acabariam. Suas tropas, isoladas e sem comida, poderiam rebelar-se e desertar. Portanto, para evitar esse desastre, Cipião enviou espiões para observar o acampamento inimigo. Com as informações obtidas, pode usar os Centros de Sustentação do inimigo a seu favor mais uma vez. As informações trazidas indicavam que Aníbal tinha dois acampamentos, um deles para as tropas de seu próprio exército, e um segundo, mais vulnerável e desorganizado, mantido pelos seus principais aliados, os númidas. Percebendo nesta diferença uma oportunidade, certa noite Cipião avançou com as tropas, aproveitando-se da escuridão, e ateou fogo no acampamento númida. Como previa, as tendas de material inflamável pegaram fogo rapidamente, deixando as tropas inimigas desorientadas. Consequentemente, os aliados de Cartago começaram a fugir em todas as direções. Durante o caos, Cipião mandou invadir e atear fogo também no acampamento das tropas cartaginesas, que foram presas fáceis para os exércitos romanos. Mais da metade das tropas de Cartago foi dizimada nesta batalha noturna e o restante dos soldados recuou para a própria Cartago e para Numídia.

Com esta vitória sobre as forças africanas de Cartago, as forças romanas avançaram para o interior do país e dominaram cidade após cidade, sem sofrer grandes resistências. Em seguida, Cipião desembarcou suas tropas no porto de Túnis, tão próximo de Cartago que as forças romanas podiam ser vistas chegando das muralhas da cidade. Esta visão aterradora mexeu com o moral das tropas cartaginesas. Assim, Cipião forçou Aníbal a trazer de volta da Itália as tropas que ficaram naquele país, e Cartago perdeu todas as suas posições na Europa, assim como sua fonte de suprimentos e riquezas. O grande general romano planejava agora o golpe de misericórdia sobre as forças de Cartago. Ao contrário do que qualquer um faria, Cipião não atacou Cartago de imediato; recuou suas tropas para o oeste, em direção ao Vale de Bragadas, onde estavam localizadas as principais terras férteis do país inimigo. Fazendo isso, ele poderia arruinar a base econômica dos cartagineses, atacando um dos seus mais importantes Centros de Sustentação.

Com o ataque eminente dos romanos ao Vale de Bragadas, Aníbal se viu forçado a abandonar a segurança da cidade de Cartago e perseguir as forças do general romano em campo aberto. A cada avanço das tropas cartaginesas, Cipião recuava ainda mais seu exército, evitando o confronto imediato e atraindo Aníbal cada vez mais para longe de Cartago. Cipião escolheu o local da batalha a dedo. Marcou posição na cidade de Zama e forçou Aníbal a lutar em uma região seca, sem suprimento de água, sob um sol escaldante. Depois da longa perseguição, as tropas cartaginesas estavam exaustas, sem comida e sem um suprimento de água local para reabastecer. Nesta situação, os poderosos inimigos de Roma estavam agora altamente vulneráveis. Foi neste momento que Cipião finalmente atacou. Com o apoio da cavalaria de seu aliado africano, o rei Masinissa, o general romano conseguiu neutralizar a principal divisão de guerra de Aníbal. Sem refúgio próximo para onde recuar, Aníbal foi obrigado a admitir a derrota e se render. Com esta vitória sobre

Cartago, Roma consolidou seu poder sobre todo o Mar Mediterrâneo e derrotou definitivamente seu grande rival.

Com esta formidável vitória, podemos aprender a importância de atacar os Centros de Sustentação de nossos oponentes. Quando estivermos negociando, atacar estes centros enfraquece as forças do nosso adversário e nos deixa em condições de dominar a mesa de negociação. Por isso, antes de tentar atacar de frente seu oponente, procure antes minar a sua resistência, provocando baixas nos seus pontos mais vulneráveis; fazendo isso, você estará destruindo a motivação de combate do outro negociador e, ao mesmo tempo, evitando o desgaste de um confronto direto.

MOVIMENTO DE CONTRA-ATAQUE

O segredo do contra-ataque é a velocidade de resposta e o elemento surpresa. Quando respondemos com um movimento de contra-ataque, nosso oponente é atingido sem saber de onde veio o golpe, sente apenas a pancada e seus efeitos. Os negociadores inteligentes aprendem logo cedo a usar o elemento surpresa a seu favor na mesa de negociação. Fazer exatamente o contrário do que é esperado de nós, bloqueia a linha de raciocínio do oponente, deixando-o sem condições de reagir. Quando nossa resposta vem com grande velocidade, deixamos o oponente sem margem para defesa. As reações rápidas são mais difíceis de controlar, o que nos deixa em vantagem em relação ao nosso adversário.

Para reagir com a velocidade necessária, precisamos estar atentos aos atos falhos dos nossos oponentes. Todos nós cometemos erros quando estamos negociando, por isso é tão importante identificar onde estão os pontos frágeis da defesa do inimigo, é exatamente para esses pontos que devemos dirigir nosso contra-ataque. Atingindo nosso rival em suas fragilidades, confundimos sua mente e enfraquecemos a sua atitude para o combate e, com o adversário paralisado é mais fácil vencer a batalha. Os princípios do contra-ataque são muito parecidos com os do jiu-jitsu. Nesta arte marcial, o lutador usa a força de seu oponente contra ele próprio, portanto, quanto maior a força com que somos atacados, maiores as possibilidades de responder com um contra-ataque de mesma intensidade, pois estamos usando o poder do nosso adversário como arma de combate contra ele mesmo.

A história da guerra entre a Inglaterra e a Escócia ilustra com perfeição o movimento de contra-ataque. No conflito, a surpresa e a velocidade de resposta fizeram toda diferença a favor da Escócia. Durante centenas de anos, a Escócia viveu sob domínio político e cultural da Inglaterra, e era tida pelos ingleses como a "prima pobre", devido à submissão aos senhores ingleses. Durante esse domínio, houve várias batalhas pela libertação da Escócia. Tais batalhas ficaram conhecidas como Guerra de Independência Escocesa. Neste cenário de opressão e submissão, duas grandes figuras militares ganharam destaque. De um lado, o rei Eduardo I, da Inglaterra, o famoso Eduardo Coração de Leão, soberano inglês que conduziu as cruzadas em direção a Jerusalém, ficando famoso pela sua bravura e disposição para o combate. Do outro, lutando pela libertação escocesa, Robert Bruce, rei da Escócia, que teve sua história de lutas armadas e conflitos pessoais retratada no filme *Coração Valente*, com Mel Gibson, no papel do famoso herói escocês William Wallace.

Bruce vivia um grande dilema pessoal. Sua família, devido aos títulos de nobreza, recebia terras e vantagens econômicas da Inglaterra, portanto, tinha interesses em manter o domínio inglês sobre as terras escocesas. Porém, ele não se conformava em ver seu país, com tanta tradição, submisso ao poder da Inglaterra. Os dois países, apesar de próximos, tinham culturas muito distintas: a Inglaterra era uma sociedade mais industrializada e com uma forte vocação protestante, enquanto a Escócia era um país de valores rurais e com uma forte vocação católica. Contudo, tinham em comum um grande orgulho de suas origens e uma forte linhagem de reis guerreiros.

Eduardo Coração de Leão era implacável com os países que tentavam escapar do domínio inglês, em especial com a Escócia, considerada uma colônia inglesa que devia total submissão aos interesses da coroa da Inglaterra. Com esta visão de senhor feudal, qualquer tentativa de independência deveria ser suprimida com rapidez e violência. Neste contexto, o jovem Robert Bruce havia se tornado um problema para Eduardo. Bruce estava incitando os nobres da Escócia a unirem seus exércitos para combater o domínio inglês e para conseguir de volta a independência do seu país. Ele jurou expulsar os ingleses das terras escocesas e, desafiando o poder de Eduardo, se fez coroar o rei da Escócia. Pouco tempo depois, Eduardo Coração de Leão veio a falecer e o seu filho, Eduardo II, assumiu a coroa inglesa.

Ao que tudo indicava, o novo rei não tinha herdado de seu falecido pai a mesma disposição para o combate. No entanto, mesmo sem este ímpeto militar por parte do novo rei, a Inglaterra continuava a ser uma grande ameaça. Seus exércitos eram bem pagos, bem alimentados e bem equipados, e acima de tudo, bem treinados. Participando de tantas guerras de conquista, seus homens haviam se tornado os soldados mais temidos da Europa e, sendo assim, a Inglaterra desfrutava do poder de responder a qualquer rebelião em sua zona de influência enviando o seu bem montado exército.

Em contraste com a organização militar inglesa, os exércitos da Escócia eram pequenos, possuíam menos estrutura de combate, e seus homens eram mal preparados. Além disso, estavam constantemente envolvidos em conflitos internos, pois a base do exército de Bruce era formada pela soma das tropas particulares de vários nobres escoceses com interesses econômicos e políticos próprios. Diante desta situação, Bruce percebeu que precisava, antes de mais nada, unir as forças escocesas contra um único inimigo, a Inglaterra. Ele conseguiu convencer os nobres de seu país que era preciso se libertar do domínio inglês enquanto a Inglaterra estava passando por uma fase de transição de poder. O argumento convenceu e ele

FATORES-CHAVE ENVOLVIDOS NO PROCESSO DA NEGOCIAÇÃO

conseguiu o apoio dos outros nobres para a campanha militar, ao mesmo tempo que manteve as disputas internas sob controle.

Robert Bruce sabia que não podia atacar a Inglaterra de frente. Sua desvantagem militar era evidente. Portanto, pensou em usar ataques surpresa e a velocidade das suas tropas para conquistar primeiro as posições inglesas dentro da Escócia. Foi o que ele fez, agindo de forma rápida e tomando vários castelos que estavam sob domínio inglês. Assim, Bruce começou a desarticular as forças de ocupação inglesas que mantinham a Escócia sob controle. Com estas vitórias, o moral de suas tropas cresceu e seu prestígio político consolidou-se — agora ele realmente havia assumido seu papel como Rei da Escócia. Eduardo II enviou tropas para combater os ataques constantes de Bruce e, com isso, retomar as posições da Inglaterra, perdidas para o nobre escocês. Bruce evitou um confronto direto com as tropas inglesas, o que seria fatal para o seu pequeno exército e, em vez disso, recuou suas tropas para as densas florestas da Escócia, mantendo o exército inglês a uma distância segura.

Para surpresa de Eduardo II, as tropas de Bruce, ao contrário do que era esperado, começaram a contra-atacar, porém não em direção aos castelos escoceses, e sim às terras da própria Inglaterra. Eduardo II viu as terras de seu país serem invadidas pelas tropas ligeiras de Bruce e destruir seus campos agrícolas, causando grandes prejuízos aos nobres ingleses. Além de queimar as colheitas do inimigo, Bruce queimava também os campos dos próprios escoceses, deixando as tropas inglesas sem ter onde buscar comida. Bruce passou a responder a cada ataque com contra-ataques velozes, o que fez Eduardo II movimentar suas tropas de um lado para outro a todo momento, uma hora para defender os castelos dominados da Escócia, outra para defender os territórios da própria Inglaterra.

Cansados de ficar marchando de um lado para outro sem comer e sem dormir, os soldados ingleses recuaram. Ninguém mais queria lutar contra a Escócia. Nesta situação, depois de tantos contra-ataques, ficou fácil dominar as tropas inglesas em campo aberto. Depois de ter evitado o combate direto durante todo o tempo, ele via a oportunidade de expulsar definitivamente os ingleses da Escócia. Em 1314, as tropas escocesas enfrentaram as inglesas na Batalha de Bannockburn. Foi uma humilhante derrota da Inglaterra. Seus soldados, cansados e com fome, perderam as forças para se movimentar e foram dizimados em massa. A vergonha desta derrota fez Eduardo II jurar vingança.

Em 1322, Eduardo II tentou uma nova investida contra a Escócia, desta vez com o objetivo de matar o próprio Robert Bruce e acabar de vez com sua capacidade de lutar. Liderou pessoalmente suas tropas nesta nova investida contra as forças escocesas. Eduardo II chegou aos portões de Edimburgo, a cidade mais importante da Escócia. Em determinado momento do cerco, mandou suas tropas buscarem comida nos campos escoceses. Seus soldados voltaram de mãos vazias, Bruce havia destruído tudo enquanto recuava seu exército. Não havia comida para alimentar as tropas inglesas. Não demorou muito tempo para que os ingleses começassem a lembrar da fome que passaram nos campos escoceses durante a Batalha de Bannockburn. Com esta imagem na mente, com fome e sendo vítimas da disenteria e outras doenças, as tropas da Inglaterra foram mais uma vez dizimadas. Esta campanha foi tão desastrosa para Eduardo II que, ao voltar para a Inglaterra, seus nobres rebelaram-se e ele precisou fugir, em 1327, Eduardo II foi capturado e morto.

No ano seguinte, Eduardo III, filho de Eduardo II, entendeu que era melhor negociar a paz com a Escócia. Dessa forma, concedeu aos escoceses sua independência e reconheceu Robert Bruce como o legítimo soberano da coroa escocesa. Bruce foi coroado Rei e conquistou o que tanto desejava: ver a Escócia como um país unido e livre do domínio inglês.

Robert Bruce soube usar os movimentos de contra-ataque para enfraquecer as tropas da Inglaterra. Esse tipo de movimento é muito adequado quando as nossas forças são menores que as dos nossos oponentes. Na mesa de negociação não é diferente. Quando temos menos poder de fogo que a outra parte, precisamos pensar de forma mais rápida, criativa e surpreendente para usar os pontos vulneráveis do oponente a nosso favor. Nestes casos, a velocidade de resposta e o pensamento criativo podem nos ajudar a encontrar soluções inovadoras para os impasses que estão impedindo a concretização do negócio.

Assim como acontece na guerra, a velocidade de resposta e a criatividade são as melhores armas para enfrentar oponentes que possuem forças muito maiores do que as nossas. Agindo com criatividade, podemos encontrar caminhos que ainda não foram explorados, enxergamos opções que nosso oponente ainda não enxergou, e podemos usar alternativas inteligentes para quebrar as forças do oponente e conduzi-lo ao fechamento do acordo.

MOVIMENTO DE DEFESA

Os movimentos de defesa são interpretados de maneira equivocada pela maioria dos negociadores. Eles acreditam que defesa é sinônimo de covardia, e acham que o fazem por não terem condições de atacar. Este é um grande erro de julgamento. Ao longo da história, muitos generais souberam usar suas defesas de forma inteligente para vencer várias guerras, mesmo aqueles que tinham forças superiores as do seu inimigo. Souberam defender suas posições e aguardar o momento certo para atacar ou, simplesmente, usaram o recuo de suas tropas como isca para atrair seus adversários para combater em terrenos menos vantajosos, como fez Cipião com o general Aníbal, na Batalha de Zama.

Usar de forma inteligente o movimento de defesa nos dá a oportunidade de escolher o melhor momento para agir. Passamos a controlar o fator tempo e podemos usá-lo a nosso favor na mesa de negociação. Muitas vezes, somos obrigados a negociar sem estarmos totalmente preparados. Nesses casos, defender nossas posições sem atacar nos possibilita estudar melhor a situação e, assim, entender quais as verdadeiras intenções do nosso oponente. O movimento de defesa nos permite organizar melhor nossas forças e avaliar com mais apreço que caminhos devemos tomar naquela determinada negociação. Podemos também usar o movimento de defesa para atrair o oponente para o ataque, fazendo com que ele exponha suas jogadas antes do tempo. Consequentemente, saberemos o que ele tem escondido na manga para negociar, e poderemos montar um contra-ataque, veloz e surpreendente, com base nas informações que ele, precipitadamente, nos entregou.

Outra maneira de usar o movimento de defesa é fazer com que nosso oponente nos ache fraco pelo simples fato de estarmos defendendo nossas posições sem atacar. É uma excelente maneira de deixá-lo confortável o suficiente para que baixe a guarda. Assim, podemos encontrar suas fraquezas e atingi-lo em seus pontos mais vulneráveis. Como podem ver, defender nossas posições nem sempre é sinal de fraqueza, portanto, não julgue seus oponentes apenas por sua postura defensiva. Procure entender o que está por trás deste movimento e vá em busca de suas reais intenções, sem deixar que sua visão seja embaçada pela cortina de fumaça do oponente. Mantenha a clareza de seu olhar e procure encontrar os motivos que estão levando seu oponente a se defender. Agindo assim, você não dará margem a um contra-ataque inesperado.

FATOR TÁTICO 4 – GERENCIAR AS CONCESSÕES

Gerenciar concessões é o centro nervoso de toda e qualquer negociação. Através do gerenciamento inteligente das concessões é possível determinar o ritmo e a direção que a negociação deve tomar. A forma como fazemos nossas concessões diz muito a respeito do nosso estilo como negociador. As concessões revelam, ainda, informações importantes sobre a nossa estratégia de jogo e sobre as possíveis manobras que vamos executar. Gary Gasparov, o grande mestre do xadrez, costumava estudar a súmula dos jogos de todos os seus futuros oponentes. Nesta súmula, estão registrados todos os movimentos de cada jogador, do início até o final da partida. Gasparov procurava encontrar o padrão de movimentação do seu adversário no tabuleiro, examinando a forma como seu adversário iniciava e finalizava cada partida e verificando seus movimentos mais comuns. Anotava as formas com as quais os seus adversários construíam o caminho até chegar ao xeque-mate e, construía as jogadas que poderiam neutralizar cada um dos futuros movimentos de seus oponentes.

Na mesa, exatamente como acontece em um tabuleiro de xadrez, é preciso se antecipar às jogadas do nosso oponente. Para que isto ocorra, é preciso entender qual seu padrão de jogo, pois, entendendo-o, podemos nos antecipar aos seus movimentos e mover nossas peças para neutralizar as jogadas do adversário. A melhor tática é estudar a forma como o nosso oponente faz suas concessões. As concessões nos mostram se estamos negociando com uma pessoa conservadora ou impulsiva, indicam se o nosso oponente tem pressa ou não para negociar, revelam também a escala de valores do oponente na mesa de negociação, indicando que itens da pauta tem mais ou menos importância para a outra parte, além de apontar até onde o nosso oponente está disposto a ir para concretizar o acordo. Com todas essas funções importantes, é difícil entender como algumas pessoas ainda insistem em sentar para negociar sem ter montado antes um bom plano de concessões. A seguir, iremos dar algumas dicas para que você possa montar um plano básico de concessões, evitando surpresas desagradáveis quando estiver negociando.

Antes de mais nada, é preciso listar quais as concessões você está disposto a fazer para fechar o acordo. Listadas, precisamos colocá-las em uma ordem que facilite o nosso trabalho na mesa de negociação. Seguem algumas dicas.

PRIMEIRA DICA: quando estamos **fazendo concessões**, devemos sempre começar cedendo as coisas menos importantes para nós, deixando para o final da negociação as coisas mais importantes. Agindo assim, temos tempo de ir testando as necessidades do nosso oponente e não corremos o risco de oferecer mais do que o necessário para fechar o acordo. Iniciando pelas concessões de menor importância, podemos fechar um bom acordo sem precisar ceder tudo o que temos na mão. Com isso, preservamos o nosso poder de barganha para negociações futuras;

SEGUNDA DICA: quando você estiver tentando **obter concessões** da outra parte, sempre comece buscando as concessões que são mais importantes para você, deixando os pontos de menor importância para o final da negociação. Ao adotar esse método, você pode conseguir uma grande concessão da outra parte logo no início da negociação, o que fragiliza a situação do nosso oponente e facilita nosso trabalho como negociadores;

TERCEIRA DICA: para cada uma das concessões que você está disposto a fazer, determine que concessão você deseja em troca do seu oponente. Estabelecendo a correspondência de valor entre cada concessão sua e as concessões de seu oponente, você pode trabalhar com mais tranquilidade em sua estratégia de convencimento, além de facilitar o entendimento da outra parte acerca de seus argumentos;

QUARTA DICA: use as concessões como um termômetro para medir a temperatura da negociação. Faça testes, cedendo em coisas mais simples logo de início, para identificar quais os reais interesses do seu oponente. Mas lembre-se, muitas vezes somos nós que inflacionamos o valor do acordo, acreditando que o oponente veio buscar mais coisas do que realmente deseja. Não tente adivinhar o que seu adversário deseja, procure usar as concessões para medir o nível de satisfação da outra parte ao longo de toda a negociação. Quando perceber que ele está começando a ficar com cara de satisfeito é hora de suspender as concessões e partir para fechar o acordo;

➤ **QUINTA DICA:** aprenda a fazer concessões que nada concedem. Muitas vezes, temos cartas em nossa manga que já estão previstas em nosso plano de ação e que não possuem para nós um peso muito grande em termos de concessão. Porém, nossos oponentes não sabem disso, portanto use essas concessões que nada concedem, para arrancar concessões importantes de seus oponentes. Um exemplo clássico é o sujeito que vai à concessionária comprar um carro de 130 mil reais e se deixa convencer a fechar o negócio por que o vendedor lhe deu um jogo de tapetes que vale menos de trinta reais.

Gerenciar as concessões é um fator tático de extrema importância para o negociador. Quando temos domínio desse jogo de forças, podemos nos movimentar com mais liberdade na mesa de negociação. Por isto, daqui para frente, antes de sentar para negociar, pense de forma consciente sobre que concessões você irá fazer, e também, sobre quais as concessões você deseja da outra parte. Assim, você poderá influenciar não só o ritmo do jogo, como também os seus resultados.

FATORES COMPORTAMENTAIS

A guerra psicológica é tão importante para obter uma vitória quanto os confrontos diretos no campo de batalha. Como negociadores, precisamos aprender a usar os fatores comportamentais para obter o que queremos do nosso oponente. Influenciar a mente das pessoas para que elas façam exatamente aquilo que desejamos é o mais alto grau que uma pessoa pode chegar como negociador. Atingir o nosso adversário em sua mente é muito mais forte e produtivo que tentar ganhar dele com simples barganhas de posição. Antes de dominar a negociação, precisamos dominar o psicológico da outra pessoa. Apenas desta forma teremos poder de influência suficiente para ditar as regras do jogo. Para que isto ocorra, temos que analisar alguns fatores que podem nos ajudar a direcionar os nossos esforços na direção correta. Esses fatores indicam a maneira como as pessoas comportam-se quando estão negociando. Entender esses fatores nos ajuda a fazer uma leitura mais clara sobre o perfil do oponente e, entender melhor o seu perfil, podemos fazer uma previsão mais segura a respeito de seus possíveis movimentos na mesa de negociação.

Esses fatores que podem ser usados também para medir o grau de flexibilidade do oponente como negociador. Avaliando tais parâmetros, podemos entender melhor a forma como o nosso oponente enxerga o jogo em questão. É como se fossemos cientistas e estivéssemos em um laboratório fazendo testes com ratos para ver como eles reagem a cada estímulo que provocamos. Dependendo do nosso objetivo na pesquisa e da resposta das nossas cobaias, vamos ajustando o estímulo, aumentando ou diminuindo a sua intensidade, até identificar o padrão de resposta que procuramos. A mesa de negociação é o laboratório de testes do negociador; devemos testar o nosso oponente em várias situações para entender como ele reage em cada uma delas. Dependendo de sua reação, vamos ajustando o estímulo até obter dele o tipo de resposta que desejamos.

A seguir, iremos conhecer cada um destes fatores e ver de que forma poderemos avaliar as respostas do nosso oponente, para entender melhor a sua forma de agir e de pensar.

FATOR COMPORTAMENTAL 1 – SUBMISSÃO X DOMÍNIO

Na mesa de negociação, você pode estar envolvido em basicamente duas situações: ou você assume o domínio da mesa e dita o ritmo da negociação ou está submisso e apenas reage ao padrão de jogo

FATORES-CHAVE ENVOLVIDOS NO PROCESSO DA NEGOCIAÇÃO

imposto pelo seu oponente. Quando estamos no domínio, temos uma postura ativa e procuramos conduzir o processo da negociação na direção de nossos objetivos. Neste caso, assumimos o poder quando estamos negociando. Na submissão, temos uma postura passiva, e apenas respondemos às condições ditadas pelo oponente. Aqui, perdemos o poder e ficamos a mercê da outra parte quando estamos negociando.

A submissão ocorre essencialmente por dois motivos. O primeiro é a falta de planejamento. Quando não montamos um plano de negociação de forma profissional, ficamos em situação de fraqueza diante do oponente. Um bom plano de negociação nos dá segurança para avançar diante dos desafios, evitando que sejamos pegos de surpresa e colocados contra a parede quando estivermos negociando. O segundo é uma questão de personalidade. Há pessoas que são naturalmente mais passivas e inseguras do que outras, nesses casos a falta de autoconfiança pode nos colocar em situação de submissão diante de nossos adversários.

A insegurança pode ser agravada dependendo da forma como enxergamos as figuras de poder. Aprendemos a lidar com figuras de poder muito cedo em nossa vida. Quando crianças, este aprendizado aconteceu na escola, na interação com os professores, em casa, quando lidamos com nossos pais, e na sociedade, através do contato com nossos superiores, com nossos amigos e com os nossos relacionamentos amorosos. Dependendo, também, do tipo de relação que você construiu com seus amigos e relacionamentos amorosos ao longo dos anos, sua autoconfiança pode ter sido ampliada ou reduzida a pó. Como negociadores, precisamos avaliar em que ponto entre a submissão extrema e a dominância extrema nosso adversário se encontra. Podemos entender como ele lida com este primeiro fator comportamental, que pode revelar sobre o perfil do oponente.

Um meio de localizar onde o oponente se encontra nessa escala é criando situações na mesa de negociação, seja gerenciando as nossas concessões, seja fazendo propostas indecentes para avaliar as reações, seja através de nossos argumentos. Quando passamos a entender em que posição ele se encontra, podemos construir nossa argumentação de forma mais direcionada. Com os submissos, precisamos ser mais enérgicos e ajudá-los a decidir, enquanto com os dominantes precisamos ser mais estratégicos e indiretos, para não incitar sua competitividade e agressividade naturais.

FATOR COMPORTAMENTAL 2 – ESCASSEZ X ABUNDÂNCIA

Existe um ditado que diz que o caráter verdadeiro de uma pessoa se revela quando colocamos dinheiro e poder em suas mãos. Esta é uma grande verdade. A forma como lidamos com as situações de escassez e de abundância em nossa vida dizem muito a respeito sobre a maneira como enxergamos o mundo. Quando estamos diante da possibilidade de perder o que temos, somos levados a tomar atitudes que em outras situações não tomaríamos. Mas, no momento que somos colocados contra parede, cada pessoa reage de forma diferente, mesmo a situação sendo a mesma. Algumas ficam na defensiva, outros partem para o ataque, alguns escondem o jogo, outros ficam ansiosos e se precipitam. Por esse motivo, é tão importante entender onde o nosso oponente se encontra nesta segunda escala de valor, ou seja, se ele tem medo de perder o que tem, e por isso não decide, emperrando a negociação, ou se é do tipo que sabe lidar com a escassez de recursos e não tem medo de arriscar no jogo.

Quanto mais próximo do extremo da escassez seu oponente estiver posicionado, mais resistente a propostas ousadas, mais medo de perder o que conquistou e mais resistência a tudo que indique algum sinal de risco. Por outro lado, quanto mais próximo do extremo da abundância, mais ousado o seu oponente será, mais confortável ele ficará com os possíveis riscos de uma proposta, e menos medo ele terá de perder algo que já conquistou. Quando você sentar para negociar, analise as reações do oponente às suas propostas.

Procure identificar como ele lida com situações de risco e de perdas para entender em que posição da escala escassez — abundância ele está posicionado. Definindo de forma clara esta posição, você poderá construir argumentos e propostas que estejam alinhados com o perfil de seu adversário, quebrando sua resistência, usando o seu próprio perfil como arma.

FATOR COMPORTAMENTAL 3 — DIVERGÊNCIA X CONVERGÊNCIA

Cada pessoa enxerga o conflito de uma maneira diferente e pessoal. Há pessoas mais diplomáticas, que sabem influenciar e procuram sempre focar nos pontos de convergência de opinião quando estão negociando. Essas pessoas apresentam, quase sempre, uma predisposição positiva para o fechamento do acordo, são pessoas que olham para as possibilidades e não para os problemas. Por outro lado, há aquelas com um componente negativo para o conflito. São estas que, quase sempre, enxergam mais as divergências e as diferenças de opinião do que as semelhanças. Enquanto negociam, olham apenas para os problemas e para as dificuldades e não conseguem perceber o universo de possibilidades que se revelam em cada situação de conflito.

Identificar de maneira clara em que posição nosso oponente se encontra na escala divergência/convergência é fundamental para o bom andamento da negociação. Quanto mais próximo ele estiver do extremo da divergência, mais negativa será sua postura diante das situações de conflito; quanto mais próximo estiver do extremo da convergência, mais positiva será a postura diante das situações de conflito. Portanto, precisamos identificar, o mais cedo possível, de que forma o oponente costuma lidar com os conflitos de opinião quando está negociando. Agindo assim, poderemos usar as palavras certas e modelar nossa comunicação, nossas opiniões, nossos argumentos e atitudes para adequar nossa postura mental ao perfil do oponente.

FATOR COMPORTAMENTAL 4 – RESISTÊNCIA X FLUIDEZ

Existem pessoas que possuem uma fluidez mental impressionante. A cabeça dessas pessoas processa as informações a uma velocidade superior a da maioria e chegam a conclusões inteligentes sem precisar de muitas explicações. Esse tipo de pessoa, geralmente, é elétrica e possui uma energia física e mental fabulosas. São pessoas de extrema criatividade e que conseguem fazer conexões, enxergar problemas e oportunidades antes dos outros. Logo, seu pensamento consegue definir ações futuras com grande facilidade. Suas decisões são rápidas como um relâmpago, e na maioria das vezes, estas decisões são construídas sobre uma sólida visão estratégica. Geralmente, não é necessário explicar demais para convencer pessoas com fluidez mental, falar muito pode até prejudicar. Precisamos falar moderadamente e usar os argumentos certos, assim, elas mesmas irão chegar as suas próprias conclusões sem precisar muito de nossa ajuda, o que facilita nosso trabalho como negociadores.

Por outro lado, existem pessoas que possuem uma forma mais lenta de processar informações. Elas precisam de mais argumentos para chegar a determinada conclusão e é necessário explicar cada detalhe da situação para que elas possam enxergar as possibilidades. Normalmente é preciso usar vários argumentos para que elas possam formar uma opinião sobre determinado assunto. Porém, não se iluda: este processamento lento não significa que elas sejam ignorantes. Elas podem ser extremamente inteligentes, a diferença é que precisam de mais tempo para avaliar uma dada situação. Isto acontece pois são mais cuidadosas e detalhistas, precisando assim de mais informações para formar sua opinião. Por essa razão, é tão importante localizar o quanto antes em que ponto da escala resistência — fluidez nosso oponente se encontra. Quanto mais próximo do extremo da resistência ele estiver, mais organizada e detalhadamente precisaremos argumentar e comunicar nossas ideias; quanto mais próximo do extremo da fluidez ele estiver, mais rápidos, focados e criativos precisaremos ser ao tentar transmitir os nossos argumentos.

Avaliando de forma consciente cada um desses fatores comportamentais, teremos uma visão mais clara sobre o perfil psicológico de nosso oponente. Consequentemente, poderemos ser mais precisos e eficientes na construção de nossos argumentos e também na maneira como lidamos com cada adversário. Mais adiante, iremos detalhar cada um destes perfis, procurando entender como pensa cada um deles, para que possamos conhecer seus pontos fortes e suas fraquezas na hora de negociar.

PONTOS-CHAVE DO CAPÍTULO

- ► Os fatores-chave do processo da negociação são divididos da seguinte maneira: **Fatores Estratégicos, Fatores Táticos e Fatores Comportamentais**;

- ► Precisamos aprender a separar meros dados das informações verdadeiramente estratégicas;

- ► Os quatro passos para transformar dados brutos em informações estratégicas são os seguintes: busca, seleção, síntese e aplicação;

- ► Na estratégia do Tempo Lento, atrasamos de propósito as nossas decisões para mexer com os nervos do nosso oponente;

- ► Na estratégia do Tempo Rápido, nosso trabalho como negociadores é forçar o nosso oponente a fechar o acordo o mais rápido possível;

- ► Há duas maneiras clássicas de se usar o poder como fator estratégico; a primeira é ostentando o nosso poder de fogo para intimidar o nosso adversário, e a segunda é disfarçando nosso poder para que o nosso oponente se sinta confiante e revele as suas forças;

- Fazer pressão nos pontos certos acelera o fechamento do acordo;
- Avaliar as posições é mapear as possíveis jogadas do nosso oponente antes que ele tenha a oportunidade de executá-las;
- Precisamos sentar à mesa para negociar com algumas perguntas-chave em mente. Não podemos deixar para montar todas as perguntas quando estivermos negociando;
- Quando você fizer uma pergunta e o seu oponente se desviar do assunto, insista, continue cavando, você deve encontrar algum "esqueleto enterrado" que ele deseja esconder;
- Atacar os Centros de Sustentação do oponente é um movimento que visa drenar as forças do adversário antes do ataque final;
- Defesa não é sinônimo de covardia. Muitas vezes, defesa é sinônimo de inteligência estratégica;
- A guerra psicológica é tão importante para obter uma vitória quanto os confrontos diretos no campo de batalha.

CAPÍTULO 04

OS FUNDAMENTOS DA NEGOCIAÇÃO EFICAZ

A natureza possui uma sabedoria própria que sempre me encantou. Conhecer as leis e as regras da sobrevivência e da evolução das espécies, entender como a vida se desenvolve de uma maneira tão impressionante, perceber o perfeito equilíbrio que existe na natureza e sentir que fazemos parte de tudo isso, nos leva a enxergar que somos todos objetos do mesmo amor divino. Quando começamos a entender e a estudar essas leis, percebemos que cada ser vivo cumpre um papel específico e importante na natureza, colaborando de forma decisiva para a sobrevivência de todas as outras espécies que convivem naquele meio ambiente.

Todos os seres vivos estão conectados de alguma forma em uma maravilhosa teia de vida, que nos une e nos faz pertencer uns aos outros. Somos muito diferentes, e esta maravilhosa diversidade é o que nos faz sobreviver. Para estudar os fundamentos da negociação eficaz, vamos traçar um paralelo entre a obra do famoso naturalista britânico Charles Darwin, que estudou a luta pela sobrevivência e a evolução das espécies na natureza, com as lutas pela sobrevivência que acontecem todos os dias nas mesas de negociação.

Charles Robert Darwin nasceu em 12 de fevereiro de 1809, na cidade inglesa de Shrewsbury. Ele teve contato cedo com os estudos e com a ciência; tendo nascido em uma família rica, lhe foi possível ter acesso a livros e a uma sólida formação intelectual. Seu pai, Robert Darwin, era um médico respeitado e muito influente em sua comunidade. Não chegava a ser um cientista, mas com certeza tinha seu laboratório de estudos e fazia suas experiências, portanto, teve uma influência direta sobre a escolha de Charles pela Biologia.

Devido à profissão do pai e ao círculo de amizades de sua família, Darwin pode ter acesso à elite intelectual de sua época. Como já era esperado, o pai de Darwin tentou influenciá-lo a fazer medicina, para que pudesse seguir a carreira da família, ideia quase natural, pois, ao longo dos anos, o jovem Charles costumava atuar como médico aprendiz auxiliando o pai no tratamento dos mais necessitados. Procurando atender os desejos do pai, Darwin foi estudar medicina na prestigiada Universidade de Edimburgo, na Escócia.

O ambiente de estudos de Edimburgo foi extremamente importante para seu crescimento. Sua curiosidade natural foi ampliada diante de tantas oportunidades de aprendizado e, da faculdade, passou a estudar por conta própria como a vida se desenvolvia. Apesar do interesse por todas as cadeiras que tratavam da vida e da natureza, ele começou a negligenciar matérias que tratavam do lado prático da medicina; a brutalidade das cirurgias da época e a proximidade com o sangue fizeram-no dirigir seu olhar para a pesquisa biológica. Darwin começou, então, a direcionar o seu tempo para os estudos sobre evolução e transmissão de características especificas de cada espécie, além de procurar entender o ciclo de vida de vários animais e plantas.

Percebendo a falta de interesse de Charles pela medicina, seu pai o fez deixar Edimburgo, e o matriculou em um curso de bacharelado em artes na Universidade de Cambridge. A ideia era que ele seguisse a carreira religiosa: nesta época os clérigos tinham uma renda segura e muitos se tornavam naturalistas, pois acreditava-se que uma das funções dos homens de Deus era entender as maravilhas de sua criação. Foi em Cambridge que Darwin conheceu seu futuro mentor intelectual, o reverendo John Stevens Henslow, professor de botânica e especialista no estudo de besouros. Darwin começou a frequentar suas aulas e, em pouco tempo, tornou-se seu mais dedicado aluno. Ele continuou seus estudos, porém, evitou a todo custo seguir a carreira religiosa.

Nesta época, estava no auge na Inglaterra, e em outros países da Europa, o envio de expedições científicas para estudar a fauna e a flora de outros continentes. Foi quando surgiu a grande oportunidade da vida de Darwin. Indicado por seu mentor, ele foi contratado pelo capitão Robert Fitzroy, comandante do barco inglês HMS Beagle, para uma expedição de dois anos que deveria mapear toda a costa da América do Sul. Durante esta viagem, Darwin reuniu as informações para a sua famosa Teoria da Evolução das Espécies. Enquanto viajava, escreveu um detalhado diário contendo anotações científicas sobre as mais diferentes áreas, como biologia, geologia e antropologia.

Darwin tinha um poder de observação acima da média e era capaz de perceber as mais sutis variações na cor, formato e na anatomia de todos os animais que observava. Isto o levou a perceber que animais da mesma espécie podiam se desenvolver de formas diferentes, dependendo das condições do ambiente onde viviam. Ou seja, para sobreviver, eles adaptavam suas características ao ambiente. Esta forma de evoluir chamou a atenção de Darwin, onde entendeu que a cada nova geração, os indivíduos mais adaptados sobreviviam e transmitiam suas características para a geração seguinte, incorporando esta nova característica ao padrão genético da espécie. Com base nessas observações, ele entendeu que a evolução das espécies se dava a partir de um ancestral comum e que, ao longo do tempo, a seleção natural iria cuidar para que as características dos animais mais aptos fossem repassadas para as próximas gerações. Esta ideia, além de explicar como as diferentes espécies evoluíam, também mostrou que a diversidade de espécies existentes na natureza era fruto das mudanças evolutivas que ocorriam ao longo do tempo.

Sua maior obra foi o livro *A Origem das Espécies*, publicado pela primeira vez em 1859, quase vinte anos após suas primeiras descobertas. A pesquisa demorou muito para se tornar pública devido ao temor de Darwin a respeito da reação da sociedade à sua obra. Este medo era válido, pois a crença religiosa da época não aceitava a evolução como algo natural. Acreditava-se que todos os animais e plantas tinham sido criados por Deus e que sua forma era definida unicamente pela mão divina, crença que estava sendo diretamente contrariada pela pesquisa de Darwin.

Como esperado, a resistência à sua publicação foi imensa. As pessoas ridicularizam sua pesquisa, publicando caricaturas nos jornais, onde Darwin era retratado com um corpo de macaco; a sociedade burguesa de Londres não havia aceitado bem a ideia de ser descendente direta de nossos colegas chimpanzés. Levou bastante tempo até que outras vozes se juntassem a de Darwin para defender a pesquisa. O reconhecimento pelo seu trabalho demorou a chegar, mas quando aconteceu, foi completo. Darwin virou celebridade, sendo solicitado a fazer apresentações e palestras sobre suas pesquisas em inúmeras instituições de ensino. Quando faleceu, recebeu a honraria máxima, ao ser enterrado na Abadia de Westminster, local reservado para o sepultamento dos membros da família real britânica.

As pesquisas chegaram a várias constatações interessantes. A primeira delas diz que, na linha de evolução das espécies, não são os indivíduos mais fortes que sobrevivem, e sim os que têm maior capacidade de se adaptar às mudanças do meio ambiente. Essas adaptações, às vezes tão sutis, fazem uma enorme diferença em termos de sobrevivência. Ele percebeu também que um excelente indicador para a qualidade de um ecossistema é o diferente número de espécies convivendo em equilíbrio, ou seja, a diversidade é o nosso maior patrimônio biológico. Por fim, entendeu que todas as mudanças e adaptações que acontecem com animais de diferentes espécies têm o único objetivo de preservar a continuidade daquela espécie na natureza, transmitindo sua carga genética para as próximas gerações.

Vamos transpor agora as ideias de Darwin para a mesa de negociação. Para sermos melhores negociadores, precisamos desenvolver uma forte postura **adaptativa**. Esta postura irá nos ajudar a mudar nosso modelo de ação sempre que for necessário, sem precisar abrir mão dos nossos objetivos. Um bom negociador precisa trabalhar baseado em um leque de opções que possa colaborar para o fechamento do acordo. Esta **diversidade** de caminhos pode nos levar de maneira menos onerosa e mais eficiente a concretização do acordo. Por último, precisamos avaliar cada um de nossos movimentos pensando nas possibilidades futuras de negócio, e não apenas na negociação que estamos envolvidos daquele momento. Esta visão de longo prazo nos ajuda a pensar de maneira estratégica e nos faz avaliar as possibilidades apresentadas na mesa de negociação sob uma perspectiva mais ampla, a perspectiva da **continuidade**.

Esses três fundamentos da negociação eficaz — **adaptação, diversidade** e **continuidade** — precisam estar presentes em todos os momentos da negociação, desde a hora em que estamos planejando a estratégia, até a hora em que estamos na mesa avaliando qual a melhor tática de abordagem para convencer o oponente sobre nossos argumentos. Esses fundamentos são a base de sustentação de todo bom negociador.

A seguir, iremos entender os princípios básicos de cada um desses fundamentos. Assim, poderemos avaliar de que maneira é possível usar esses fundamentos na mesa de negociação.

FUNDAMENTOS DA ADAPTAÇÃO

Nos fundamentos da adaptação estão reunidas experiências práticas coletadas ao longo de anos atuando como negociador nas mais diversas situações. Este amplo leque de experiências ajudou a formular um conjunto de quatro princípios fundamentais para se desenvolver uma verdadeira postura adaptativa na mesa de negociação. Antes de qualquer coisa é importante entender a razão pela qual saber se adaptar tornou-se uma competência tão valorizada. A procura por profissionais que conseguem se adaptar de forma rápida e indolor cresceu de forma assustadora nos últimos anos. Acredito que esta supervalorização se deu por conta do ritmo acelerado das mudanças que estamos vivendo atualmente.

Antes, tínhamos que aprender primeiro a sobreviver para poder mudar. Hoje, tudo está invertido, é preciso mudar para conseguir sobreviver. Estamos diante de sucessivos ciclos de transformações que estão chegando até nós em intervalos cada vez menores, o que nos obriga a dar respostas e tomar decisões também em intervalos cada vez menores. Isso vai de encontro a nossa natureza. O ser humano foi planejado para evoluir em intervalos de tempo maiores, em centenas de anos, e não em poucas semanas. Este **descompasso evolutivo** tem causado graves prejuízos para as empresas e para a sociedade como um todo. Somos obrigados a viver em permanente estado de tensão, aguardando a próxima onda de mudança chegar, e esse estado permanente de expectativa tem drenado nossas energias além de, muitas vezes, comprometer a qualidade de nossas escolhas.

No que diz respeito a nós, negociadores, a necessidade de saber adaptar-se vai muito além do que em outras atividades. A mesa de negociação, que por si só já é um lugar de alta instabilidade, onde os nervos estão à flor da pele e as apostas são sempre muito altas, se viu assolada pelos fortes ventos da mudança por todos os lados. Tivemos que nos adaptar a todas as inovações tecnológicas da última década nos acostumamos a uma presença cada vez mais intensa das mulheres nas mesas de negociação, foi preciso rever nossas competências para que elas pudessem se adequar às novas demandas do mercado e, acima de tudo, foi preciso nos adaptar para entender que nada será como antes depois de tudo que aconteceu com a sociedade e com a forma de interagir nos últimos anos.

Essa coleção de fatores nos faz repensar a própria mudança, e repensar a mudança é procurar entendê-la na sua forma mais primitiva e ancestral, isto é, sua essência. É aprender a cultivar as atitudes centrais que nos fazem mais aptos a nos transformar e a interagir com o caos que se instalou à nossa volta. Estas atitudes estão expressas em cada um dos quatro fundamentos que serão apresentados a seguir.

FUNDAMENTO 1 – FAZER DA MUDANÇA NOSSA ALIADA

Toda e qualquer tentativa de resistir à mudança terá como resultado final o fracasso, portanto, no lugar de gastarmos nossas energias cultivando a resistência, precisamos aprender a fazer da mudança nossa aliada e não nossa inimiga. Quanto maior a nossa resistência, maior será o prejuízo em termos de perdas de oportunidades e desperdício de energia. Nesses casos, devemos usar a filosofia do jiu-jitsu, ou seja, usar as forças contrárias que chegam até nós como alavancas de impulso para superar os desafios e chegar aos nossos objetivos.

Esta mesma visão, foi usada de outra forma por um dos maiores líderes de todos os tempos, Mahatma Gandhi. Seu nome de batismo era Mohandas Karamchand Gandhi, a palavra Mahatma, que significa Grande Alma foi acrescentada pelo povo da Índia devido à filosofia da não violência pregada por ele, conhecida como Satyagraha, ou Princípio da não agressão. Seu exemplo inspirou outros grandes líderes como Martin Luther King e Nelson Mandela. Gandhi lutou pela independência da Índia de uma maneira diferente, ele não convocou o povo indiano para um confronto direto com as tropas inglesas. Ao invés disto, usou as mudanças provocadas pelos ingleses no estilo de vida da sociedade indiana como sua maior força para chegar no seu principal objetivo: libertar a Índia do domínio da coroa britânica, fazendo seu país ser livre novamente.

Esta maneira de lidar com as mudanças mostrou-se extremamente inteligente. Como Gandhi pregava a não violência, e não havia um exército indiano contra quem lutar, os britânicos tornaram-se vítimas da sua própria sede de poder. Caso respondessem com violência, a mídia internacional ficaria contra eles por estarem atacando uma população desarmada e indefesa. Se ficassem parados e não respondessem estariam dando espaço para que o movimento de independência da Índia crescesse.

No lugar de confrontar de frente a presença inglesa, gerando mais violência, Gandhi agiu de outra forma para lidar com o problema, usando os monopólios comerciais ingleses contra eles mesmos. Esses monopólios comerciais haviam mudado radicalmente a forma indiana de viver. Os indianos cultivavam o hábito milenar de produzir em sua própria casa praticamente tudo que era necessário para a sobrevivência da sua família e, com a chegada dos ingleses, eles não podiam mais produzir em sua casa os produtos básicos de primeira necessidade. Passaram a ser obrigados a comprar todos esses produtos da Companhia das Índias Orientais, o braço comercial da coroa britânica no país.

O que fez Gandhi nesta situação, onde as mudanças provocadas pelos ingleses estavam oprimindo os costumes e a forma de viver do povo indiano? Ele jejuou, em protesto contra a colonização britânica e tudo que ela representava. Além disso, também convocou o povo indiano para que marchassem pacificamente e sem resistência até o mar, e pudessem, novamente, produzir seu próprio sal, um dos vários produtos que estavam sob monopólio britânico. A marcha levou milhares de indianos às ruas: eles vinham de todos os lugares e se juntavam a outros milhares de homens e mulheres, engrossando as fileiras deste movimento. A onda de mudanças provocadas pelos ingleses se voltava contra eles na forma de uma rebelião pacífica que os ingleses nunca haviam enfrentado antes na sua história.

Gandhi continuou jejuando em protesto contra o domínio inglês e, a cada dia, a repercussão internacional aumentava. A cada novo jejum, milhares de indianos ficavam concentrados em frente à sua casa, em solidariedade ao seu sacrifício pacífico pela independência da Índia e pelo resgate da soberania do povo indiano. A Marcha do Sal, como ficou conhecida em todo mundo, foi apenas uma das formas inteligentes de Gandhi de lidar com as mudanças provocadas pelos ingleses. Além do sal, os indianos também foram proibidos de fabricar em casa os tecidos que eram usados para confeccionar suas roupas. Nos lares indianos era comum, antes da chegada dos ingleses, a presença de teares em suas salas, onde as mulheres teciam os fios e fabricavam as roupas da família. Após a invasão inglesa, as famílias foram obrigadas a comprar os tecidos diretamente dos britânicos.

Percebendo uma oportunidade de trazer as mulheres para o movimento de independência, Gandhi convocou todas as indianas a não comprarem mais os tecidos ingleses e voltar a produzir em casa os fios e roupas para própria vestimenta. O próprio Gandhi deixou de usar os tecidos ocidentais e passou a vestir-se de linho tecido por ele mesmo. Esta nova forma de protestar abalou o lucrativo comércio de tecidos da Inglaterra e colaborou de forma decisiva para consolidar a liderança de Gandhi diante da opinião pública mundial. Ao longo de toda a sua luta, Gandhi soube usar as mudanças a favor do movimento de libertação da Índia. As ações implantadas pelos governantes britânicos se voltaram contra eles mesmos e Gandhi conseguiu o seu objetivo maior, que era devolver a liberdade e a dignidade ao povo indiano, sem fazer uso da violência.

Existem pessoas que têm mais dificuldade em lidar com as incertezas e com o risco. Elas, geralmente, são mais resistentes a todo e qualquer tipo de mudança. Suas mentes precisam trabalhar dentro de um ambiente previsível e controlado. A grande dificuldade surge quando estas pessoas decidem se tornar negociadores e começam a atuar em um ambiente naturalmente contaminado pela mudança e pelo risco. Nestes casos, quanto mais resistentes nós formos, mais difícil será encontrar uma saída inteligente para os problemas. O segredo para evitar esta situação é olhar a mudança sob uma nova perspectiva, a da oportunidade. Precisamos nos perguntar até onde esta mudança pode nos levar e tentar descobrir de que maneira podemos fazer uso desta situação a nosso favor na mesa de negociação, impedindo que as mudanças comecem a trabalhar contra nós.

É por este motivo que devemos deixar a nossa estratégia flexível o suficiente para que possamos nos adaptar às surpresas que podem acontecer na mesa de negociação. Uma estratégia rígida limita os movimentos e nos impede de fazer da mudança a nossa aliada. O ideal é que trabalhemos baseados em vários cenários quando formos montar nosso plano de negociação. Esses cenários nos ajudam a visitar o futuro e a enxergar as possibilidades e ameaças que podem surgir à nossa frente quando estivermos negociando. Para fins de planejamento, dividiremos esses cenários em quatro zonas de combate, onde cada uma representa uma situação específica que pode surgir na mesa de negociação. Pensando previamente nas diversas situações que podem surgir, nos preparamos melhor para as mudanças repentinas que costumam acontecer quando estamos negociando. À medida que conseguimos visualizar melhor cada um destes cenários, temos mais condições de criar estratégias de emergência para transformar as mudanças inesperadas em oportunidades de negócio.

A seguir, detalharemos as características de cada um desses possíveis cenários, entendendo de que forma podemos utilizá-los como ferramenta tática na mesa de negociação.

CENÁRIO 1: ZONA DE RETIRADA

Devemos começar pensando sobre o que de pior pode acontecer e melhorar as opções na medida em que montamos cada cenário. Chamamos o primeiro cenário de **Zona de Retirada**. Nele, devemos montar a pior situação possível para o conflito e precisamos pensar nas ações que vamos adotar caso a situação vire realidade. A **Zona de Retirada** é onde encontramos o menor espaço para negociar e as maiores possibilidades de sair no prejuízo. As forças a favor são muito menores do que as forças contrárias, nossa margem de manobra é pequena e não temos muitas rotas alternativas. Estamos praticamente encurralados, sem ter para onde correr — é o pior dos mundos para um negociador.

CENÁRIO 2: ZONA DE EQUILÍBRIO

No segundo cenário, melhoramos um pouco a situação. Já não temos à nossa frente a pior das opções, o jogo ainda está equilibrado e podemos tentar ocupar espaço e resolver o conflito sem ter prejuízo. Este cenário é o que chamamos de **Zona de Equilíbrio:** as forças opostas e as forças a favor continuam lutando, mas estão em situação de equilíbrio de poder. É o cenário onde resolvemos o conflito sem ganhar e sem perder nada, ou seja, trabalhamos para ficar no mesmo lugar, sem avançar. Temos que ter cuidado para não ficar muito tempo na zona de equilíbrio, precisamos avançar e conquistar algumas posições de poder no jogo do conflito.

CENÁRIO 3: ZONA DE POSICIONAMENTO

No terceiro cenário, temos chances maiores de resolver o conflito e ainda sair com certa vantagem em relação ao nosso oponente. Logo, precisamos abrir mão de algumas posições no presente para termos ganhos maiores no futuro. Neste cenário, atuamos como um jogador de xadrez que precisa perder algumas peças de menor valor, para poder chegar até o xeque-mate final. Nossa intenção, neste caso, é posicionar nossas forças de uma maneira que possam favorecer os próximos lances. Por esse motivo, chamamos este terceiro cenário de **Zona de Posicionamento**.

CENÁRIO 4: ZONA DE EXCELÊNCIA

O quarto cenário é o paraíso dos negociadores. Neste caso, conseguimos obter o máximo controle sobre os recursos disponíveis. Somos o poder dominante na mesa de negociação, os pontos de convergência são muito mais numerosos do que os pontos de divergência e a resistência às nossas ideias é muito pequena. A soma das forças contrárias ao nosso ponto de vista é muito inferior à soma das forças a favor. Portanto, temos grandes chances de sair do conflito com ganhos, que podem ser políticos, econômicos ou emocionais, consideráveis em várias frentes. É por esses motivos que chamamos este cenário de **Zona de Excelência**.

Para que seu planejamento esteja completo é preciso que monte esses quatro diferentes cenários para cada negociação que participar. Fazendo isso, você não será pego de surpresa em nenhuma situação e terá mais condições de dar respostas rápidas e eficientes quando estiver negociando. Trabalhar com cenários estratégicos é o que diferencia os negociadores profissionais dos amadores. Como na mesa de negociação não há espaço para amadores, os tubarões de plantão fazem a festa quando encontram um inocente desavisado pelo caminho. Se você deseja negociar com os tubarões sem ser comido vivo, aprenda a pensar estrategicamente.

FUNDAMENTO 2 – CONSTRUIR PONTES E NÃO BARREIRAS

No filme *Avatar*, do diretor americano James Cameron, uma empresa mineradora do planeta Terra monta uma operação para explorar um precioso minério em um planeta distante chamado Pandora. Este planeta é habitado por uma raça nativa chamada *Na´vi*, que aprendeu a conviver e respeitar a natureza, possuindo uma cultura de preservação e culto à floresta e às formas de vida. Nós, humanos, não podemos respirar na atmosfera de Pandora e, por isso, um grupo de cientistas comandados pela Dra. Grace Augustine (Sigourney Weaver) cria o Programa Avatar, onde híbridos que têm traços genéticos das duas raças são usados como elo de ligação entre as diferentes culturas.

Quando um ser humano compartilha seu material genético com seu Avatar, ele pode controlar mentalmente seu novo corpo e, conviver entre os *Na'vi* para entender sua cultura, ajudando os humanos a estabelecer uma forma de exploração pacífica do planeta. Este grupo de cientistas vê as diferenças culturais entre as duas raças como algo positivo e tenta construir uma ponte de conexão através do Programa Avatar. Enquanto os cientistas trabalham para construir uma ponte entre as duas culturas, com objetivo de explorar as riquezas do Planeta Pandora de forma pacífica, um grupo de militares, comandados pelo Coronel Miles Quaritch (Stephen Lang), acredita que tudo aquilo é perda de tempo e que as diferenças culturais entre as duas raças são uma barreira para exploração do planeta e que o melhor caminho é usar a força para conseguir o objetivo.

Estas duas visões que encontramos no filme *Avatar* se reproduzem na vida real entre os negociadores. Existem pessoas que olham as diferenças como uma oportunidade para aprender e se adaptar, construindo uma ponte de conexão que os leva até seus objetivos. Mas existem outras que enxergam as diferenças como uma barreira intransponível, que precisa ser combatida e eliminada.

Nós negociadores somos construtores de pontes, precisamos abrir caminho entre as diferenças para que possamos conectar os nossos interesses com os interesses de nossos oponentes — esta a única maneira de obter um acordo que represente benefi para ambas as partes envolvidas. Portanto, quando você sentar à mesa para negociar daqui para frente, assuma o papel de construtor de pontes e faça das diferenças algo positivo, que possa ser aproveitado para construção do consenso, evitando criar barreiras que se tornem intransponíveis e destruam todas as possibilidades de um bom acordo.

FUNDAMENTO 3 – MANTER AS EXPECTATIVAS EM ABERTO

Em todo e qualquer relacionamento, seja ele comercial ou pessoal, há infinitas expectativas que são criadas em torno dos frutos desta relação. Muitas vezes, são essas expectativas que atrapalham o convívio entre duas pessoas. Expectativas são excelentes quando atendidas, porém, são devastadoras quando não são cumpridas. Quando entramos em uma relação com expectativas muito altas, temos grandes chances de sair magoados e decepcionados com a outra pessoa, isto acontece pelo simples fato de que as expectativas criadas em nossa mente não refletem de maneira correta a realidade dos fatos, o que nos deixa com um imenso sentimento de frustração quando colocados frente a frente à verdade.

Negociar nada mais é do que um ensaio de sedução. Para aprender a seduzir, precisamos entender como funciona o jogo das expectativas. É um jogo onde as regras são muito claras e, para vencer, é preciso insinuar mais e mostrar menos. Acontece a mesma coisa no jogo de conquista entre um homem e uma mulher, ela insinua uma pequena sedução e depois se retrai para ver a reação do parceiro, na verdade, o que a mulher está fazendo é testando as opções de conquista para entender qual delas é mais eficiente com o seu alvo.

Na mesa de negociação não é muito diferente, precisamos testar as expectativas do oponente com pequenos ensaios de sedução, onde apresentamos os benefícios da nossa proposta aos poucos e, com isto, vamos testando quais argumentos causam maior efeito na outra parte. Os argumentos mais sedutores devem ser repetidos regularmente ao longo de toda negociação, para reforçar na outra parte o sentimento de que o acordo é a melhor decisão.

É recomendável também manter nossas próprias expectativas em aberto, pois, se chegarmos à mesa para negociar com uma visão muito definida sobre os pontos que desejamos obter para fechar o acordo, podemos estar deixando escapar boas oportunidades que surgem na hora da negociação, mas que não estavam previstas em nossas expectativas originais. Por tal razão, precisamos trabalhar com um grau de flexibilidade maior quando estamos negociando. Deixar nossas expectativas em aberto nos ajuda a manter uma postura adaptativa diante das mudanças que surgem na mesa de negociação. Trabalhando dessa forma, temos mais chances de montar uma proposta que possa atender às expectativas de ambas as partes envolvidas.

FUNDAMENTO 4 – OLHAR O MUNDO COMO UM APRENDIZ

Uma pessoa que está começando na profissão enxerga sua atividade de maneira completamente diferente de um veterano. Isto acontece porque, ao longo dos anos, perdemos o olhar de aprendiz e começamos a ficar prisioneiros de nossas verdades e certezas. Esta miopia, causada pelos longos anos de experiência, pode embaçar nossa visão de tal forma que deixamos de enxergar maneiras mais criativas de se fazer as coisas. Um aprendiz olha em sua volta e vê um mundo de possibilidades, ele possui uma energia criativa natural que nasce da falta de conhecimento do assunto. Como não está limitado por padrões de comportamento ou fórmulas testadas e aprovadas, ele fica mais livre para pensar de maneira criativa e encontrar novos caminhos para chegar aos resultados desejados.

Esta pureza no olhar nos ajuda a analisar as situações por ângulos que antes não havíamos pensado e, consequentemente, precisamos cultivar em nossa mente a visão de aprendiz em tudo o que nos propomos a fazer. Esta visão não contaminada colabora de maneira positiva na hora de resolver os conflitos surgidos na mesa de negociação. Um aprendiz tem maior capacidade de se adaptar por não estar limitado pelas convenções da profissão ou pelos conceitos e ideias formados ao longo do tempo. Sua mente, em certo sentido, está vazia, portanto, ele pode preencher este espaço com muitas informações sem ter a barreira dos preconceitos para bloquear as novas ideias e conhecimentos.

Não podemos mais voltar no tempo e tirar de nossas cabeças todos os conceitos que aprendemos sobre negociação ao longo da nossa carreira. Porém, podemos aprender coisas novas em outras atividades que nunca nos aventuramos antes. Este exercício nos ajudará a manter nossa postura adaptativa treinada para enfrentar novas situações quando estivermos negociando.

FUNDAMENTOS DA DIVERSIDADE

A diversidade é um elemento fundamental para construção de um acordo. Sem apresentar uma diversidade de opções é muito difícil chegar a um consenso. Os fundamentos da diversidade têm como objetivo abrir a nossa mente para novas maneiras de abordar as negociações. Muitas vezes nos esquecemos de que o mundo está girando a uma velocidade cada vez maior e que as mudanças no ambiente de negócio nunca foram tão intensas quanto agora. Para lidar com os ambientes de alta volatilidade, como o que estamos vivendo hoje, precisamos ampliar a nossa visão e o nosso leque de possibilidades. A diversidade é um componente essencial para manutenção da vida, pois só através da dela, podemos desfrutar de toda a riqueza que a natureza nos proporciona. Na mesa de negociação não é diferente. Como negociadores, precisamos elaborar diversos caminhos, para que possamos ter opções diferentes para chegar aos nossos objetivos e poder usufruir dos frutos do nosso trabalho.

FUNDAMENTO 1 – EXPLORAR TODAS AS POSSIBILIDADES

Para muitas pessoas, a negociação é um jogo de cartas marcadas. Antes mesmo de entender as reais necessidades da outra parte, elas já oferecem várias propostas que correm o risco de serem rejeitadas por não estarem de acordo com os desejos de seu oponente. Este tipo de impulso é fatal na hora da negociação. Quando sentamos para negociar e não exploramos todas as possibilidades, corremos o risco de dar um tiro no escuro, que pode nos custar muito em termos financeiros. A melhor forma de explorar todas as possibilidades é fazendo perguntas inteligentes que possam revelar as reais necessidades da outra parte para, só então, apresentar os nossos melhores argumentos. Sem uma sessão exploratória recheada de boas perguntas, ficamos limitados apenas à nossa visão do problema, reduzindo nossas chances de fechar um acordo satisfatório.

É preciso entender que o número de possibilidades que enxergamos na mesa de negociação quase sempre é menor do que as nossas verdadeiras opções. Porém, ficamos tão empolgados com as opções que estão à nossa frente que deixamos de explorar as opções que ainda não foram apresentadas na mesa. Quando permitimos que nossa ansiedade tome conta da situação, cometemos o erro de não esperar para ver se coisas mais interessantes poderão surgir. É por este motivo que precisamos aprender a controlar a ansiedade quando estamos diante de um problema complexo, pois isso nos ajuda a não cair na armadilha de achar que todas as opções já foram colocadas na mesa.

FUNDAMENTO 2 – TRABALHAR COM UM LEQUE DE OPÇÕES

Nunca devemos sentar para negociar com apenas uma opção em nossas mãos. É preciso planejar com antecedência cada opção para que elas estejam conectadas com os possíveis cenários que podemos enfrentar. As opções são roteiros de ação preestabelecidos que precisam ser elaborados antes de sentarmos para negociar. Esses roteiros devem ficar à nossa disposição durante toda a negociação e, à medida que avançamos rumo ao acordo, vamos testando estas opções para ver qual delas é a mais adequada para a situação que está se formando à nossa frente.

Quando sentamos para negociar e temos apenas uma opção para trilhar, estamos colocando a corda em nosso próprio pescoço. Este é um erro comum cometido por muitos negociadores e, posso garantir, ficar em um beco sem saída não é uma boa ideia quando estamos negociando. Precisamos pensar em opções criativas para se chegar ao fechamento do acordo. O problema é que a maioria das pessoas está com o olhar condicionado, enxergando apenas o que já estão acostumadas a ver e, por isso, não conseguem olhar ao seu redor e perceber todo o universo de possibilidades que existe à sua volta. A rotina estressante do dia a dia, com todas as metas, cobranças, mudanças e prazos a cumprir, embaça a nossa visão e reduz o alcance de nossas ideias. Precisamos nos libertar das coisas que nos fazem mal e ter coragem para se desapegar de tudo que não está sendo positivo e libertador em nossa vida. Só assim iremos recuperar nossa energia física, mental, emocional e espiritual para seguir em frente rumo ao sucesso.

FUNDAMENTO 3 – EVITAR A PRIMEIRA ESCOLHA

Quando estamos diante de um problema, começamos a buscar insistentemente uma solução que seja satisfatória. Nesta busca frenética, passamos por momentos de angústia, ansiedade, dúvida e desilusão, que vão se acumulando em um movimento crescente que por fim nos abate e fragiliza. Ficamos tão envolvidos na busca desenfreada por uma saída que, quando topamos com o menor sinal de alívio para nossas dores, abraçamos rapidamente a primeira solução que encontramos pela frente como se ela fosse a única. Esta busca pelo alívio imediato pode gerar mais problemas e mais dores no futuro. Não agimos assim por querer, e sim por sermos impelidos a isso pelo sofrimento que estamos passando.

Quando estamos negociando, a situação é muito parecida. O ambiente natural da negociação é carregado de estresse e de preocupações que nos levam a decidir de maneira rápida — e algumas vezes insensata. Na tentativa de fechar o acordo e se livrar do problema, fazemos opções que são perigosas e que podem causar grandes prejuízos. Precisamos controlar este impulso de tentar nos livrar de imediato de tudo o que nos incomoda, pois, muitas vezes, é preciso ficar exposto por um tempo a este incomodo para poder crescer como pessoa e profissional. Sem sentir na pele o problema, sem viver com intensidade a situação, não temos condições de avaliar com clareza todas as suas implicações. O que precisamos fazer também é nos perguntar como tudo aquilo aconteceu e o que podemos aprender com aquele momento. Sem fazer essas sábias perguntas, o sofrimento não poderá nos ensinar nada, e aí sim, estaremos perdidos.

Precisamos evitar a todo custo à tentação de abraçar de maneira desesperada a primeira escolha. Não estamos na mesa de negociação para nos livrar do problema, e sim para obter o melhor acordo de todos para nosso cliente. Quando encaramos os problemas com esta visão, estamos contribuindo de maneira decisiva para ampliar a qualidade dos nossos resultados e fortalecer o nosso caráter como negociadores.

FUNDAMENTO 4 – SUPERAR A SÍNDROME DA RESPOSTA CERTA

Há pessoas que acreditam que só existe uma resposta para cada problema. Esta visão limitada das opções reduz a nossa criatividade e nos faz parar de explorar as opções assim que encontramos uma solução que resolva o nosso dilema. Isso acontece porque fomos condicionados a vida inteira na escola, na família e no trabalho a parar de procurar opções assim que encontramos uma resposta que pareça satisfatória para a situação, superar a **Síndrome da Resposta Certa**, que nos condiciona e reduz a nossa capacidade de percepção, é um dos grandes desafios do negociador.

Na mesa de negociação, a **Síndrome da Resposta Certa** pode ser fatal. Um negociador que para de explorar opções assim que encontra uma resposta razoável para o problema pode estar perdendo a oportunidade de fechar um acordo muito mais lucrativo e interessante para sua empresa. Quando paramos de buscar opções por acreditar que encontramos a resposta certa, estamos abrindo mão de entender melhor o problema e, com isso, deixamos de avaliar outras possibilidades. Precisamos entender que existem inúmeras maneiras de se chegar a um acordo, e que a resposta certa que encontramos é apenas uma destas maneiras. Certamente, há outras opções que não estamos enxergando, pois estamos condicionados a parar de procurar assim que encontramos uma resposta que consideramos ser certa para o problema.

FUNDAMENTOS DA CONTINUIDADE

Para ser um negociador de sucesso, precisamos desenvolver uma postura que reúna todos os fundamentos da negociação eficaz. O primeiro conjunto de fundamentos representa a **adaptação**, pois a única certeza que temos na mesa de negociação é que o jogo vai mudar. O segundo representa a **diversidade**, para que possamos criar opções que nos levem ao melhor acordo possível. O último conjunto de fundamentos representa a **continuidade**, para manter o relacionamento de negócios dando frutos o maior tempo possível. Estes fundamentos precisam estar presentes em nossa estratégia de negociação antes de qualquer outra coisa e devem ser a base do pensamento estratégico de todo negociador profissional.

Quando falamos de continuidade, estamos tratando de um tema fundamental para o sucesso nos negócios, pois não adianta ganhar o máximo em uma única negociação e com isso matar a nossa galinha dos ovos de ouro. Precisamos manter nosso fornecedor vivo para que possamos seguir recebendo os dividendos desta relação em todas as negociações que virão a seguir. Para isso, precisamos ter em mente algumas estratégias que podem nos ajudar a manter o fluxo positivo dos resultados sempre fluindo em nossa direção.

FUNDAMENTO 1 – USAR O PRESENTE PARA CONSTRUIR O FUTURO

O nosso presente pode ser uma excelente ponte para um futuro de prosperidade se soubermos como agir. Quando enxergamos uma

OS FUNDAMENTOS DA NEGOCIAÇÃO EFICAZ

relação com visão de longo prazo, aprendemos a controlar certas atitudes e a ponderar melhor as nossas decisões. Este tipo de perspectiva nos ajuda a pensar cuidadosamente em cada passo que vamos dar e em cada palavra que escolhemos para transmitir nossas ideias. Quando olhamos para uma relação comercial e entendemos que precisamos trabalhar para manter a continuidade deste relacionamento, nos tornamos mais flexíveis em nossas opiniões e maleáveis quanto às maneiras de se chegar a um acordo que seja satisfatório para ambas as partes.

Precisamos entender que o nosso futuro está sendo construído hoje e será um reflexo das escolhas e das atitudes do presente. Estas escolhas irão determinar o cenário que você irá encontrar alguns passos à frente em sua vida. Muitas vezes, as escolhas do presente são amargas e difíceis de engolir, precisamos nos desapegar de muito do que conquistamos se desejamos continuar crescendo. Quando deixamos algumas coisas que conquistamos para trás, abrimos caminho para outras, que podem nos levar a destinos que nem sequer imaginamos conquistar. Desapegar significa abrir a mão e soltar. A maior dificuldade neste processo está na parte do abrir a mão, depois disto, soltar é um movimento natural. Abrir mão de coisas que conquistamos em prol de dividendos futuros exige de nós uma maturidade enorme e uma clareza de objetivos que poucos são capazes de preservar ao longo da caminhada.

O futuro não está pronto em algum lugar, nos esperando de braços abertos, ele está em construção todos os dias de nossa vida. Quando entendemos e aceitamos esta questão como algo verdadeiro, passamos a encarar nossos dias com uma nova perspectiva. Percebemos o grau de responsabilidade que temos, mesmos nas pequenas coisas que vivemos, pois cada experiência guarda em si o potencial de nos levar a um lugar diferente e nunca antes visitado. Este lugar é o futuro, um lugar que você nunca visitou e de onde você provavelmente nunca mais poderá voltar após ter chegado. O único elo que nos liga ao futuro é o presente, portanto, precisamos aprender, todos os dias, a construir pontes que possam servir de passagem para este futuro que tanto buscamos.

FUNDAMENTO 2 – DEIXAR UMA PORTA SEMPRE ABERTA

Muitos acordos são fechados à custa de muitos desentendimentos e brigas. Um acordo feito desta forma fecha as portas para novos negócios, tornando a vida do negociador um inferno. Manter uma política de portas abertas não serve apenas para caracterizar um modelo de gestão no qual as pessoas têm livre acesso ao seu líder, serve também para expressar uma mentalidade que deve ser cultivada na mesa de negociação. Não podemos sentar para negociar sem pensar no futuro, pois não é fácil construir parcerias que estejam alinhadas com os nossos interesses, sejam elas com clientes, fornecedores ou instituições. Por este motivo, precisamos manter uma porta aberta para o futuro, pois, caso contrário, corremos o risco de perder aliados importantes para o nosso negócio.

Quando sentamos para negociar tentando manter uma porta de acesso sempre aberta, começamos a pensar de maneira mais ampla e estratégica. Assim, passamos a dar cada passo medindo suas consequências e começamos a avaliar o impacto de nossas decisões a longo prazo. O negociador profissional sabe que fechar todas as portas para se chegar a um acordo não é uma alternativa inteligente. Precisamos trabalhar para **estender a garantia** de cada um de nossos relacionamentos.

Nossos relacionamentos são parecidos, no início, com um carro zero: funcionam sem dar problemas ou gerar prejuízos. Porém, com o desgaste do tempo, precisam de reparo. Enquanto o carro está na garantia não há problema, não perdemos dinheiro com isso. Mas, quando a garantia vence, temos que arcar com o prejuízo. A mesma coisa acontece com nossos relacionamentos; enquanto estão no início funcionam muito bem e não dão nenhum tipo de problema, mas com o desgaste dos anos, vão precisando de reparos cada vez mais constantes e, quando fechamos todas as portas, perdemos a garantia e temos que ficar com o prejuízo.

Deixar uma porta sempre aberta nos ajuda a manter estendida a garantia dos nossos relacionamentos, pois quando trabalhamos pensando em termos de continuidade, estamos plantando sementes de boa vontade hoje para serem colhidas amanhã. As portas abertas sinalizam que estamos interessados em seguir negociando com a pessoa em outras ocasiões, e mostram que as nossas decisões não estão sendo tomadas sob efeito da ansiedade ou do imediatismo. Pelo contrário, indicam claramente que desejamos manter o relacionamento aquecido para futuras rodadas de negócios.

FUNDAMENTO 3 – APRENDER A UNIR OS PONTOS

Muitas vezes, negociamos sem uma visão completa do todo. Ficamos concentrados em apenas um ponto da negociação, e deixamos de enxergar o conjunto de pontos que precisam ser interligados para se chegar a um acordo verdadeiramente sustentado. Um **acordo sustentado** é aquele que foi construído levando em consideração os interesses de todas as partes envolvidas e os desdobramentos de todos os compromissos assumidos na mesa de negociação. Para isso, precisamos ter em mente que cada ponto da negociação está intimamente ligado a todos os outros.

Ligar os pontos significa tomar todos os cuidados para que as partes envolvidas estejam conscientes daquilo que estão negociando e de todas as implicações geradas com o fechamento do acordo. Quando tomamos estes cuidados, estamos preservando a continuidade do relacionamento e aumentando as nossas chances de fazer negócios com a outra pessoa no futuro. O negociador profissional aprende logo cedo a ligar os pontos para chegar a um acordo que seja satisfatório para todas as partes envolvidas. Sem a ligação destes pontos, não conseguimos fazer as pessoas enxergarem os benefícios do negócio e, com isso, corremos o risco de deixar assuntos pendentes que poderão ser questionados no futuro.

A ideia de ligar os pontos não vale apenas para negociações, mas também para nossas vidas; quando deixamos de ligar os pontos para entender o contexto de cada situação e seus possíveis desdobramentos, ficamos isolados e perdemos a capacidade de enxergar em todas as direções, o que limita o nosso raio de ação e compromete a qualidade das nossas decisões. Quando ligamos os pontos, nossa visão se amplia, pois conseguimos ver além dos nossos limites e podemos perceber para onde nos levará cada uma das nossas decisões. Esta visão ampliada nos ajuda a pensar de maneira mais estratégica, como se a vida fosse um verdadeiro jogo de xadrez, onde cada jogada precisa ser pensada e calculada para produzir o efeito que desejamos.

FUNDAMENTO 4 – CAPITALIZAR OS GANHOS E SOCIALIZAR AS PERDAS

O quarto fundamento da continuidade nos mostra que precisamos aprender com os investidores da bolsa de valores. Quando uma empresa coloca suas ações na bolsa, ela consegue alavancar uma boa quantia com o investimento de milhares de pessoas que apostaram em suas ações para melhorar a sua carteira de investimentos. Este aporte financeiro concentrado provoca uma alta artificial destas ações que dura um certo tempo. Após esta euforia inicial, muitos investidores decidem **capitalizar os seus ganhos** e vendem suas ações logo depois do lançamento para poder aproveitar o momento de alta. Com isso, eles conseguem obter ganhos financeiros movimentando o seu capital entre as ações negociadas na bolsa. Porém, este movimento de venda coletiva provoca uma queda no valor das ações negociadas, inaugurando um período natural de acomodação até que o valor das ações possa estabilizar-se em um patamar que seja considerado aceitável pelo mercado. Neste momento, todos que investiram capital perdem dinheiro, e as perdas passam a ser de todos os acionistas. Isso é o que chamamos de **socializar as perdas**.

O negociador profissional precisa agir como se fosse um investidor da bolsa: nos momentos de alta, onde sua posição é forte diante dos oponentes, precisa saber capitalizar seus lucros, obtendo com isso um retorno financeiro positivo para sua empresa. Nestas horas precisamos reunir os recursos necessários para sustentar a nossa operação nos momentos de queda. Quando nossa posição é fraca diante dos oponentes, e os prejuízos são inevitáveis, precisamos aprender a socializar nossas perdas para que o prejuízo possa ser dividido entre todos os interessados no fechamento do acordo. Agindo desta forma, estaremos trabalhando para manter a estabilidade do nosso negócio em qualquer situação, ou nos momentos de alta, quando temos mais chances de lucrar com a operação, seja nos de baixa, quando precisamos dividir os prejuízos. Este equilíbrio entre perdas e ganhos é necessário para manter a continuidade dos negócios e para avançar na direção dos nossos objetivos.

PONTOS-CHAVE DO CAPÍTULO

- Para negociar de maneira eficaz precisamos seguir os seguintes fundamentos: adaptação, diversidade e continuidade;

- Toda e qualquer tentativa de resistir à mudança terá como resultado final o fracasso, portanto, no lugar de gastarmos energias cultivando a resistência, precisamos aprender a fazer da mudança nossa aliada e não nossa inimiga;

- Existem quatro cenários estratégicos que precisam ser montados em nosso planejamento cada cenário contempla uma situação que pode ocorrer na mesa de negociação. São eles: Zona de Retirada, Zona de Equilíbrio, Zona de Posicionamento e Zona de Excelência;

- Os negociadores são construtores de pontes, portanto, precisam abrir caminhos entre as diferenças para que possam ligar os seus próprios interesses com os interesses dos seus oponentes;
- Negociar é um jogo de sedução, para vencer é preciso insinuar mais e mostrar menos;
- As possibilidades apresentadas na mesa de negociação sempre são menores do que as verdadeiras opções.

CAPÍTULO 05

A ESTRATÉGIA DO TUBARÃO

Gostaria de começar este capítulo fazendo uma homenagem aos pesquisadores Dudley Lynch e Paul L. Kordis, que, através de seu livro A *Estratégia do Golfinho*, inspiraram a fazer uma transposição de suas ideias do campo da psicologia para o campo da negociação. Neste livro provocador publicado em 1988, estes dois pesquisadores mapearam as características dos três tipos de personalidades que existem e foram batizadas por eles como tubarões, golfinhos e carpas. Adotei esta nomenclatura para definir os três tipos de estratégias utilizadas pelos profissionais na mesa de negociação.

REAÇÕES ANCESTRAIS

É difícil admitir, mas existe um ser primitivo morando dentro de cada um de nós. Este ser foi dominado pelas convenções sociais e pela necessidade de se manter uma imagem pública respeitável. Porém, vez ou outra, quando estamos nos sentindo ameaçados, ele se revela com toda a força em nossas reações mais básicas e ancestrais. Não é fácil manter os nossos instintos primitivos sob controle. Este exercício de civilidade nos faz consumir uma alta dose de energia emocional, na tentativa de manter o homem das cavernas, que existe dentro de cada um de nós, em estado latente e longe dos olhares condenadores da sociedade organizada.

Vivemos hoje em um ambiente de mudanças constantes, às vezes parece que nunca mais vamos ter momentos de estabilidade duradoura em nossa vida. Esta incerteza constante vem comprometendo a qualidade das nossas decisões e o nosso juízo de valor.

Passamos a valorizar mais as coisas do que as pessoas e os títulos mais que os valores éticos. Este jogo de frustrações, onde somos levados constantemente a buscar metas e resultados cada vez maiores, tem consumido nossas energias e nos deixando cada vez mais vulneráveis diante dos desafios. Nestes momentos, em que a pressão por resultados aumenta, o estresse atinge níveis insuportáveis e a ansiedade toma conta, as nossas reações ancestrais ganham vida e o homem das cavernas que existe dentro de nós se revela.

Pode não parecer, mas boa parte do nosso comportamento social tem origem em nosso DNA primitivo. Nosso código genético ancestral previa um conjunto de reações que tinham como objetivo principal preservar a continuidade da nossa espécie. Este conjunto de **códigos de preservação ancestral** servia para nos proteger das ameaças do meio ambiente e para preservar o nosso território da invasão de potenciais inimigos. Quando nossa integridade física era ameaçada, um conjunto de reações eram disparadas em nosso corpo através de uma enxurrada de hormônios, que tinham como objetivo deixar os nossos sentidos mais alertas para enfrentar a possível ameaça detectada no ambiente.

Estes hormônios eram liberados em doses altíssimas nestes momentos de crise para que pudéssemos reagir de maneira mais rápida e eficiente. Hormônios como o cortisol e a adrenalina eram colocados na corrente sanguínea aumentando a nossa pulsação, fazendo com que o sangue circulasse com mais velocidade em nossas veias. Com isso, ficávamos mais rápidos e podíamos agir em questão de segundos. Outro efeito era a dilatação da pupila, que ampliava a visão para mapear o terreno em volta em busca de ameaças. Além disso, toda a nossa musculatura reunia energia para enfrentar o potencial inimigo. Nos momentos em que estávamos sob ameaça, o estresse passageiro era o fator que podia salvar a nossa vida. Quando a ameaça passava, nosso corpo voltava ao normal, processava aquela alta dose de hormônios e voltava ao seu equilíbrio natural.

A ESTRATÉGIA DO TUBARÃO

Nestes momentos de crise, havia dois tipos básicos de reações ancestrais que podiam ocorrer, dependendo da avaliação que fazíamos do poder de reação do inimigo. Cada uma destas reações estava associada aos diferentes resultados que poderiam surgir diante de um confronto direto entre as nossas forças e as forças do invasor. Se o resultado desta avaliação indicasse que as nossas forças eram maiores do que as do inimigo, nossa reação era a de lutar para afugentar aquela ameaça; caso o resultado indicasse que nossas forças eram menores e que os prejuízos de um confronto direto seriam fatais, decidíamos fugir para preservar a nossa vida e abandonávamos o nosso território para o inimigo.

Com o tempo, outras espécies descobriram uma terceira forma de escapar do inimigo. Quando as forças do inimigo eram maiores e as chances de escapar fugindo eram pequenas, elas se fingiam de morto, ou seja, faziam com que o inimigo não as vissem como uma ameaça ao seu domínio. Com isso, enganavam os invasores e faziam com que eles perdessem o interesse e fossem embora. Esta reação desenvolvida por algumas espécies chama-se tanatose, que é a capacidade de se fingir de morto por alguns minutos para afastar potenciais predadores. É uma capacidade que não faz parte do rol de estratégias de sobrevivência da espécie humana, porém, nas empresas me parece que alguns indivíduos desenvolveram esta habilidade para escapar das mudanças e da cobrança por resultados. Eles agem exatamente assim, fingindo-se de mortos para não serem notados como ameaças; apenas ocupam espaço dentro da organização sem contribuir de maneira efetiva para o crescimento da empresa.

Como podemos perceber claramente nos momentos de crise, o estresse era um elemento necessário à nossa sobrevivência, pois, através dele, podíamos reunir as condições físicas para escapar das ameaças ou para enfrentar nossos inimigos. Mas o homem primitivo sentia estresse por poucos minutos, depois seu organismo se autorregulava e voltava ao seu equilíbrio natural. Hoje em dia, toda vez que nos sentimos ameaçados pelas incertezas, cobranças e mudanças, nosso organismo detecta o cheiro do perigo e coloca em circulação os mesmos hormônios do estresse em nossa corrente sanguínea. Isto ocorre porque nosso organismo não sabe distinguir uma ameaça real de uma ameaça imaginária, reagindo da mesma forma a inimigos verdadeiros e a inimigos criados apenas pela nossa mente.

O grande problema é que, com a aceleração das mudanças e das incertezas, o nosso organismo passou a detectar sinais de perigo por toda parte, fazendo com que o estresse seja algo constante em nossa vida. Isto é muito grave, pois as situações estressantes passaram a ser uma constante em nossa rotina. Este estado permanente de estresse não dá chance de recuperação ao nosso organismo e, com isso, ele perde a capacidade de voltar ao seu equilíbrio natural. Nosso corpo é forçado a conviver com os hormônios do estresse mais tempo do que o necessário, provocando uma série de efeitos colaterais indesejáveis em nosso organismo, tais como a insônia, úlceras estomacais, queda de cabelo, impotência sexual e outras disfunções relacionadas a este estado de tensão constante. Nosso organismo não foi desenhado para conviver com os hormônios do estresse por longos períodos de tempo, mas é isso que acontece nos dias de hoje. Ficamos expostos a estes hormônios por longos períodos de tempo, afetando com isso todo o nosso organismo e o nosso desempenho.

Estas três reações ancestrais — lutar, fugir e fingir de morto — estão diretamente ligadas à maneira como encaramos os desafios na mesa de negociação. Essas três maneiras de responder às ameaças estão presentes em nossas escolhas como negociadores o tempo todo, determinando a nossa maneira de agir e a estratégia que acreditamos em cada situação. Na verdade, a forma como lidamos com as situações de ameaça é o que vai determinar a nossa estratégia de negociação e o nosso perfil dominante como negociadores. Nossa avaliação do grau de perigo envolvido em cada situação é determinante para definir qual a linha de ação que vamos adotar e quais as reações que podemos esperar de nós e dos nossos oponentes.

Para identificar o perfil do adversário e a sua estratégia de ação, devemos observar como ele lida a com a **escassez** e com a **abundância** de recursos na hora de negociar. Cada pessoa reage a estas duas situações de maneira diferente, esta forma de reagir é o que vai revelar a sua estratégia geral e o seu estilo dominante como negociador. Neste capítulo e nos seguintes, vamos detalhar os perfis de cada negociador e suas estratégias de ação mais comuns, procurando indicar qual o seu estilo de jogo e suas possíveis reações na mesa de negociação.

ESTRATÉGIAS DO TUBARÃO

O perfil do tubarão é o mais agressivo de todos, tanto que foi a inspiração para o título do livro. Aprender a negociar com os tubarões exige de nós uma alta dose de disciplina e inteligência, pois eles são oponentes de peso, que podem nos esmagar facilmente na mesa de negociação. Precisamos aprender a conviver com eles para saber como neutralizá-los. O primeiro instinto do tubarão é o ataque. Sua sede de poder o faz buscar o máximo de seu oponente em todas as ocasiões, ele não sossega enquanto não sente que domina a mesa de negociação. Esta forma agressiva de negociar o faz extremamente perigoso, pois ele consegue ser ardiloso, sedutor e forte ao mesmo tempo.

Enfrentar tubarões exige de nós criatividade e capacidade de adaptação. Não podemos ganhar de um tubarão lutando com ele de frente, é preciso encontrar seus pontos vulneráveis e usar estes pontos a nosso favor na mesa de negociação. Antes de traçar uma estratégia para neutralizar o tubarão, é preciso entender como ele pensa e reage em cada situação; sabendo dos seus movimentos mais comuns, é possível mapear seu padrão de comportamento e encontrar as brechas necessárias para vencê-lo. Sem este conhecimento prévio, é quase impossível encontrar um tubarão pelo caminho e levar a melhor na hora de negociar.

Os tubarões estão presentes nos mais variados ambientes: em empresas, são líderes poderosos, que mantêm um controle firme através da sedução e da sua personalidade forte; na política, são carreiristas apegados ao poder e transitam de um governo para o outro trabalhando nos bastidores para defender os seus interesses pessoais e os interesses das empresas que eles representam; na vida familiar, são pessoas dominadoras, que dirigem com mão de ferro suas famílias e relacionamentos. Portanto, não importa em qual destes mares da vida será o seu primeiro encontro com um tubarão, o que posso garantir é que este encontro será inesquecível. Nosso senso de preservação muda e ficamos muito mais cuidadosos e preparados para o próximo ataque.

A seguir, vamos detalhar os comportamentos mais comuns do tubarão na mesa de negociação. Cada um destes comportamentos guarda em si a chave para lidar de forma positiva com o estilo tubarão de negociar. Este padrão que encontramos é fruto de anos de experiência como negociador, lidando com tubarões de várias espécies em diferentes situações, muitas vezes sendo sua vítima e algumas vezes vencendo com inteligência. Este conjunto de padrões vai lhe ensinar como sair ileso depois de topar de frente com um tubarão quando estiver negociando. Para cada um destes padrões de comportamento, indicarei a **isca certa** para neutralizar este comportamento na mesa de negociação. Este conjunto de dicas vai ajudar você a se movimentar com mais segurança quando estiver frente a frente com o negociador tubarão.

ACREDITAM NA ESCASSEZ DE RECURSOS

Os tubarões olham para a mesa de negociação e dizem: "O bolo é pequeno demais, portanto, o meu pedaço vem primeiro". Eles acreditam na escassez de recursos e, por este motivo, partem rapidamente para o ataque para conquistar o maior pedaço dos recursos disponíveis. A sensação do tubarão é que sempre existem menos recursos que os necessários e que nunca será possível chegar a um meio termo onde todos possam ganhar, por isso, ele precisa garantir a parte dele antes que seu oponente possa fazer qualquer movimento. Esta visão dominada pela escassez define todos os outros comportamentos do tubarão na mesa de negociação. A sensação de falta de recursos atiça a sua agressividade e provoca nele os seus instintos mais primitivos — seu senso de sobrevivência nesta hora fala mais alto.

O tubarão é um predador, e como tal, não tem pena das suas vítimas. Entende perfeitamente a sua força e tem consciência da sua competência como negociador, por isso, não demora a atacar. Os predadores, de uma maneira geral, sentem-se estimulados pelo desespero de suas vítimas. Com o tubarão não é diferente, quanto mais tentamos negociar, mais estimulamos os seus instintos e o deixamos mais agressivo e disposto a atacar.

> **ISCA CERTA:** Deixe o tubarão sentir que controla os recursos.

SEMPRE DEVE EXISTIR UM VENCEDOR E UM PERDEDOR NA NEGOCIAÇÃO

Para o tubarão, não existe esta história de ganha-ganha, ele enxerga a mesa de negociação como uma soma de resultado zero. Ou seja, ele acredita que, para alguém ganhar, outra pessoa tem que perder, e neste caso, que não seja ele o perdedor. Esta visão do jogo coloca-o em permanente estado de alerta e o deixa sempre pronto para o ataque. Ele não precisa de um motivo para ser agressivo, sua própria visão do processo da negociação já é estímulo suficiente.

Um tubarão não senta para negociar, senta para sair vencedor. A vitória é, para ele, a única forma de se chegar a um acordo, portanto, sua estratégia de ação é aniquilar o inimigo o mais rápido possível. Para isto, usa de todos os meios disponíveis para agir: faz pressão, seduz, usa seu charme e distorce a verdade dos fatos da maneira que lhe interessa.

O tubarão não enxerga a negociação como a busca de um acordo satisfatório para ambas as partes, ele vê a negociação como uma disputa, onde está em jogo poder, dinheiro e territórios. Seu instinto competitivo é muito desenvolvido, e adora quando encontra pela frente um oponente de peso; para ele um adversário competente é um troféu a ser conquistado. Seus instintos de competição ficam estimulados, o que os torna mais confiantes e provoca uma reação em cadeia, em que todos os seus sentidos ficam mais alertas diante do desafio.

➤ **ISCA CERTA:** Não deixe o tubarão ver você como uma ameaça.

QUEREM TIRAR TUDO DO OPONENTE A CADA RODADA DE NEGOCIAÇÃO

O tubarão não deixa nada para depois, ele quer tirar tudo do seu oponente hoje. A ideia de continuidade não existe nos planos do tubarão, para ele o negócio é tirar o máximo que puder sem pensar no dia de amanhã. Não se iluda, a cada nova rodada de negociação, o tubarão tentará arrancar tudo que puder de você. Esta visão imediatista o faz negociar de maneira muito mais ousada e agressiva, pois, como não tem nenhum compromisso em fazer o acordo ser bom para ambas as partes, procura explorar o máximo do seu oponente hoje.

O tubarão não pensa no futuro, joga com todas as suas forças para deixar seu oponente na posição mais vulnerável possível. Coloca o oponente rapidamente contra a parede para mostrar quem manda no jogo e, nesta situação, o adversário fica paralisado e com medo de negociar. Este medo nos faz cometer erros, que são explorados sem piedade pelo negociador tubarão. Na visão dele, quanto mais rápido ele for, menos chances teremos para reagir. Tirar tudo a cada rodada de negociação é para ele um mantra a ser seguido sem vacilar, o tubarão só sossega quando percebe que sua vítima não tem mais nada a lhe oferecer. Neste momento, ele larga a sua presa e sai em busca de uma nova fonte de lucros. O tubarão devora tudo por onde passa, deixando atrás de si apenas um rastro de sangue e destruição. Esta é a sua visão de negócio: usar e jogar fora.

> ► **ISCA CERTA:** Deixe o tubarão pensar que já tirou tudo que podia de você.

FAZEM DE TUDO PARA NÃO PERDER – NÃO IMPORTA O CUSTO

A palavra perder não existe no vocabulário do tubarão. Para ele só existe uma única alternativa, sair vencedor. Se existe uma coisa de que o tubarão tem medo é a sensação de perda. Para ele, perder significa ser derrotado pelo seu oponente, e um tubarão que se preze não admite ser derrotado. Quando um tubarão sente que pode perder alguma coisa, todos seus instintos ficam mais aguçados e ele se prepara para defender com unhas e dentes o que já conquistou. Nesta situação, fica quase impossível negociar com um tubarão, pois ele vai se fechar e aguardar a primeira oportunidade para atacar o seu oponente sem piedade.

O tubarão não sabe lidar bem com a situação de escassez, é por isso que age como predador, ele precisa caçar o tempo todo para não ficar sem alimento. Na mesa de negociação é a mesma coisa, o tubarão não pode deixar de ganhar dos seus oponentes ou corre o risco de ver as suas fraquezas expostas em público. Esta aversão à perda o coloca em permanente estado de alerta. Nestas horas, ele deixa todas as suas armas preparadas para atacar ao menor sinal de ameaça, portanto, nunca tente dialogar com um tubarão enquanto ele estiver com uma sensação de perda, as chances de você ser comido vivo é muito grande.

➤ **ISCA CERTA:** Faça o tubarão acreditar que ele está ganhando o jogo.

PROCURAM ASSUMIR O CONTROLE ANTES DE NEGOCIAR

O tubarão sabe que quem assume o controle da mesa de negociação tem uma vantagem competitiva sobre o seu oponente, portanto, a primeira coisa que o tubarão busca é tomar o poder em suas mãos. Todo negociador experiente sabe que quem controla o ritmo da negociação determina os movimentos do jogo, e quem controla os movimentos do jogo consegue induzir o seu adversário a fazer exatamente o que ele quer. Controlar os recursos disponíveis é a melhor forma de determinar o ritmo da negociação, seja na arena da guerra ou na dos negócios. Esta é uma vantagem competitiva desejada por todos em qualquer situação.

A verdade nua e crua é esta: quem controla os recursos disponíveis é quem dá as cartas, é por isso que o tubarão procura primeiro controlar os recursos para depois negociar. Nos primeiros momentos ele vai procurar medir forças com você para sentir o nível do seu poder. Caso perceba que está em desvantagem, ele tentará de toda maneira virar o jogo e assumir o controle, pois sabe que sem assumir o controle, sua posição fica vulnerável e nenhum tubarão que se preze parte para negociar nestas condições.

Nunca deixe um tubarão com a sensação de que o controle da negociação fugiu das suas mãos, nestes casos ele se sentirá encurralado e um tubarão acuado é capaz de tudo. A melhor coisa a fazer é deixá-lo com a certeza de que é ele quem manda na mesa e que você não quer de modo algum tirar de suas mãos o poder.

> ⯈ **ISCA CERTA:** Faça o tubarão pensar que ele é quem controla o ritmo da negociação.

PROCURAM CONFUNDIR O SEU OPONENTE PARA ASSUMIR O CONTROLE

Os tubarões, como todos os predadores de alto nível, possuem muitas armas em seu arsenal, que são utilizadas com muita inteligência e com grande senso de oportunidade. Os seus sentidos são bastante desenvolvidos, por isso conseguem perceber as mais sutis mudanças no comportamento de seu oponente e no ambiente da mesa de negociação. Isso faz deles adversários perigosos, pois são altamente preparados e sabem a hora certa de agir. Entre suas muitas armas, existe uma que considero letal: o seu poder de sedução.

Os tubarões são donos de uma personalidade magnética, que encanta e seduz seus oponentes. Eles emanam segurança e poder por todos os poros, o que faz deles objeto de culto em muitas empresas. Sua liderança é inegável e seu poder de convencimento é muito superior à média, com isso eles podem derrubar os nossos argumentos com muita facilidade, criando verdadeiros **vácuos de percepção.** Esses vácuos nos desorientam e nos deixam a mercê de suas palavras e encantos. Nessas horas, seria melhor ouvir o canto da sereia, que tenta atrair os marinheiros desavisados para os arrecifes, do que ouvir as palavras doces de um negociador tubarão.

Criar uma confusão mental em seus oponentes é uma armadilha bastante utilizada pelos tubarões. Eles usam nossas próprias fraquezas contra nós, fazem promessas que soam como música para nossos ouvidos e, embriagados por este delírio, topamos fechar o acordo para, só no dia seguinte, perceber o tamanho da burrada que fizemos e sofrer com a ressaca dos erros que cometemos.

> ▲ **ISCA CERTA:** Faça o tubarão pensar que você caiu no jogo de sedução dele.

SÓ FAZEM ACORDO QUANDO SENTEM QUE ESTÃO EM DESVANTAGEM

Preste muita atenção no que vou lhe dizer: quando um tubarão tenta negociar é porque ele esta em franca desvantagem na mesa de negociação. Este tipo de comportamento não é natural nos tubarões, por isso fique atento. Quando você sentir que ele está tentando chegar a um acordo, pode ter certeza que existe alguma fraqueza escondida que ele não quer revelar, e é por isso que ele está se antecipando. Ele tenta fechar um acordo para que você não perceba que ele está em posição de desvantagem. Um tubarão só busca um acordo para evitar um prejuízo maior, sem esta perspectiva, ele vai tentar sempre tirar o máximo do seu oponente em todas as situações.

Lidar com os tubarões é relativamente simples, o que precisamos entender é o seu modelo mental e como ele age quando está negociando. Sabendo disso, fica fácil neutralizar as suas estratégias. Para o tubarão, tentar um acordo é o mesmo que admitir a derrota, por isso, tenha certeza que esta será sempre sua última opção. Na maioria das vezes, ele tentará impor sua vontade e os seus pontos de vista, usando para isso várias formas de convencimento, desde a persuasão até a guerra emocional. Só após tentar todos estes recursos, e se ele ainda estiver em situação de desvantagem, é que ele vai tentar entrar num acordo.

> ▲ **ISCA CERTA:** Cave mais fundo para encontrar a fraqueza que o tubarão está tentando esconder.

FAZEM TUDO PARA NÃO FICAR VULNERÁVEIS DIANTE DOS SEUS OPONENTES

Os tubarões são especialistas em disfarçar suas fraquezas. Por trás da sua fachada de poder e intimidação, estão escondidos pontos vulneráveis que, quando revelados, podem deixá-los fragilizados diante dos seus oponentes. Por isso, eles procuram se mostrar mais fortes do que realmente são.

Um tubarão não suporta o fato de ficar em posição de fragilidade diante dos seus adversários, isso os deixa nervosos e potencialmente mais perigosos. Quando eles percebem que alguém encontrou seu ponto fraco, partem para o ataque sem hesitar e fazem isso com tamanha rapidez que não há tempo para esboçar a mínima reação.

Disfarçar os pontos fracos com ameaças e jogos de cena é típico dos tubarões. Agem como verdadeiros atores diante de uma câmera de televisão, o seu lado teatral toma conta, e eles são capazes de assumir vários papéis para evitar que suas fraquezas sejam reveladas em público. A capacidade de assumir vários personagens aliada à sua habilidade de atacar o lado emocional das pessoas os faz extremamente imprevisíveis e difíceis de manobrar. Uma hora eles são gentis e nos cobrem de elogios para, no momento seguinte, nos colocar contra a parede. Esta alternância de postura confunde seus adversários e os deixa atordoados, sem saber exatamente o que podem esperar do tubarão. Desta forma, eles desviam o foco das suas fraquezas e jogam os holofotes para outra direção, evitando, com isso, que seus pontos fracos possam ser identificados.

> ▶ **ISCA CERTA:** Faça o máximo para que o tubarão não perceba que você já sabe quais são as suas fraquezas.

PROCURAM "LIQUIDAR" O ADVERSÁRIO O QUANTO ANTES

O tubarão age na mesa de negociação como um lutador de MMA. Seu objetivo é finalizar o adversário o quanto antes. Na visão dele, negociar é perder tempo, principalmente se suas forças são maiores do que as de seu oponente. Seu primeiro instinto é liquidar seu adversário e, para isto, reduzem ao máximo as opções do oponente. Procuram diminuir o seu fôlego para negociar, depois passam a fazer pressão de todos os lados para que seu oponente ceda e, por fim, neutralizam cada movimento do seu adversário com argumentos certeiros e bem colocados.

Cada argumento do tubarão é como um golpe no nariz, nos deixa tonto e sem capacidade de reação. Isso leva o nosso pensamento a cambalear de um lado para o outro, exatamente como um lutador que leva uma forte pancada. Sem poder raciocinar direito, ficamos meio perdidos e sem capacidade de resposta. Para o tubarão, a mesa de negociação é o seu octógono: cada argumento deve ter a mesma velocidade de um golpe final. Eles estudam os movimentos do seu oponente à procura de brechas em sua defesa, pois, agindo assim, ele pode dirigir seus argumentos para os pontos de menor resistência. Com isso, conseguem ser muito eficientes e rápidos no que fazem.

Os tubarões sempre partem com tudo na hora de negociar porque querem liquidar o problema o quanto antes. Para eles, cada minuto perdido vale seu peso em ouro. Investir de maneira dura e intensa nos primeiros minutos da negociação serve para assustar seus adversários e testar as forças do seu oponente, este tipo de abertura é muito comum no ritual de combate dos tubarões. Eles fazem isso na intenção de medir forças para saber com que tipo de adversário estão lidando.

> **ISCA CERTA:** Mantenha-se firme diante dos primeiros ataques do tubarão, ele está apenas medindo forças com você.

QUANDO SENTEM-SE AMEAÇADOS, AVANÇAM PARA IMPOR SEU PODER

A pior coisa que alguém pode fazer é tentar combater um tubarão de frente. Este tipo de atitude vai estimular o seu lado competitivo, deixando-o mais alerta para todos os movimentos que acontecerem na mesa de negociação. Ameaçar um tubarão é o mesmo que cometer o suicídio; nestas horas, o tubarão cresce diante do desafio e vai tentar de todas as formas impor o seu poder para o seu oponente. Os tubarões, pela sua própria natureza, são extremamente territorialistas, qualquer invasão do seu espaço é encarada como uma ameaça. Portanto, respeite os limites de poder definidos implicitamente durante o processo da negociação — caso contrário, você estará colocando mais lenha na fogueira das vaidades, deixando o tubarão cada vez mais agitado e com vontade de atacar.

O tubarão, ao contrário de outros perfis de negociadores que fogem ou fingem de morto quando são ameaçados, costuma partir para cima quando sente que seu poder está sendo questionado. Nesta situação, sua tendência natural é avançar sobre o seu adversário para neutralizar seus movimentos e conquistar posições.

> ➤ **ISCA CERTA:** Deixe o tubarão sentir que o poder está nas mãos dele.

SÃO POUCO CRIATIVOS E NÃO CONSEGUEM SER FLEXÍVEIS

Apesar de serem adversários poderosos, os tubarões geralmente são pouco criativos. Seu raciocínio é muito linear e totalmente direcionado para o ataque. Preferem bater de frente e acabar logo com o problema do que ficar medindo forças para ver quem tem mais talento para negociar. Sua principal forma de operar é muito parecida com a de um rolo compressor; eles passam por cima do que estiver na sua frente. Só depois olham para trás para ver se ainda existe possibilidade de reação e, caso percebam que o seu oponente ainda pode ter forças para reagir, engatam a marcha ré e passam por cima de novo. Geralmente, sentam à mesa para negociar com apenas um caminho traçado para chegar aos seus objetivos. Não pensam em termos de rotas alternativas de ação, são pouco flexíveis e, após traçarem seu curso, só sossegam quando atingem o seu objetivo, qualquer desvio é visto por eles como uma provocação.

Seu raciocínio linear os deixa cegos para as rotas alternativas de ação, só enxergam à sua frente o seu destino final. Esta dificuldade de trabalhar com um leque de opções para fechar o negócio é um ponto fraco que o tubarão vai procurar esconder. Para isso, ele cria uma série de barreiras de defesa para que as pessoas não percebam sua falta de criatividade. Como negociadores, precisamos mostrar ao tubarão que existem maneiras diferentes de alcançar os seus objetivos. Nesta hora, temos que ser muito sutis e contar com todo nosso poder de persuasão para fazê-lo ver outras possibilidades. A melhor maneira de conseguir isso é fazendo um jogo de insinuações que leve o tubarão a tomar o caminho que desejamos que ele tome.

Porém, tome cuidado: ele não pode perceber que está sendo manipulado, isso seria fatal para você. Tente usar seu poder de influência de maneira discreta, faça o tubarão pensar que está chegando a estas conclusões sozinho, sem a sua interferência. Ele precisa acreditar que está seguindo o seu próprio raciocínio, agindo assim, você poderá induzi-lo a fazer o que você quer, sem estimular o seu lado predador.

> **ISCA CERTA:** Faça o tubarão acreditar que as boas ideias vieram dele.

TIPOS MAIS PERIGOSOS DE TUBARÕES

Os tubarões são uma grande ameaça na mesa de negociação, não só pela sua agressividade e voracidade, mas por poder assumir várias posturas diferentes quando estão negociando, confundindo com isto a cabeça de seus oponentes. Esta capacidade de assumir diferentes papéis quando estão negociando dá a eles uma enorme vantagem competitiva sobre os seus adversários. São capazes de disfarçar seus mais obscuros desejos até o último minuto antes do ataque, fazendo com que suas vítimas fiquem completamente sem ação.

Ao longo de anos de experiência como negociador, acabamos mapeando os tipos mais perigosos de tubarões que encontramos em nosso caminho. Apesar de todos eles possuírem em sua essência a mesma genética de todos os outros tubarões, seu *modus operandi* varia de acordo com as características mais marcantes de cada espécie. Estas variações na abordagem servem de alerta para que possamos saber com que tipo de tubarão estamos negociando. Isto é muito importante, pois só podemos montar uma estratégia de ação que seja realmente efetiva se soubermos com que tipo estamos lidando. Sem esta informação preciosa, corremos o risco de usar o armamento errado para combater o inimigo, e com isso, podemos colocar em xeque a nossa capacidade de neutralizar este perigoso predador.

A seguir, vamos detalhar as principais características das espécies mais perigosas de tubarões que podemos encontrar caçando nas mesas de negociação. É preciso lembrar que todo tubarão representa um perigo para o seu oponente, independente da sua espécie, por isso, não pense que pode lidar com um tubarão desarmado. Precisamos entender como pensa o tubarão para poder combatê-lo, sem este conhecimento não podemos enfrentá-los de igual para igual, pois a natureza os dotou de equipamentos muito avançados de caça que os faz extremamente perigosos quando estão negociando.

TUBARÃO MARTELO: O PERSISTENTE

Buscamos a figura do tubarão martelo para representar o negociador que tenta nos vencer pelo cansaço. Este tipo de tubarão raramente cede na hora de negociar, é extremamente observador e se apega aos mínimos detalhes quando está negociando. Sua maneira de pensar é organizada e muito metódica, por este motivo costuma tomar decisões de forma lenta e gradual. Para convencê-lo de algo, temos que usar argumentos lógicos que façam sentido para o seu modelo mental. É frio e extremamente calculista, nunca faz um movimento na mesa de negociação sem que haja um propósito muito bem definido para isso. Dificilmente se desvia de seus objetivos.

O tubarão martelo raramente muda de opinião, é decidido e pesa cada uma de suas decisões de maneira racional. É emocionalmente controlado e sabe esperar o tempo necessário para chegar nas suas metas. É como um míssil teleguiado, quando está direcionado para um objetivo, segue em frente até conseguir atingir seu alvo.

PRINCIPAIS CARACTERÍSTICAS:

- Tenta vencer pelo cansaço;
- Dificilmente cede na hora de negociar;
- Apega-se a cada detalhe da negociação;
- Extremamente organizado e metódico;
- Toma decisões de forma lenta e gradual;
- Acredita apenas em argumentos lógicos;
- Frio e extremamente calculista;
- Focado e concentrado nos objetivos.

COMO NEGOCIAR:

- Prepare-se para uma maratona de negociações;
- Apresente seus argumentos de maneira detalhada e estruturada;
- Fale um argumento de cada vez e observe as suas reações;
- Mostre que você valoriza a organização na hora de negociar;
- Reforce constantemente os benefícios para passar segurança;
- Mostre seus argumentos de forma lenta e gradual, passo a passo;
- Use argumentos lógicos que apelem para o seu lado racional;
- Faça-o entender que vocês têm objetivos em comum;
- Nunca tente fazê-lo ceder rápido, deixe que ele faça cada movimento seguindo o seu próprio ritmo;
- Fale devagar e haja com calma, não se mostre ansioso para fechar o negócio.

TUBARÃO TIGRE: O VELOZ

O negociador que age como o tubarão tigre pensa de forma rápida e eficiente, normalmente para surpreender e dominar seus adversários. Consegue mudar de estratégia de maneira muito veloz quando estão negociando, fazendo com que seus oponentes fiquem perdidos.

O tubarão tigre não se apega a detalhes, e sim procura enxergar o contexto como um todo. Sua visão estratégica bastante desenvolvida consegue mapear todos os desdobramentos e consequências de cada decisão tomada. É emocional e passional, gosta de ostentar sua inteligência e suas qualidades como negociador, costuma guardar rancores e sentimentos de vingança e nunca esquece uma ofensa ou uma derrota sofrida. Toma decisões em poucos segundos, pois possui a capacidade de usar o lado racional e o lado emocional do cérebro com a mesma eficiência. É extremamente vaidoso, orgulhoso e autoconfiante, não se deixando intimidar. Ele costuma exalar um certo ar de superioridade. É ardiloso e pode abrir mão de seus objetivos se for para ganhar mais.

O tubarão tigre está mais interessado nos benefícios do que na vitória em si. Gosta de ouvir elogios e comentários que exaltem a sua capacidade e inteligência, portanto, pode ser manipulado através de argumentos emocionais. Gosta da disputa e da competição e, para ele, uma boa negociação é aquela em que pode enfrentar um oponente à sua altura.

PRINCIPAIS CARACTERÍSTICAS:

- Pensa de forma rápida e eficiente;
- Usa a velocidade para dominar o oponente;
- Enxerga o todo e não se ocupa com detalhes;
- Emocional e passional;
- Toma decisões em fração de segundos;
- Vaidoso, orgulhoso e autoconfiante;
- Pode ser seduzido pelo emocional;
- Abre mão de objetivos se for para ganhar mais.

COMO NEGOCIAR:

- Comece devagar para poder entender o seu raciocínio;
- Não se deixe intimidar pelo seu raciocínio rápido;
- Negocie no seu próprio ritmo, evite tentar seguir o ritmo do tubarão tigre;
- Na hora de apresentar seus argumentos, comece pintando um quadro geral;

- Fale pouco e seja objetivo na hora de argumentar;
- Use a lentidão para irritar e desestabilizar o tubarão tigre;
- Use argumentos emocionais que apelem para sua vaidade;
- Deixe que ele sinta que é superior a você;
- Diga que gostaria de aprender um pouco com a experiência do tubarão tigre;
- Peça conselhos a ele sobre qual a melhor maneira de fechar o negócio;
- Devolva os seus conselhos em forma de argumentos.

TUBARÃO LIXA: O DESLEAL

O negociador que age como o tubarão lixa é o mais traiçoeiro de todos, pois é desleal e joga baixo para conseguir seus objetivos. Pensa de forma ardilosa e é capaz de nos envolver em armadilhas emocionais sofisticadas, usando jogos emocionais para seduzir, disfarçando suas verdadeiras intenções. Não tem pena de suas vítimas e, sempre que pode, usa de má-fé para negociar, não está preso a conceitos éticos e morais. Para ele, vale tudo para chegar aos seus objetivos. Geralmente, disfarça suas verdadeiras intenções com um ar de santidade, apresenta-se como amigo e parceiro para obter vantagens e informações estratégicas.

Frio e pouco confiável, atua como estrategista passional que sabe envolver suas vítimas com os mais sinceros argumentos. Mente e manipula com muita naturalidade, o que o faz extremamente perigoso. Sua mente é impenetrável, obscura e indecifrável, nunca podemos saber com certeza o que esperar dele. É imprevisível em suas ações e envolvente em seus argumentos. Usa a pressão do tempo como forma de poder e sabe esperar até que as defesas emocionais do seu oponente caiam por terra para poder dar o bote. É implacável em suas decisões e ardiloso nos seus movimentos.

PRINCIPAIS CARACTERÍSTICAS:

- Pensa de forma ardilosa;
- Usa jogos emocionais e disfarces;
- Usa o tempo como forma de pressão;
- Frio e pouco confiável;
- Estrategista passional;
- Impenetrável, obscuro e indecifrável;
- Não revela suas verdadeiras intenções;
- Joga com o emocional do oponente.

COMO NEGOCIAR:

- Procure verificar se as informações dadas são realmente verdadeiras;
- Desconfie de cada palavra do tubarão lixa;
- Faça perguntas inteligentes para entender suas reais intenções;
- Não seja seduzido pelos seus encantos;
- Busque checar as informações com outras pessoas;
- Tente mapear o seu padrão de jogo para só então negociar;
- Deixe seus melhores argumentos para o final;
- Estude cada movimento do tubarão lixa antes de fazer a sua primeira oferta.

TUBARÃO BRANCO: O PODEROSO

O tubarão branco é a espécie mais perigosa de negociador. Ele sabe usar sua força de maneira inteligente, sem assustar seus adversários. É sedutor, charmoso e cativante, e usa seus encantos e sua conversa macia para influenciar de maneira indireta o nosso pensamento e as nossas decisões. Possui um forte poder de influenciar pessoas e sabe usá-las para alcançar seus objetivos.

O tubarão branco é um Dom Juan na mesa de negociação, usa palavras doces, sabe agradar e consegue manipular as pessoas através de suas carências afetivas. Leva o seu oponente ao limite sem provocar dor ou sensação de perda. Geralmente, as pessoas ficam tão encantadas com o tubarão branco que cedem aos seus desejos por vontade própria. Ele possui a capacidade de assumir o poder e controlar os movimentos do oponente na mesa de negociação, sem que para isso pareça agressivo ou perigoso. Luta para obter o controle da mente e do coração de seus adversários. Seu poder de sedução é quase hipnótico, faz com que as pessoas queiram servi-lo por vontade própria. O tubarão branco é um estrategista sedutor, que segue um ritual pré-determinado de convencimento — para ele negociar é um jogo de sedução e conquista.

PRINCIPAIS CARACTERÍSTICAS:

- Sabe usar a força de maneira inteligente;
- Sedutor, charmoso e cativante;
- Leva seu oponente ao limite;
- Assume o controle das decisões;
- Estrategista sedutor;
- Segue um ritual de convencimento;
- Sabe controlar sem usar o seu poder;
- Para ele, negociar é um jogo de sedução.

COMO NEGOCIAR:

- Não se deixe seduzir pelos seus encantos;
- Deixe-o pensando que está no controle;
- Se faça de difícil até ele revelar suas reais intenções;

- Faça-o falar sobre suas conquistas e sua trajetória profissional;
- Mostre-se encantado com suas palavras;
- Alimento seu ego com elogios;
- Faça ele se sentir especial;
- Tente entender quais são os passos do seu ritual de sedução;
- Deixe-o acreditar que você cedeu aos seus encantos.

PONTOS-CHAVE DO CAPÍTULO

- A sensação do tubarão é que sempre existem menos recursos que os necessários e que nunca será possível chegar a um meio termo onde todos possam ganhar. Por isso, ele precisa garantir a parte dele antes que seu oponente possa fazer qualquer movimento;
- O tubarão é um predador e, como tal, não tem pena das suas vítimas. Ele entende perfeitamente a sua força e tem consciência da sua competência como negociador, por isso não demora a atacar;
- Para o tubarão, não existe ganha-ganha, ele enxerga a mesa de negociação como uma soma de resultado zero, ou seja, para alguém ganhar, outra pessoa tem que perder, e neste caso, que não seja ele;
- O tubarão não enxerga a negociação como a busca de um acordo satisfatório para ambas as partes. Ele vê a negociação como uma disputa, onde está em jogo poder, dinheiro e territórios. Para ele, a negociação é uma competição;
- O tubarão não deixa nada para depois, ele quer tirar tudo do seu oponente hoje. A ideia de continuidade não existe em seus planos pois, para ele, o negócio é tirar o máximo que puder sem pensar no dia de amanhã;

- Se existe uma coisa que o tubarão tem medo é a sensação de perda. Para ele, perder significa ser derrotado pelo seu oponente, e um tubarão que se preze não admite ser derrotado;

- O tubarão sabe que quem assume o controle da mesa de negociação tem uma vantagem competitiva sobre o seu oponente, portanto a primeira coisa que ele busca é tomar o poder em suas mãos;

- Nunca deixe o tubarão com a sensação de que o controle da negociação fugiu das suas mãos. Se isso acontecer, ele se sentirá encurralado e um tubarão acuado é capaz de tudo. A melhor coisa a fazer é deixar o tubarão com a certeza de que é ele quem manda na mesa e que você não quer de modo algum tirar de suas mãos o poder;

- Criar uma confusão mental em seus oponentes é uma armadilha bastante utilizada pelos tubarões, eles usam nossas próprias fraquezas contra nós;

- Quando um tubarão tenta negociar é porque ele está em franca desvantagem na mesa de negociação, pois este tipo de comportamento não é natural nos tubarões;

- Um tubarão não suporta o fato de ficar em posição de fragilidade diante dos seus adversários, isso os deixa nervosos e potencialmente mais perigosos;

- O tubarão age na mesa de negociação como um lutador de MMA, seu objetivo é finalizar seu adversário o quanto antes. Na visão dele, negociar é perder tempo, principalmente se suas forças são maiores do que as de seu oponente;

- A pior coisa que alguém pode fazer é tentar combater um tubarão de frente. Este tipo de atitude vai estimular seu lado competitivo, deixando-o mais alerta para todos os movimentos que acontecerem na mesa de negociação.

CAPÍTULO 06

A ESTRATÉGIA DA CARPA

O negociador que assume a estratégia da carpa geralmente evita o confronto direto. Sua primeira reação quando se sente ameaçado é fugir ou fingir de morto. Diferente dos tubarões, as carpas detestam bater de frente com seus oponentes, pois lutar não está na sua natureza ancestral.

O jogo da carpa é mais indireto, menos invasivo e mais sutil. O negociador carpa ataca pelas laterais, mas não faz isso para se expor, e sim por ter um medo doentio de perder o que já conquistou. Eles nadam de um lado para outro e não assumem uma posição firme durante a negociação. São escorregadios e indiretos, ficando paralisados quando estão sob intenso estresse e com dificuldade para decidir e assumir posições.

O tubarão não consegue disfarçar seu instinto de ataque por muito tempo, por isso quando conhecemos o seu perfil podemos manipulá-lo com certa facilidade. Já a carpa não se mostra facilmente, é desconfiada e fica na defensiva a maior parte do jogo. São inconstantes e mudam de opinião de acordo com os rumos da negociação: seu lugar preferido é em cima do muro.

A seguir, vamos detalhar as principais características do negociador carpa, para que possamos entender como funciona o seu modelo mental. Conhecendo o modelo mental da carpa, fica fácil escolher a **isca certa** para cada situação.

CARACTERÍSTICAS DO NEGOCIADOR CARPA

ACREDITAM NA ESCASSEZ DE RECURSOS

Assim como o tubarão, as carpas também acreditam na escassez de recursos. O negociador carpa olha para a mesa de negociação e pensa: "o bolo de recursos disponíveis é pequeno demais, por isso tenho que tomar cuidado para não perder o que eu tenho em minhas mãos". Eles não lutam para tomar os recursos dos outros como faz o tubarão, ficam na defensiva para tentar preservar o que já conquistaram. Para a carpa, todos que estão a sua volta são vistos como ameaças, por isso eles escondem o que possuem para não chamar a atenção das pessoas. Fazem de tudo para resguardar as suas conquistas e o seu território, pois seu medo de perder as coisas é quase doentio.

Os negociadores do tipo carpa geralmente são movidos pela segurança, pela estabilidade e pela previsibilidade. Qualquer movimento brusco da nossa parte pode assustá-los facilmente e deixá-los na defensiva. Eles são muito cuidadosos e dificilmente revelam o seu perfil quando estão negociando, usam disfarces para que o seu oponente não enxergue as suas fraquezas e, quando são pegos de surpresa, fogem para um lugar seguro.

> ◣ **ISCA CERTA:** Demonstre claramente que você veio negociar para somar e não para dividir.

POSSUEM UM MEDO IRRACIONAL DE PERDER O QUE CONQUISTARAM

O medo é um elemento chave para entender como pensa o negociador que adota a estratégia da carpa. Geralmente, este medo os acompanha desde a mais tenra infância. Provavelmente passaram privações e lutaram contra a falta de recursos durante boa parte da sua vida, por isso são tão apegados a tudo aquilo que conquistaram. Os negociadores do tipo carpa não sabem lidar bem com o sentimento da perda, sentem-se injustiçados com frequência e pensam que as outras pessoas estão trabalhando contra eles.

Sua desconfiança beira a mania de perseguição e ficam constantemente tensos quando estão rodeados por outras pessoas. Falam pouco de si mesmos e evitam qualquer envolvimento emocional que possa revelar seus sentimentos, pois não sabem lidar bem com a rejeição. O medo da escassez domina sua mente e suas ações, todas suas jogadas são com a intenção de preservar sua sobrevivência. Quando ficam encurralados, entram em pânico e ficam paralisados, sem conseguir decidir qual rumo vão tomar. Procuram evitar o estresse e a pressão a todo custo, pois já são, pela sua própria natureza, ansiosos o suficiente.

➤ **ISCA CERTA:** A primeira coisa a fazer é conquistar sua confiança. Diga que entende e sabe o que ele está sentindo.

SÃO INSEGUROS E TÊM MUITA DIFICULDADE PARA TOMAR DECISÕES

Tomar decisões não é o ponto forte do negociador carpa. Sua insegurança atrapalha o seu poder de analisar as situações de maneira objetiva, por isso eles ficam empurrando as decisões com a barriga até o último segundo. São mais conhecidos como **negociador vaselina**, seu lema é "passe aqui semana que vem que terei uma resposta para você", porém esta resposta nunca chega. Enquanto puderem jogar para frente uma decisão, eles o farão.

O momento da decisão é traumático para o negociador carpa, pois nestas horas precisa fazer o que é mais difícil para ele: se posicionar. Como as carpas são dominadas pelo sentimento de perda, sempre acreditam que em qualquer decisão tomada sairão perdendo, não importa a escolha que façam. A sombra da escassez sempre estará rondando a sua porta. Por conta desta característica, as carpas são escorregadias e costumam escapar entre nossos dedos quando são colocadas contra parede. Sua tendência natural na hora de tomar uma decisão é fingir-se de morto, fingir que o assunto não é com elas. Procuram protelar ao máximo suas escolhas e dificilmente entram para negociar com uma posição bem definida.

> ◣ **ISCA CERTA:** Mostre os prós e os contras de cada opção e direcione a decisão da carpa de maneira indireta para a opção que mais favorece você.

QUANDO SÃO COLOCADOS CONTRA A PAREDE, FICAM PARALISADOS

As carpas não sabem lidar bem com a pressão. Pressionar uma carpa gera um efeito muito negativo, a pressão paralisa o seu raciocínio e as deixa atordoadas sem saber o que fazer, agravando ainda mais a sua dificuldade de tomar decisões. Um erro muito comum quando se está negociando com uma carpa é acreditar que a pressão fará com que elas decidam. Pelo contrário, pressionar uma carpa é a última coisa que devemos fazer se desejamos fechar o negócio. Uma carpa sob pressão tenta fugir para não enfrentar aquela situação, e evita a todo custo o incômodo de ser pressionada. A melhor maneira de lidar com carpas é deixá-las entender que não estão em perigo negociando com você, para só depois tentar partir para o fechamento do acordo.

É preciso ter muita paciência para lidar com as carpas, para isso devemos evitar a todo o custo que a ansiedade tome conta da mesa de negociação. Quando as carpas percebem que estamos ansiosos para fechar o negócio, o sinal de alerta delas começa a piscar sem parar. Para elas, a ansiedade do oponente é um indicador que ele está escondendo o jogo e que existe má-fé envolvida na negociação.

Portanto, temos que agir com tranquilidade, procurando respeitar o perfil e o ritmo da carpa se desejamos chegar a um bom acordo. Não esconda o jogo, coloque todas as cartas na mesa e mostre que você está pensando no melhor para todos.

ISCA CERTA: Nunca pressione uma carpa, o único a sair perdendo será você.

ENTRAM NA NEGOCIAÇÃO ACHANDO QUE TÊM MUITO A PERDER

A carpa não entra para negociar pensando em ganhar alguma coisa, sua meta na mesa de negociação é evitar a todo custo perder o que tem em mãos. Por esta razão, se trancam, escondem o jogo, tentam desviar a nossa atenção para que não possamos cobiçar seus recursos. Geralmente, as carpas são muito apegadas às suas posições e dificilmente abrem mão de alguma coisa que já conquistaram, portanto, só prometa algo a uma carpa se tiver plena certeza de que vai cumprir o que prometeu a risca; qualquer deslize pode espantar a carpa para longe da negociação.

As carpas sempre trabalham na defensiva. Seu lema é: desconfie primeiro e confirme depois. Para elas, ninguém é plenamente confiável, por isto agem sempre com cautela. Tenha certeza de que a carpa vai procurar verificar a autenticidade de tudo que você disser enquanto estiver negociando e, se encontrar a menor inconsistência em suas informações, a negociação estará perdida. Portanto, não minta nem omita nenhuma informação importante, caso contrário, você correrá o risco de ser visto como uma ameaça potencial.

As carpas começam a negociar com todas as suas defesas levantadas, e fazem isso por seu medo incompreensível e quase paranoico de perder o que já possuem, o que faz as carpas serem uma muralha a ser escalada palmo a palmo. Precisamos conquistar espaço e abrir caminho lentamente em suas defesas, até que tenhamos conquistado sua confiança.

> **ISCA CERTA:** Neutralize o sentimento de perda mostrando à carpa tudo que ela pode ganhar.

NÃO SE COMPROMETEM E EVITAM ASSUMIR OPINIÕES

O perfil escorregadio da carpa não permite que ela assuma compromissos ou emita opiniões. Elas são oportunistas e preferem entender primeiro qual é a maneira de agir e de pensar de seu oponente antes de assumir uma decisão. O negociador carpa sempre está em cima do muro, nunca se decide por completo, e sempre fica em dúvida se está escolhendo a melhor opção. Para ele, assumir um compromisso significa ter que tomar uma decisão, e, para as carpas, decidir é algo extremamente difícil e inconveniente. Lutam a todo custo para não assumir responsabilidades, pois sabem que poderão ser cobradas no futuro. Além disso, uma responsabilidade assumida pode gerar custos indiretos que podem trazer prejuízos, palavra que a carpa não gosta de ouvir em qualquer situação.

Geralmente, são de falar pouco e ouvir muito, dificilmente você verá uma delas defendendo uma opinião de maneira aberta e entusiasmada. As carpas preferem seguir a maioria na hora de decidir, evitam polêmicas a todo custo e detestam ficar em lugar de destaque quando algum assunto está sendo discutido. Elas guardam suas opiniões para elas mesmas, quase nunca revelam de maneira pública seus sentimentos, pensamentos e pontos de vista. O negociador carpa detesta se expor e ficar sob a luz dos holofotes, preferem trabalhar de forma ativa nos bastidores para costurar o acordo de maneira discreta e reservada.

> **ISCA CERTA:** Seja discreto e garanta o sigilo de tudo que for discutido durante a negociação.

COSTUMAM FICAR "ENROLANDO" O QUANTO PODEM DURANTE A NEGOCIAÇÃO

As carpas ficam enrolando, mas não de caso pensado. Isto acontece devido ao seu medo de perder o que já conquistaram. Elas vivem uma dúvida cruel sobre qual o melhor caminho a seguir e sua insegurança acaba agravando ainda mais a situação. Como elas não conseguem decidir e se posicionar, sua mente dá *loops* eternos sem conseguir definir qual a melhor ação a tomar. É por este motivo que demoram tanto a chegar a um acordo e a fechar uma negociação. Em dado momento, elas acreditam que estão fazendo a coisa certa e avançam. No momento seguinte, bate aquela insegurança e elas voltam atrás. Ficam eternamente neste vai não vai, até se verem obrigadas a decidir, geralmente por conta dos prazos a cumprir ou pela falta do produto que estão negociando.

Na verdade, o que parece para os outros enrolação é para a carpa um sofrimento eterno, elas não gostam de viver este tipo de dúvida. Por elas, tudo seria decidido rápido, mas sua natureza fala mais alto e elas ficam receosas de estar fazendo a coisa errada. Com isto, multiplicam pela eternidade o tempo necessário para tomar uma simples decisão. Enrolar, para as carpas, é como se fosse um Transtorno Obsessivo Compulsivo, elas não conseguem se livrar deste hábito com facilidade. Toda sua programação mental as leva nesta direção de maneira inconsciente e, quando percebem, já estão protelando as decisões e deixando tudo para depois.

> **ISCA CERTA:** Defina logo no início o tempo máximo que você pode investir naquela negociação.

NÃO TOLERAM BEM O CONFRONTO

Confrontar um tubarão é um convite certo para um bom combate enquanto confrontar uma carpa é o melhor caminho para perder o negócio. Não se pode confrontar uma carpa e continuar negociando com ela. Com certeza, ela irá fugir em disparada como uma lebre assustada. Para lidar com a carpa precisamos ser indiretos e sutis. Não podemos deixá-la sem oxigênio para respirar, pois corremos o risco de matar a negociação. Porém, ao mesmo tempo, não podemos deixá-la muito solta para decidir sozinha, temos que conduzi-la lentamente até o ponto onde queremos que ela chegue, mas sem sobressaltos, sem fazer pressão e sem espantar a nossa presa.

A pior coisa que podemos fazer em relação à carpa é partir para o confronto direto. Com ela, temos que ser mais diplomáticos e políticos. A carpa deseja ser cortejada, paparicada e cuidada para sentir-se confiante o suficiente para negociar. A negociação com a carpa é um verdadeiro jogo de sedução, precisamos ir vencendo suas barreiras aos poucos, conquistando sua confiança para obter a sua colaboração. O confronto é algo que deixa a carpa assustada. A ideia de ter que medir forças com seu oponente já lhe deixa na defensiva preventivamente. Devido a sua insegurança, o confronto direto sempre soa como uma ameaça. É por este motivo que ela evita a todo custo bater de frente com seus adversários. As carpas são muito observadoras e conseguem captar o menor sinal de perigo, por isto preferem usar caminhos indiretos para chegar aonde querem. São diplomáticas e preferem tentar chegar aos seus objetivos sem precisar ficar em posição vulnerável diante de seus oponentes.

Durante a negociação, tente influenciar a carpa de maneira indireta. Encontre pessoas em que ela confia e peça para que elas tentem convencê-la que é seguro negociar com você. Dê referências de outros clientes para ela consultar e deixe que faça o dever de casa pesquisando quem é você junto ao mercado. Quando você sentir que a carpa está segura, volte a procurá-la para negociar.

> ▶ **ISCA CERTA:** Encontre pessoas em que a carpa confia e peça que intercedam por você.

SUA REAÇÃO USUAL É CEDER OU FUGIR

Apesar das carpas agirem sob efeito da falta de recursos, assim como agem os tubarões, o seu padrão de resposta é completamente diferente. Os tubarões, diante da falta de recursos, ficam estimulados a lutar para tentar tirar o máximo de seu adversário. A primeira reação do tubarão é tentar dominar a mesa de negociação para se apropriar da maior quantidade de recursos que ele puder, não importa de onde estão vindo os recursos. Para o tubarão, o que importa é ter o poder do jogo em suas mãos. A carpa age no sentido oposto, seu padrão de resposta é ceder ou fugir.

Na visão da carpa, é melhor ceder um pouco e preservar o restante do que perder tudo o que tem. É por este motivo que precisamos identificar rapidamente qual a **escala de valor** que a carpa está usando para fazer as suas concessões, ou seja, precisamos entender como ela classifica, em termos de prioridade, aquilo que ela tem em suas mãos para negociar. Conhecendo sua escala de valor, nós podemos começar negociando exatamente naqueles pontos que para carpa são mais fáceis de descartar. Agindo assim, encontraremos menos resistência e poderemos vencer as muralhas da carpa aos poucos, sem despertar o seu instinto de autopreservação.

Começar a negociar pelos pontos de menor resistência é uma tática inteligente. Quando fazemos isto, abrimos caminho entre as defesas do nosso oponente sem despertar suspeita. Além disto, o ato de fazer pequenas concessões vai minando as forças do nosso adversário e prepara seu emocional para ceder nos pontos de maior valor agregado. Obter concessões de menor valor logo no início da negociação amacia o coração do nosso oponente e pavimenta o caminho que leva às concessões que realmente nos interessam.

> ► **ISCA CERTA:** Comece a negociar pelos pontos de menor resistência.

POSSUEM BAIXAS EXPECTATIVAS DE GANHO

Para a carpa, não perder o que tem já é considerado lucro. Elas sentam à mesa para negociar com uma baixa expectativa de ganhos e por este motivo geralmente conseguem pouco da negociação. Quem espera menos, leva menos na hora de negociar. Esta é uma máxima verdadeira em qualquer negociação.

A nossa expectativa de ganho tem uma influência enorme no resultado da negociação. Pessoas que sentam para negociar esperando ganhar pouco sentam com uma atitude que corresponde a esta expectativa, por isso normalmente levam a pior. O poder da expectativa é enorme e, quando criamos uma expectativa em nossa mente, estamos colocando em movimento um conjunto de forças que mexem com todo o nosso emocional e com a nossa autoconfiança. Estes dois fatores são decisivos para o sucesso de qualquer negociador.

A **Lei das Expectativas** reza o seguinte: quanto maior a nossa expectativa de ganho em uma negociação, mais segura será a nossa atitude diante do nosso oponente, e uma atitude firme e confiante faz toda diferença na hora de negociar. É por este motivo que a carpa geralmente apresenta resultados negativos como negociador, sua baixa expectativa de ganho contamina sua atitude com sentimentos de insegurança e perda. Com isto, ela não consegue se impor diante de seus oponentes na hora de negociar.

A baixa expectativa de ganhos é uma característica que permeia todo modelo mental da carpa e condiciona, de forma determinante, sua maneira de negociar. Como a carpa sempre espera ganhar pouco, ela pensa que o que vier é lucro, e isso enfraquece seu espírito de luta. Este fatalismo incondicional faz com que a carpa já sente para negociar derrotada, pois um negociador que olha para o horizonte futuro e não consegue enxergar benefícios e ganhos está cavando sua própria cova. Quando seu oponente chega para negociar, a carpa já está deitada esperando para o seu próprio enterro.

ISCA CERTA: Teste as expectativas de ganho da carpa antes de fazer sua primeira oferta.

SÃO INSEGUROS E POSSUEM BAIXA AUTOESTIMA

A insegurança e a baixa autoestima são companheiras inseparáveis da carpa, mesmo quando elas aprendem a disfarçar estas características com perfeição. Às vezes, nem a própria carpa acredita que estas características ainda fazem parte de sua vida, mas, lá no fundo, no espaço mais íntimo de seu coração, elas continuam fazendo parte de seu modelo mental. Esta insegurança, mesmo que disfarçada sob diversas camadas de profissionalismo, continua interferindo nos momentos decisivos e importantes da vida da carpa. Ao longo do tempo, muitas carpas aprendem a fazer desta característica algo positivo. Passam a ser mais cuidadosas, tornam-se mais detalhistas, constroem ambientes seguros e estáveis para viver, formam laços profundos de amizade e são consideradas pessoas da mais alta confiança.

Porém, no que diz respeito à mesa de negociação, as características da insegurança e da baixa autoestima podem comprometer e muito os resultados de um negociador. Quando alguém senta para negociar inseguro e sem acreditar na sua capacidade de realização, terá pela frente o dobro do trabalho para chegar a um bom acordo, pois primeiro precisará negociar consigo mesmo para resolver seus conflitos internos, para só depois poder negociar com seu oponente. É exatamente isto o que acontece com a carpa, ela precisa lutar primeiro contra si mesma, para só depois enfrentar seus adversários na mesa de negociação. É um duplo desgaste de energia e um duplo investimento de tempo. Por isto, as carpas demoram tanto para decidir, pois, antes de convencer os outros a fechar o acordo, elas precisam convencer a si mesmas de sua capacidade de chegar aos seus objetivos.

> ◣ **ISCA CERTA:** Durante a negociação, reforce o moral da carpa com elogios sinceros.

SÃO DESCONFIADOS E SEMPRE ESPERAM O PIOR DAS PESSOAS

Ao longo do caminho, as carpas foram vítimas de várias pessoas que tiraram proveito de sua insegurança para levar vantagens pessoais. Este histórico negativo nos relacionamentos faz com que ela suspeite de todos a sua volta. Para a carpa, as pessoas que se aproximam dela estão sempre pensando em tirar algum tipo de proveito, isso faz com que ela esteja sempre na defensiva. Por conta disso, a desconfiança estará sempre presente na mesa de negociação. Conquistar a confiança da carpa é fundamental para fechar o negócio, sem estabelecer uma relação de confiança não devemos tentar qualquer tipo de acordo. Primeiro precisamos vencer o medo que a carpa tem de ser usada e manipulada, para só depois tentar negociar.

Para ela, o ditado "gato escaldado tem medo de água fria" não poderia ser mais adequado. As carpas vivem o que os psicólogos chamam de **Síndrome da Vítima**. Este tipo de síndrome é muito comum em pessoas que foram vítimas de algum tipo de violência no passado, e esta experiência deixou marcas emocionais permanentes. Portanto, todas as vezes que elas estão diante de uma situação que lembre esta violência, passam a reagir como se estivessem vivendo novamente o mesmo momento. Assim acontece com a carpa, todas as vezes que percebem sinais que lembram algum momento em que foram vítimas de alguém que as enganou ou passou para trás, um sinal de alerta é disparado e todo este passado negativo volta de imediato, como se fosse um filme passando em sua mente. As mesmas sensações e emoções do momento são revividas como se estivessem acontecendo hoje e isso faz com que as defesas emocionais da carpa entrem em ação para protegê-la desta possível ameaça.

A melhor maneira de lidar com a Síndrome da Vítima é ficar atento para perceber qualquer reação que sinalize medo ou dúvida, esta insegurança repentina pode indicar que algum movimento nosso despertou sentimentos e emoções negativas vividas no passado. Nestes casos, precisamos agir rápido para evitar que estas emoções possam contaminar a negociação que estamos vivendo no presente. Ao perceber este tipo de reação, pare e pergunte para a carpa de forma objetiva e sincera se existe algo que esteja incomodando ou provocando dúvida. Coloque-se à disposição para resolver o problema, pois, na maioria das vezes, só esta atitude já é suficiente para trazer a carpa de volta ao presente e afastá-la das inseguranças do passado.

> ▲ **ISCA CERTA:** Nunca avance sem antes ter certeza de que a carpa está segura sobre seus movimentos.

TIPOS MAIS PERIGOSOS DE CARPA

Pode não parecer, mas as carpas também representam perigo. Atrás de sua aparência tímida e inofensiva, se esconde uma mente estrategicamente fria e calculista. As carpas são muito boas em disfarçar o jogo e nos pegam de surpresa com golpes que nem sequer esperamos receber. Seu jeito retraído muitas vezes deixa a impressão que elas são submissas e por isso não representam uma verdadeira ameaça. Isto é um engano que pode ser fatal.

As carpas fazem o tipo dissimulado e não são de atacar diretamente. Preferem os golpes indiretos, que vão minando nossas forças e nos pegam sem defesa. De certa forma, podemos dizer que as carpas agem de forma traiçoeira, pois nunca sabemos o que podemos esperar delas. Seu perfil silencioso e discreto esconde suas verdadeiras intenções, sendo assim mestres em disfarces, cortinas de fumaça e jogos de ocultação da verdade. Elas usam seu jeito simples para atrair seus adversários, fazendo-os pensar que ali não existe perigo, para depois envolvê-los em uma armadilha de onde não se pode escapar.

Negociar com uma carpa é como andar na areia movediça: a qualquer momento podemos ser tragados para baixo da terra e, quanto mais nos movemos para tentar escapar, mais afundamos. Para que possamos aprender a lidar com este perigoso oponente, vamos definir os tipos mais comuns de carpa presentes nas mesas de negociação, montando um resumo de suas principais características para ajudar você, caro leitor, a lidar de maneira inteligente com cada possibilidade que venha cruzar o seu caminho.

CARPA DISFARÇADA DE TUBARÃO

Muitas vezes, as carpas se disfarçam de tubarão para afastar seus inimigos. Externamente, assumem postura muito parecida com a do tubarão quando estão negociando, tentam se mostrar fortes e ameaçadoras fazendo jogo duro. Por dentro, porém, são fracas e inseguras. Este tipo de disfarce é típico das carpas, que podem assumir vários papéis para iludir seus adversários. As carpas que assumem a postura do tubarão estão tentando vender para o mundo uma imagem de poder que na verdade não existe, elas não possuem o poder de fogo que estão tentando demonstrar. No caso das carpas, esta tentativa funciona mais como um movimento de defesa. Se seu oponente levar adiante a pressão e o confronto de forças, o verdadeiro caráter da carpa vai se revelar e ela vai acabar cedendo.

Como podemos saber, então, se estamos lidando com uma carpa disfarçada de tubarão ou com um tubarão de verdade? É fácil. Observe o momento de tomada de decisão de seu oponente: se ele tomar decisão de maneira rápida e sem vacilar, trata-se de um legítimo tubarão; se houver qualquer sinal de dúvida ou incerteza, trata-se de uma carpa muito bem disfarçada.

PRINCIPAIS CARACTERÍSTICAS:

- Tentam demonstrar ostensivamente um poder que na verdade não existe;

- Gostam de ameaçar e fazer jogo duro logo no início da negociação para intimidar seu oponente e fazer com que ele não descubra seu disfarce;
- Usam os jogos de poder como armamento de defesa e não para o ataque direto;
- Diante da pressão e do confronto de forças com seu oponente, acabam cedendo e revelando seu verdadeiro DNA de carpa;
- Mostram-se inseguras na hora de tomar decisões;
- Assumem as características do tubarão, mas não conseguem sustentar este disfarce por muito tempo.

COMO NEGOCIAR:

- Analise a forma como as decisões afetam o seu oponente. Se ele demonstrar o menor sinal de dúvida ou insegurança, trata-se de uma carpa e não de um legítimo tubarão;
- Não se deixe intimidar com sua aparência ameaçadora, siga em frente negociando para ver até onde seu oponente pode chegar;
- Faça pressão nos pontos certos para tentar fazer a carpa se revelar;
- Mantenha o foco e use o tempo a seu favor, uma carpa disfarçada não consegue manter a verdade escondida durante toda a negociação;
- Faça pequenos ataques nas defesas do oponente para ver qual é a sua reação. Se ele revidar a altura, é um legítimo tubarão. Se o oponente ceder ou fingir de morto, estamos na verdade lidando com uma carpa disfarçada;
- Procure olhar além daquilo que está aparente. Identifique os pequenos sinais de comportamento que possam revelar o disfarce da carpa.

CARPA DISFARÇADA DE POLVO

As carpas são mestres nos disfarces e na dissimulação de intenções. Elas são discípulas diretas de Maquiavel, gostam de agir nas sombras. Preferem ocultar a verdade a enfrentar a realidade dos fatos e jogam com o indecifrável. Não se mostram de maneira plena para ninguém, são verdadeiros atores e o seu palco é a mesa de negociação. Como bons atores, as carpas costumam assumir papéis diferentes conforme a cena que estão interpretando. São perfeitos nos gestos, nos olhares e em convencer as pessoas. Sua atuação é tão real, que às vezes até as próprias carpas acreditam nos personagens que estão vivendo. Mas tudo isso é um jogo de sombras, as carpas usam estes recursos para afastar o olhar dos seus oponentes do seu verdadeiro caráter, que é fraco e inseguro.

As carpas podem ser muito envolventes e convincentes quando querem. Algumas delas preferem se disfarçar de polvos para prender seus oponentes em seus tentáculos, deixando-os imobilizados e sem saída. A trama forjada pela carpa é tão cheia de fios e teias que dificilmente conseguimos escapar depois que somos atraídos para seu abraço mortal. A carpa que se disfarça de polvo usa o engano, a fofoca, as conversas de bastidores e até outras pessoas para induzir seu oponente ao erro. Estes são seus verdadeiros tentáculos, que prendem e imobilizam os adversários, fazendo com que eles percam energia tentando separar a mentira da verdade ao longo de toda a negociação.

PRINCIPAIS CARACTERÍSTICAS:

- Costumam disfarçar e dissimular suas verdadeiras intenções;
- Nunca se mostram de maneira plena para ninguém;
- Preferem ocultar a verdade a ter que enfrentar a realidade dos fatos;
- Assumem outra personalidade para esconder suas fraquezas;
- Usam o engano, as fofocas e as mentiras como ferramentas no jogo da negociação;

- Querem induzir seus adversários ao erro através de informações falsas;
- Fazem o seu oponente perder tempo e energia tentando encontrar as informações verdadeiras;
- Prendem e imobilizam seus adversários usando seus dotes dramáticos como um polvo usa os seus tentáculos para paralisar suas vítimas.

COMO NEGOCIAR:

- Faça testes para ver até onde a carpa quer chegar, nunca acredite que as intenções reveladas são sempre as verdadeiras intenções;
- Antes de sentar para negociar, monte um dossiê com informações relevantes sobre o caráter e a idoneidade de seu oponente. Faça isto consultando as redes sociais e outras pessoas que conhecem a carpa melhor do que você;
- Procure separar o que é fato do que é interpretação dos fatos. As carpas costumam distorcer a verdade para usar as informações a seu favor quando estão negociando;
- Procure enxergar seu verdadeiro oponente por trás da máscara do personagem que a carpa está encarnando. Não se deixe iludir por seus jogos de cena e pela sua magnífica interpretação;
- Saiba se desviar das fofocas, dos comentários maldosos e das mentiras que a carpa utiliza como armas durante a negociação;
- Antes de tomar qualquer decisão, procure avaliar e validar toda e qualquer informação dada pela carpa. Caso contrário, você correrá o risco de ser induzido ao erro pelas informações incorretas fornecidas pelo seu oponente.

CARPA DISFARÇADA DE TARTARUGA

Existem alguns tipos de carpa que usam a lerdeza e a demora para irritar e confundir seus oponentes. Estas carpas se disfarçam de tartaruga para poder ganhar tempo até levar o adversário aos limites da exaustão física, mental e emocional durante a negociação. Este tipo de tática é mais comum do que se pensa e o pior é que, na maioria das vezes, não percebemos que este tipo de postura pode estar sendo usada de caso pensado para nos prejudicar. A carpa assume a postura da tartaruga quando percebe que seu oponente é do tipo ansioso, que gosta de resolver tudo rápido e com poucas palavras. Ela age de maneira muito bem calculada, procurando desestabilizar o ambiente da negociação, travando o processo e protelando as decisões sempre para outro momento. Isso vai irritando o seu oponente a tal ponto que ele não consegue mais raciocinar direito e é levado a cometer erros fatais quando está negociando. A maioria destes erros acontece por conta da ansiedade, que nos leva a tomar decisões precipitadas e nos faz avaliar a situação de maneira superficial e amadora.

As carpas que adotam a postura da tartaruga são extremamente perigosas, pois, em quase todos os casos, seus oponentes fazem um avaliação errada delas, pensando que são burras, despreparadas e inseguras. Estas características não correspondem à realidade dos fatos. Geralmente, chegamos a conclusões baseados em pressuposições e preconceitos que foram sendo formados em nossa mente ao longo dos anos. Por este motivo, assim que percebemos que uma pessoa demonstra ser lenta e indecisa, pensamos logo que ela não representa uma ameaça. Este erro de avaliação pode ser fatal, pois, quando pensamos assim, baixamos as defesas e ficamos expostos aos ataques mais covardes e ardilosos. Por isso, cuidado: nem toda tartaruga é lenta por ser fraca e inferior. Pense que podemos estar lidando, na verdade, com uma carpa muito ardilosa, que veste o casco da tartaruga para se dar bem em cima de você na mesa de negociação.

PRINCIPAIS CARACTERÍSTICAS:

- Usam a lerdeza e a demora para irritar e desestabilizar seus adversários;
- Levam seus oponentes aos limites da exaustão física, mental e emocional;
- Aproveitam-se da nossa própria ansiedade para nos induzir ao erro;
- Procuram desestabilizar o ambiente da negociação, travando o processo e protelando as decisões;
- São ardilosas e fazem cada movimento de caso pensado e bem calculado;
- Usam o estresse e a irritação como armas na mesa de negociação;
- Querem parecer inofensivas para não revelar as suas verdadeiras intenções;
- Faz o oponente baixar as suas defesas para poder desferir seus ataques;
- Muitas vezes, se faz de vítima para poder envolver seus adversários e levá-los a revelar informações importantes.

COMO NEGOCIAR:

- Mantenha seu foco central e não se deixe irritar pelos artifícios da carpa;
- Inverta o jogo, faça suspense e deixe a carpa sem saber quais serão seus próximos movimentos na mesa de negociação;
- Não se mostre ansioso ou com pressa para negociar;
- Use o tempo extra fornecido pela carpa para pesquisar e encontrar as fraquezas de seu oponente;

- A lerdeza e a demora da carpa só terão caráter negativo se você entrar no jogo dela. Se isto não ocorrer, ela vai esquecer esta tática e tentar outra coisa;

- Se a carpa estiver travando o processo ou protelando decisões, diga que vai levar a negociação para um nível acima na hierarquia da empresa;

- Nunca esqueça que a carpa não é inocente, muito menos inofensiva. Elas são ardilosas e sabem disfarçar suas intenções como ninguém;

- Não demonstre que está estressado ou irritado, é isso que a carpa quer quando fica enrolando para tomar uma decisão;

- Mantenha suas defesas em linha e não baixe a guarda. Trate a carpa como ela realmente é, um oponente perigoso que pode levá-lo a derrota;

- Revele apenas as informações mínimas e necessárias, não deixe a carpa envolvê-lo se fazendo de vítima.

CARPA DISFARÇADA DE JACARÉ

A carpa que adota a postura do jacaré usa a ambiguidade e a incerteza para desorientar seus oponentes. Isto os deixa sem saber quais caminhos tomar e quais escolhas fazer para poder seguir negociando. Este tipo de carpa é muito inteligente e usa pistas falsas e cortinas de fumaça para desviar nossa atenção do foco central da negociação. Elas agem com tal habilidade que perdemos nosso senso de orientação e ficamos dando voltas e voltas sem chegar a lugar nenhum. A carpa que se disfarça de jacaré usa o labirinto das informações para dificultar o entendimento. Sua maior intenção com isso é distorcer os fatos e usá-los a seu favor na hora de negociar. As carpas em pele de jacaré são sorrateiras e muito convincentes. Elas representam um perigo enorme para seus oponentes, pois quando abrem a boca para o nosso lado e mostram seus dentes, nunca podemos ter certeza se elas estão sorrindo de felicidade ou querendo nos morder para arrancar um bom pedaço.

Este tipo de carpa é muito observadora. Nadam de longe, observando nossos movimentos, e se aproximam de nós sem que percebamos, até que atacam de surpresa sem que possamos ter tempo para nos defender. Elas fazem exatamente como o jacaré: seus movimentos são feitos sempre abaixo da linha da superfície, por baixo do pano. Atuam nas profundezas e só se mostram na hora de dar o bote. A carpa em pele de jacaré pode passar meses nos observando e aprendendo como agimos antes de começar a negociar. Elas estudam seus oponentes a fundo e geralmente possuem um sistema de informação extremamente ágil e confiável, sabendo usá-lo a seu favor quando estão negociando. Nada escapa ao seu radar; qualquer movimento, qualquer mudança de clima, qualquer alteração no equilíbrio de forças na mesa de negociação é notada e utilizada de maneira inteligente para forçar seu oponente a ceder e abrir mão de suas posições.

PRINCIPAIS CARACTERÍSTICAS:

- Usam a ambiguidade e a incerteza para desorientar seus oponentes;
- Criam pistas falsas e cortinas de fumaça para desviar nossa atenção;
- Atacam o centro de orientação do adversário para que ele fique dando voltas sem sair do lugar;
- Utilizam informações falsas para criar confusão e desorientação;
- Distorcem os fatos para usá-los a seu favor na hora de negociar;
- Quando mostram os dentes, nunca sabemos se estão rindo de felicidade ou se estão querendo nos morder;

- São muito observadoras e ficam olhando de longe até entender por completo as fraquezas de sua presa;
- Agem por baixo do pano, atuam nas profundezas e só aparecem na hora de dar o bote;
- Nada escapa ao seu radar. Qualquer mudança na mesa de negociação é imediatamente percebida e usada como medida de contra-ataque.

COMO NEGOCIAR:

- Procure testar e validar todas as informações antes de tomar qualquer decisão;
- Não se deixe iludir pelo que a carpa jura que é verdade;
- Trace o seu caminho no mapa da negociação e siga em frente sem tentar tomar qualquer atalho desconhecido que possa levar a um beco sem saída;
- Não se iluda com gentilezas e sorrisos. O que a carpa quer é fazer você baixar as suas defesas;
- Faça o jogo da carpa, plante informações falsas e deixe que ela siga estas pistas como se fossem verdadeiras;
- Esteja pronto para ser atacado por qualquer lado. Tome um cuidado especial com os ataques nas áreas menos prováveis, é justamente por aí que a carpa gosta de furar as defesas dos seus oponentes.

PONTOS-CHAVE DO CAPÍTULO

- O negociador que assume a estratégia da carpa geralmente evita o confronto direto. Sua primeira reação quando se sente ameaçado é fugir ou fingir de morto;

A ESTRATÉGIA DA CARPA

- Para carpa, todos que estão a sua volta são vistos como ameaças, por isso eles escondem o que possuem para não chamar a atenção das pessoas;

- Os negociadores do tipo carpa não sabem lidar bem com o sentimento de perda, sentem-se injustiçados com frequência e pensam que as outras pessoas estão trabalhando contra eles;

- Tomar decisões não é o ponto forte do negociador carpa, sua insegurança atrapalha o seu poder de analisar as situações de maneira objetiva, por isso ficam empurrando as decisões com a barriga até o último segundo. São mais conhecidos como negociadores vaselina;

- As carpas não lidam bem com a pressão. Nos momentos de estresse, seu instinto de prevenção as deixa imobilizadas. Pressionar uma carpa gera um efeito muito negativo, pois a pressão paralisa seu raciocínio e as deixa atordoadas sem saber o que fazer, agravando ainda mais sua dificuldade de tomar decisões;

- Quando as carpas percebem que estamos ansiosos para fechar o negócio, o sinal de alerta delas começa a piscar sem parar. Para as carpas, a ansiedade do oponente é um indicador de que ele está escondendo o jogo e que existe má-fé envolvida na negociação;

- A carpa não entra para negociar pensando em ganhar alguma coisa, sua meta na mesa de negociação é evitar a todo custo perder o que tem em suas mãos;

- Nunca prometa para a carpa algo que você não pode cumprir — qualquer quebra de confiança pode afastá-la para longe da negociação;

- O negociador carpa detesta se expor e ficar sob a luz dos holofotes, ele prefere trabalhar de forma ativa nos bastidores para costurar o acordo de maneira discreta e reservada;

- A pior coisa que podemos fazer em relação à carpa é partir para o confronto direto. Com ela, temos que ser mais diplomáticos e políticos, a carpa deseja ser cortejada, paparicada e cuidada para se sentir confiante o suficiente para negociar;
- Na visão da carpa, é melhor ceder um pouco e preservar o restante do que perder tudo que tem. É por este motivo que precisamos identificar rapidamente qual a escala de valor que a carpa está usando para fazer as suas concessões.

CAPÍTULO 07

A ESTRATÉGIA DO GOLFINHO

Após conhecer um pouco da fauna marinha que circula pelas mesas de negociação, começamos a perceber que existem mais espécies habitando estas águas do que havíamos imaginado. Esta diversidade de perfis é o que torna tão fascinante o trabalho do negociador. Nos capítulos anteriores, você aprendeu a identificar as principais características de seus oponentes e tomou conhecimento das iscas certas que deve usar para capturar cada um destes adversários. Conheceu as principais estratégias do **negociador tubarão** e do **negociador carpa** e, com este conhecimento, poderá neutralizar as estratégias destes adversários quando estiver frente a frente com eles na mesa de negociação.

Agora vamos conhecer as estratégias do mais encantador de todos os negociadores, o golfinho. Este tipo de negociador usa a sua aparência amigável para seduzir e conquistar, e é a única espécie de negociador que consegue fazer com que você saia da mesa de negociação com as mãos vazias, porém com o coração cheio de felicidade. Fazer negócios com um golfinho é uma delícia. Eles são bons de papo, agradáveis, sabem conquistar a nossa simpatia, fazem gra i nhas para nos agradar, são confiáveis e parecem que estão r aln o- te trabalhando a nosso favor quando estão negociando. Mas i o se iluda, por trás de todo golfinho, existe um negociador profissional extremamente criativo, talentoso e bem preparado para negociar.

A seguir, vamos conhecer as estratégias mais utilizadas pelos golfinhos para vencer na mesa de negociação. De todos os perfis que estudamos até agora, podemos dizer, com segurança, que estamos diante do mais eficiente e temível de todos os negociadores.

CARACTERÍSTICAS DO NEGOCIADOR GOLFINHO

ACREDITAM NA ESCASSEZ E NA ABUNDÂNCIA DE RECURSOS

O motor dos golfinhos funciona no sistema total flex, eles sabem usar qualquer situação como combustível na mesa de negociação. Não importa se estão diante da escassez ou da abundância de recursos, eles seguem negociando independente das condições que vão encontrar pela frente. Seu foco é chegar às suas metas com o menor esforço e com a melhor margem de ganho possível, porém sem deixar seu oponente com um sentimento de frustração ao final da negociação. Esta dupla visão do processo da negociação dá aos golfinhos muito mais flexibilidade e agilidade mental para negociar. Sabem tirar o melhor de cada situação e aprenderam muito cedo a se desviar das armadilhas que encontram em seu caminho.

Nos momentos de abundância, os golfinhos sabem gerenciar seus recursos para obter o máximo possível de seus oponentes sem que haja o menor sinal de desperdício. Durante a fase das vacas magras, eles conseguem trabalhar usando o mínimo possível dos recursos disponíveis para chegar com eficiência aos resultados desejados. Em outras palavras, o modelo mental dos golfinhos sempre irá trabalhar para buscar o máximo desempenho em cada negociação, usando para isso os recursos disponíveis de forma criativa e inteligente.

O golfinho olha para a mesa de negociação e, imediatamente, procura mapear qual o caminho mais curto e rápido para chegar ao seu objetivo final. Parece que eles têm na cabeça um GPS que sempre aponta para o melhor roteiro e para a melhor opção a seguir. Este senso de orientação apurado ajuda os golfinhos a nadar com segurança nas águas turbulentas da mesa de negociação, e faz deles adversários competentes e desafiadores. Na verdade, podemos até dizer que negociar com um golfinho é um privilégio, pois seus oponentes sempre terão oportunidade de crescer e aprender muito com seu estilo avançado de negociação.

> **ISCA CERTA:** Pergunte ao golfinho qual seria o melhor caminho para se chegar a um acordo.

QUANDO NÃO CONSEGUEM O QUE QUEREM, INOVAM NA ABORDAGEM

Os negociadores que adotam a estratégia do golfinho não se deixam vencer pelas adversidades. Não se abalam quando as coisas não estão saindo como esperavam, pois, nestas horas, começam a pensar de maneira criativa e partem em busca de abordagens inovadoras para solucionar os problemas. Esta capacidade de buscar novas maneiras de resolver os impasses que surgem na mesa de negociação faz a cabeça dos golfinhos funcionar como uma verdadeira fábrica de ideias, eles nunca param de pensar se existe uma maneira melhor de fazer as coisas. Eles são inquietos até quando tudo vai bem, e seu estilo irreverente e sua originalidade sempre vão colocar sua mente em busca da solução mais inteligente e criativa para o problema.

Os golfinhos são criativos porque não ficam paralisados pelo problema, como fazem as carpas, nem ficam agressivos e emocionalmente descontrolados como o tubarão. Golfinhos mantêm as rédeas da situação sob seu controle, buscando entender cada questão de maneira única e especial. Para isso, buscam informações confiáveis e ouvem os conselhos de pessoas que possuem expertise suficiente para ajudá-los a resolver a questão. Eles não se isolam e ficam chorando mágoas, agem sempre de maneira proativa e saem em busca de suas metas, mesmo quando estão diante de problemas extremamente difíceis de resolver. Esta capacidade de modificar rapidamente sua abordagem dá aos golfinhos um diferencial estratégico que nenhum outro negociador possui: eles podem trabalhar ao mesmo tempo com vários cenários em sua mente e vão ajustando as suas ações de acordo com o cenário que se mostrar mais viável durante a negociação. Com isso, ganham rapidez de raciocínio e agilidade em suas decisões.

> ◤ **ISCA CERTA:** Use a criatividade do golfinho a seu favor quando estiver negociando. Peça a ele ideias sobre como resolver os problemas que aparecerem durante a negociação.

SÃO FOCADOS NA META E USAM ALTERNATIVAS DE FORMA INTELIGENTE

O negociador golfinho pensa de maneira não linear. Enquanto a maioria das pessoas escolhe uma alternativa de ação e segue em linha reta rumo às suas metas, eles conseguem trabalhar com diversas alternativas de ação e podem seguir caminhos diferentes para chegar aos seus objetivos. São como malabaristas, que conseguem manter no ar vários pratos ao mesmo tempo sem, com isso, perder o equilíbrio e a segurança dos movimentos. Esta forma não estruturada de pensar colabora dando impulso à sua flexibilidade mental e a todo seu potencial criativo, pois, quanto maior a nossa capacidade de trabalhar com diversas alternativas de ação simultaneamente, maiores serão as chances de surgir uma combinação interessante de ideias que possa se tornar uma solução viável para o problema.

O pensamento criativo está diretamente ligado à nossa capacidade de estabelecer conexões entre conceitos e visões aparentemente desconexos. É deste tipo de ligação inusitada entre ideias diferentes que nasce a verdadeira criatividade. Neste ponto, os golfinhos saem na frente de todos os outros negociadores, eles conseguem encontrar conexões entre alternativas diferentes de maneira muito mais fácil. Sua forma de pensar não-linear ajuda neste desafio, para eles não existe uma única resposta certa para o problema ou um único caminho para se chegar aos objetivos. Os golfinhos trabalham com a mente aberta para entender e utilizar qualquer alternativa que possa ajudá-los a chegar aos seus objetivos na mesa de negociação.

> ➤ **ISCA CERTA:** Ofereça diversas opções e peça para o golfinho escolher a melhor alternativa.

SABEM APRENDER RAPIDAMENTE COM SEUS ERROS

Os golfinhos sabem lidar de forma positiva com os erros. Ao contrário de outros negociadores, não ficam remoendo suas falhas ou tentando culpar outras pessoas pelo acontecido, eles olham para frente e pensam sobre o que podem aprender com aquela situação. Esta postura madura em relação aos erros se revela como uma grande vantagem competitiva quando estamos negociando. Enquanto algumas pessoas ficam paralisadas pelos erros do passado e não consegue superar o gosto amargo da derrota, os golfinhos analisam friamente o que aconteceu e tentam localizar os pontos vulneráveis que levaram àquela falha na condução da negociação. Mesmo os golfinhos jovens, que ainda não tiveram tempo de errar o suficiente para amadurecer, já acumulam em seus arquivos mentais um número suficiente de erros que podem ser evitados na hora de negociar Por isso, nunca subestime um negociador do tipo golfinho, mesmo ele sendo um iniciante na profissão.

Lembre-se, você só consegue enganar um golfinho uma única vez, na próxima tentativa, ele já estará pronto para dar uma resposta à altura de sua ousadia. Por isso, a melhor coisa a fazer é jogar limpo. Não tente usar de artifícios na hora de negociar ou você corre o risco de receber de volta um golpe muito maior do que esperava. Siga este conselho: nunca tente superar um golfinho em agilidade de pensamento, você sempre sairá perdendo. Em vez disso, conquiste sua confiança e faça o golfinho trabalhar para você.

> ➤ **ISCA CERTA:** Conquiste a confiança do golfinho e faça com que ele trabalhe para você na mesa de negociação.

POSSUEM UMA MEMÓRIA ALTAMENTE DESENVOLVIDA

Boa parte da agilidade mental do golfinho está ligada à sua excelente memória. Não é este tipo de memória comum, que ajuda a lembrar números de telefone e nome das pessoas, mas um tipo de memória especial que serve para recordar todas as negociações anteriores pelas quais eles passaram. Este imenso arquivo mental faz dos golfinhos verdadeiros campeões quando o assunto é montar estratégias. Eles conseguem acessar e visualizar claramente todas as situações que viveram em negociações do passado e, por conta disso, podem se adaptar e mudar sua estratégia de negociação com imensa facilidade diante dos novos desafios.

Os negociadores do tipo golfinho possuem o que chamamos de **Memória Estratégica**. É o mesmo tipo de memória utilizada pelos mestres do xadrez quando estão montando mentalmente as suas jogadas. A memória estratégica esta dividida em três etapas que são seguidas pelo negociador, sempre na mesma sequência. São elas: **comparar — projetar — decidir**. A seguir, vamos detalhar como cada uma destas fases funciona e como os golfinhos usam esta capacidade para melhorar a sua eficiência como negociadores.

COMPARAR: Nesta primeira fase, os golfinhos fazem uma varredura em sua base de dados mentais à procura de situações vividas no passado que possam servir como referência para a negociação que está ocorrendo no presente. Para isso, ele vai comparando cada situação individualmente até encontrar uma que se encaixe em sua necessidade atual. Então, separam mentalmente todas estas possíveis opções e passam para a fase seguinte.

PROJETAR: Com todas as opções selecionadas em mãos, começam a projetar os possíveis desdobramentos de cada situação para o futuro. É a fase em que eles olham para o horizonte e conseguem ver o que poderá acontecer quilômetros a sua frente. Nesta hora, eles montam diversos cenários mentais onde são mapeados todos os possíveis movimentos que podem ocorrer no jogo de negociação.

Eles pensam em suas próprias jogadas e em todas as possíveis jogadas de contra-ataque de seus oponentes e, só então, passam para a última fase do processo.

DECIDIR: Com todas as prováveis consequências de cada movimento em suas mãos, eles passam para o momento de decidir que rumo de ação tomar. É neste momento que a memória estratégica é mais surpreendente. Os golfinhos conseguem fazer mentalmente cálculos sofisticados das probabilidades de ocorrência de cada um dos cenários montados, baseados apenas no número de incidências de situações parecidas que aconteceram com eles no passado. Isto é o que chamamos de **probabilidade relativa.** Probabilidade porque tenta deduzir as consequências de uma ação futura com base em um histórico do passado; relativa porque não toma como base apenas a própria situação em si, são usadas também como medida de comparação, situações relativas, que guardam algum tipo de associação mental com o foco da decisão a ser tomada.

> **ISCA CERTA:** Tente descobrir com quais cenários o golfinho está trabalhando e peça para contribuir com informações que possam ajudá-lo a decidir.

NÃO SE CONSEGUE ENGANAR UM GOLFINHO DUAS VEZES

Os negociadores do tipo golfinho possuem uma capacidade acima da média de aprender com suas próprias falhas. Uma vez enganados, dificilmente voltam a recair no mesmo erro. Seu cérebro mantém um banco de dados permanente com um histórico de todos os erros que eles já cometeram como negociadores, o que faz com que eles possam evitar situações semelhantes com muito mais velocidade do que a maioria das pessoas. Os golfinhos são muito espertos e criativos para cometer o mesmo erro duas vezes; eles podem errar em coisas novas, que nunca foram vivenciadas antes, mas erros antigos já cometidos dificilmente serão repetidos. Esta facilidade para o aprendizado colabora de maneira muito positiva para o seu desempenho na mesa de negociação. Enquanto outras pessoas esquecem os erros que cometeram e, por isso, voltam a praticá-los, os golfinhos seguem em frente e não se deixam enganar novamente. Esta vantagem competitiva natural dá a eles uma forte dianteira em relação aos seus adversários na hora de negociar.

Devido a esta característica marcante dos golfinhos, recomendamos que evite o uso das mesmas táticas que sempre utiliza quando está negociando. Seja criativo e procure usar abordagens diferentes a cada rodada de negociação, não se acomode com os sucessos do passado. E lembre-se: da próxima vez, o golfinho não vai cair na mesma armadilha. Por isso, para negociar com um golfinho, temos que rever a todo o momento o nosso leque de abordagens na mesa de negociação, pois, só assim, poderemos driblar as suas defesas e fazê-lo cometer erros novos. Esta é a única maneira de fazer um golfinho falhar na mesa de negociação.

> **ISCA CERTA:** Procure usar abordagens diferentes a cada rodada de negociação, nunca repita a mesma tática duas vezes.

USAM O CHARME, A SEDUÇÃO E A EMOÇÃO PARA NEGOCIAR

Os golfinhos das mesas de negociação são muito parecidos com os golfinhos dos filmes de Hollywood. Eles são engraçadinhos, simpáticos, e despertam em nosso coração o desejo de cuidar e amar, ou seja, são bichinhos adoráveis que gostaríamos de levar para casa. Porém, há uma diferença: os golfinhos dos filmes são inofensivos, enquanto os da mesa de negociação são perigosos, pois conquistam a nossa simpatia e confiança de maneira planejada para ampliar seu poder de influência e chegar com mais facilidade aos seus próprios objetivos.

Os golfinhos são mestres no jogo da sedução. Eles sabem usar como ninguém as armas emocionais na hora de negociar. Sabem tocar nosso coração e provocar nossos desejos sem levantar qualquer suspeita sobre suas verdadeiras intenções. Os golfinhos possuem uma característica excepcional: sabem se conectar emocionalmente com seus oponentes. Com isso, passam a controlar suas emoções utilizando todo seu charme e sedução. São verdadeiros conquistadores quando estão negociando.

A inteligência emocional dos golfinhos é surpreendente. Eles parecem saber exatamente o que queremos e conseguem construir seus argumentos da maneira mais convincente possível. Cada palavra que sai de sua boca vem sempre adocicada com o mais puro mel e serve para atrair nossa atenção e despertar nossos mais profundos desejos. Eles sabem falar o que queremos ouvir, na hora que precisamos ouvir, e da maneira que gostaríamos de ouvir. Ou seja, são quase imbatíveis quando o assunto é sedução.

> ▲ **ISCA CERTA:** Faça o golfinho pensar que você foi atraído por seus encantos e, depois, envie sinais contrários para confundir a cabeça de seu oponente.

SABEM CLARAMENTE A HORA DE RECUAR OU DE AVANÇAR NA NEGOCIAÇÃO

Os golfinhos possuem um senso de oportunidade bastante desenvolvido. Sabem exatamente a hora de avançar e de recuar quando estão negociando. Esta percepção apurada do processo de negociação lhes garante um poder de manobra muito maior do que o de seus oponentes. A visão ampla de todos os fatores que estão em jogo ajuda o golfinho a entender o momento certo de fazer cada movimento. Isto é fruto de seu raciocínio analítico apurado aliado à sua capacidade criativa, o que permite ao golfinho enxergar todas as variáveis presentes na mesa de negociação e entender suas conexões antes dos concorrentes.

Com esta espantosa capacidade de manobra, os golfinhos conseguem envolver seus adversários e podem levá-los na direção que desejam. Um balé harmonioso de avanços e recuos, que deixa seus oponentes sem ação, diria até paralisados, pois ficam sem saber exatamente onde os golfinhos querem chegar e que caminhos e táticas estão usando para isto. Sem esta informação, seus oponentes ficam atordoados e não conseguem decidir que atitudes tomar para impedi-los.

Eles são calculistas e realizam cada um de seus movimentos de maneira absolutamente precisa, sua principal intenção é poder alcançar o quanto antes suas metas com o menor esforço possível. Os golfinhos sabem que recuar e avançar são movimentos importantes no jogo da negociação, e que um avanço mal calculado pode colocar tudo a perder. Por outro lado, não saber recuar na hora certa para reorganizar nossas forças pode ser fatal para o negociador. É por isso que negociar com um golfinho pode ser tão desafiante; eles, com toda a sua competência, são adversários estimulantes para qualquer negociador.

> ◣ **ISCA CERTA:** Seja flexível e aprenda a se antecipar aos movimentos de seu oponente.

ESTUDAM E PLANEJAM TODOS OS DETALHES ANTES DE NEGOCIAR

O sucesso dos golfinhos não é fruto apenas de um cérebro privilegiado, eles fazem o seu dever de casa, investindo tempo no planejamento e no estudo de cada detalhe antes de começar a negociar. Este cuidado revela uma postura humilde diante dos desafios, pois, mesmo tendo todas as vantagens intelectuais que possuem, eles nunca agem de maneira desrespeitosa ou prepotente diante de seus oponentes. Os golfinhos não ficam cheios de orgulho pelas vitórias do passado ou se tornam vaidosos e autoconfiantes demais, pelo contrário, estão sempre procurando aprender e mudar a cada nova negociação. Isso faz deles adversários de peso, pois são poucas as pessoas que sabem lidar de maneira tão inteligente com os recursos que a natureza lhes deu. Na maioria dos casos, estes recursos são desperdiçados ou ficam latentes por toda vida sem serem utilizados de maneira consciente na busca do sucesso profissional.

Esta maneira inteligente de lidar com o conhecimento colabora de forma bastante positiva para o desempenho dos golfinhos na mesa de negociação. Eles sabem ouvir seus adversários e costumam aprender com eles o tempo todo. Gostam de ouvir outros pontos de vista e sabem respeitar as opiniões das pessoas, estão abertos para receber dicas e conselhos e adoram quando alguém tenta ajudá-los a chegar aos seus objetivos. Este jeito aberto e leve de trabalhar ajuda a fechar negócios e conquista o respeito de seus oponentes na hora de negociar.

Para que você possa conquistar o golfinho, é preciso apresentar ideias inovadoras, que possam encurtar distâncias e abrir caminhos para a solução dos problemas. Não tente ficar batendo na mesma tecla sem apresentar opções, eles detestam quem faz isso. O que os golfinhos querem é receber sugestões sinceras de como superar as barreiras para se chegar a um bom negócio, que atenda os interesses de todos os envolvidos. Portanto, não tente manipular o golfinho, ele vai saber de imediato se você está sendo sincero ou defendendo apenas seus próprios interesses.

> **ISCA CERTA:** Apresente sugestões que possam encurtar distâncias e abrir caminhos para a solução dos problemas.

APRENDEM A CONHECER RAPIDAMENTE OS PONTOS FRACOS DOS OPONENTES

Não tente esconder seus pontos fracos atrás de jogos de cena ou de mentiras. Mais cedo ou mais tarde, o golfinho vai descobrir seu ponto vulnerável. Todos nós temos esta capacidade de ler as emoções e os sentimentos de nossos oponentes, fazemos isto observando o comportamento e a postura deles durante a negociação. Porém, nos golfinhos esta percepção é altamente apurada. Eles são capazes de perceber o menor sinal de mentira ou de mudança de atitude, por isso, não tente esconder os fatos do golfinho, seu sofisticado senso de orientação vai levá-los diretamente para a verdade muito antes do que você imagina.

Esta capacidade de ler as emoções e os sentimentos das pessoas é uma das maiores qualidades dos golfinhos. Seu sistema de mapeamento emocional é incrivelmente bem calibrado e consegue identificar com bastante facilidade as verdadeiras intenções das pessoas. Eles fazem uma verdadeira tomografia computadorizada do nosso interior e conseguem perceber os nossos medos, nossas frustrações e nossos receios sem muita dificuldade. Sabem diferenciar quando estamos apenas ansiosos ou quando estamos falando uma mentira. Este sofisticado **sistema de seleção emocional** foi desenvolvido pelos golfinhos ao longo de toda a sua vida através de experiências que serviram para estimular e desenvolver a sua incrível capacidade de observação.

Para os golfinhos, nossas emoções são como um livro aberto que pode ser lido e analisado a qualquer momento. Esta capacidade é usada por eles para nos influenciar e para nos seduzir com argumentos que atendem plenamente as nossas necessidades emocionais. Diante dos golfinhos, ficamos nus e revelamos sem querer os nossos sentimentos mais bem guardados. Por isso, cuidado. Não pense que o golfinho é ingênuo e sincero, na verdade, ele está usando as armas que a natureza lhe deu para chegar aos seus objetivos.

> ▲ **ISCA CERTA:** Seja sincero, fale de seus receios e sobre quais são os pontos da negociação que estão lhe deixando inseguro. Peça ajuda ao golfinho para que vocês possam chegar juntos a uma solução.

SABEM GERENCIAR SEUS RECURSOS COM A MÁXIMA EFICIÊNCIA

Os golfinhos sempre procuram operar com a máxima eficiência de recursos. Mesmo quando estão em posição de abundância para negociar, não desperdiçam seus recursos de forma desorganizada e aleatória. Cada concessão é pensada e calculada para gerar o melhor resultado possível naquela situação, nada é feito por acaso ou de forma negligente. É tudo pensado e ponderado de maneira estratégica, sob a perspectiva de uma visão de curto, médio e longo prazo. Os golfinhos entendem que os recursos devem ser tratados com respeito e cuidado para que possam gerar frutos, por isso agem como verdadeiros agricultores na mesa de negociação. Eles aprenderam a gerar resultados tanto na seca quanto na fartura, e entendem que precisam economizar cada semente para que possam plantar a safra seguinte, por isso não desperdiçam uma só gota de água e sabem aproveitar o momento certo para plantar e para colher.

Esta comparação com o agricultor ajuda a entender a maneira de pensar dos golfinhos. Eles sabem que o desperdício de recursos pode comprometer os resultados do negócio, por isso cuidam para que tudo seja feito com o menor custo possível e com o maior retorno sobre o investimento realizado. Procuram gerenciar o processo da negociação com a máxima eficiência. Os golfinhos olham para os recursos disponíveis e enxergam neles sementes de oportunidade. Procuram expandir seu raio de ação gerenciando de forma estratégica cada concessão e cada movimento na mesa de negociação. Eles entendem que este é o melhor caminho para fazer cada uma destas sementes germinar e crescer, podendo, no futuro, tornar-se uma nova fonte de rendimentos.

Para os golfinhos, cada concessão feita tem um objetivo muito claro e deve levar a um resultado especifico. Eles não agem de maneira impulsiva e emocional nem se deixam levar por jogos de sedução. Sua visão ampla faz com que possam entender e enxergar muito mais longe que seus oponentes e, por este motivo, agem de maneira organizada e articulada em todas as situações, sempre com um olhar direcionado para o futuro.

> **ISCA CERTA:** Deixe claro que você pretende ajudar o golfinho a reduzir custos e a ampliar seu retorno financeiro.

APRENDERAM A TRABALHAR O CONJUNTO AÇÃO-REAÇÃO A SEU FAVOR

A toda ação corresponde uma reação de mesma intensidade e direção contrária; esta lei da física é dominada com maestria pelos negociadores que assumem a estratégia do golfinho na mesa de negociação. Eles sabem calcular perfeitamente a força e a direção de seus movimentos para que possam gerar a reação adequada em seus adversários. Este entendimento consciente do conjunto ação-reação ajuda os golfinhos a modelar suas ações de maneira eficiente, para que cada uma delas gere os efeitos esperados sobre seus oponentes, sejam estes efeitos de cunho psicológico ou financeiro.

Um golfinho nunca faz um movimento aleatório ou sem propósito quando negocia, todos os seus passos são pensados e calculados para gerar uma determinada reação. Com isso, podem assumir o controle da mesa de negociação sem muita dificuldade, levando seus oponentes ao desespero. Assumir o controle da mesa é fundamental para o sucesso de qualquer negociador, aquele que assume o controle pode colocar a negociação na direção que lhe for mais conveniente. Escolhendo de forma inteligente nossas ações e prevendo o tipo de resposta que desejamos obter dos nossos adversários, podemos conduzir todo o processo da negociação sem muito desgaste. Fazemos isso utilizando as reações dos nossos opoentes como alavancas de força para chegar aos nossos objetivos. Uma reação impensada ou uma decisão tomada no calor da pressão pode levar nossos oponentes a cometer erros fatais, que podem nos favorecer e reforçar nossas posições na mesa de negociação. Os golfinhos aprenderam a usar estas técnicas com bastante eficiência, e sabem desestabilizar seus adversários com movimentos rápidos e inusitados, que podem confundir a cabeça dos oponentes, deixando-os sem saber qual a melhor opção a seguir.

> ➤ **ISCA CERTA:** Controle suas reações, não reaja de forma desequilibrada, e se pergunte até onde o golfinho esta querendo levar você com suas ações.

EVITAM CONFLITOS DESNECESSÁRIOS

Os caminhos escolhidos pelos golfinhos são muito diferentes daqueles tomados pelas carpas e pelos tubarões. Golfinhos preferem agir de maneira inteligente em vez de confrontar abertamente seus adversários. Evitar conflitos desnecessários é uma boa política quando estamos negociando. Agindo assim, conseguimos evitar desperdício de energia com situações que não agregam valor na busca de nossos objetivos. Este tipo de consciência leva os golfinhos a tentarem agir de forma conciliadora e política sempre que estão negociando. Eles não deixam que os sentimentos de revanchismo e de vingança os afastem de suas metas, raramente entram em um conflito aberto, e quando o fazem, é com um objetivo muito claro em mente. Esta política da "boa vizinhança" mantém os golfinhos afastados de problemas e com todas as suas forças voltadas para o sucesso na negociação.

O conflito tira nossa atenção dos pontos importantes a serem negociados e gera um estresse extra no momento da negociação. Esta tensão pode embaçar nossa visão e nos afastar da estratégia principal, fazendo com que entremos por becos sem saída e por caminhos que não estavam previstos em nossos planos. Este tempo que perdemos dando energia para os conflitos pode fazer falta na hora de fechar o acordo, por isso só devemos nos envolver em conflitos se realmente houver algo que possa mudar ou melhorar a qualidade da negociação. As escolhas dos golfinhos sempre apontarão para o caminho da harmonia e da conciliação, portanto, evite os pontos de vista antagônicos e tente apresentar seus argumentos de maneira agregadora, mesmo que seu ponto de vista seja diferente daquele encontrado na mesa de negociação. Para o golfinho, o caminho do meio sempre será a melhor escolha, portanto, foque sua estratégia nesta ideia e procure avançar considerando as necessidades de todos os envolvidos.

> **ISCA CERTA:** Negocie pensando no coletivo e tente apresentar seus argumentos levando em conta o bem-estar e as necessidades de todos os envolvidos.

SABEM DEVOLVER O GOLPE COM VELOCIDADE E PRECISÃO

Nas artes marciais, saber devolver os golpes dos adversários com velocidade e precisão é uma qualidade constantemente desenvolvida nos lutadores. Esta capacidade de resposta ajuda a pegar os oponentes desavisados e pode fazer toda diferença na hora de decidir uma luta. Na mesa de negociação não é muito diferente. Precisamos saber devolver os golpes dos oponentes com velocidade, para que possamos surpreendê-los antes que eles possam se preparar para nosso contra-ataque, e com precisão, para que possamos acertar no ponto mais vulnerável de suas defesas. Os golfinhos possuem estas duas qualidades, sabem ser velozes e precisos na hora de devolver os golpes recebidos, o que faz deles adversários letais para qualquer tipo de negociador. Seu pensamento preciso e sua visão estratégica fazem com que tenham uma noção muito mais ampla da negociação e, com isso, podem atacar de maneira mais precisa e veloz.

Estas características dos golfinhos lembram muito a tática da guerra relâmpago, *BlitzKrieg,* em alemão, utilizada pelas forças do general Erwin Rommel em suas operações com seu famoso batalhão de infantaria, o *Afrika Korps,* nos desertos da Líbia, durante a II Guerra Mundial. O grande segredo das operações militares de Rommel era a velocidade de seus ataques e a precisão de sua artilharia. Suas tropas se movimentavam com tamanha velocidade que seus inimigos não conseguiam mobilizar suas forças para responder ao fogo alemão. Este mesmo tipo de raciocínio é utilizado pelos negociadores que adotam a estratégia do golfinho na hora de negociar. Eles agem de forma rápida e são precisos em suas decisões e ações, tomando de surpresa seus adversários. Portanto, mantenha o sinal de alerta ligado durante todo o tempo que estiver negociando com um golfinho ou você correrá o risco de receber um golpe que pode pegá-lo de surpresa.

> **ISCA CERTA:** Mantenha o controle sobre suas opções e nunca deixe nenhum ponto da sua linha de defesa vulnerável. Lembre-se: você nunca sabe por onde o golfinho vai atacar.

TIPOS MAIS PERIGOSOS DE GOLFINHOS

Não se deixe iludir pelo jeito agradável e amigável dos golfinhos. Eles usam seu charme e seu papo inteligente para nos trazer para o seu lado, seu poder de sedução é enorme e, por este motivo, eles podem ser muito mais perigosos do que aparentam.

Os golfinhos, de um modo geral, sabem como chegar aos seus objetivos sem atropelar as pessoas e sem deixá-las com um sentimento de perda ou frustração. São capazes de tirar tudo que querem de alguém e ainda conseguem deixar a pessoa com um sorriso de satisfação nos lábios. Na verdade, a maioria de nós adora ceder aos encantos do golfinho, pois eles falam exatamente aquilo que esperamos ouvir e conseguem tocar nosso lado emocional com muita habilidade e gentileza, são grandes sedutores e sabem envolver as pessoas com palavras doces e com argumentos que tocam em nossos mais profundos sentimentos.

Assim como no caso dos tubarões e das carpas, existem alguns tipos de golfinhos que são mais perigosos do que outros. Por isso, precisamos conhecer bem suas características para saber como lidar com eles quando tivermos um encontro na arena de combate da negociação. A seguir, vamos detalhar o perfil dos golfinhos que consideramos mais perigosos e vamos apontar a forma mais adequada de agir diante de cada um deles quando estivermos negociando.

GOLFINHO DO TIPO ORCA

A fama das orcas foi construída pelo cinema, que lhes deu o nome de "baleia assassina". Isto gerou um tremendo erro científico. As orcas, na verdade, não são baleias. Apesar de seu enorme tamanho e de sua voracidade nas caçadas, elas pertencem à família dos golfinhos. As orcas são superpredadoras versáteis, que incluem em sua dieta presas como peixes, moluscos, aves, tartarugas, pequenas baleias, focas e até mesmo os temíveis tubarões. As orcas são encontradas em todos os oceanos e podem chegar a pesar nove toneladas distribuídas em até dez metros de comprimento.

O nome orca foi dado a estes animais pelos antigos romanos, que conhecendo a sua ferocidade deram a ela o nome *"Orcus"*, que significa inferno ou deus da morte, e o nome do seu gênero biológico, *"Orcinus"*, significa do reino da morte. Estes poderosos caçadores enfrentam até os tubarões, que são considerados os reis dos mares — nem mesmo o temível tubarão branco escapa de seus ataques furtivos. Acredita-se que as orcas caçam os tubarões por dois motivos, primeiro, devido ao fígado dos tubarões ser um alimento altamente nutritivo e, segundo, para eliminar ao máximo a competição por comida nos oceanos. Quando as populações de tubarões crescem de maneira ameaçadora em determinadas regiões, as orcas passam a caçar estes animais para evitar uma superpopulação de seus principais concorrentes.

A ESTRATÉGIA DO GOLFINHO

As orcas são muito criativas e usam métodos verdadeiramente inteligentes em suas caçadas. Elas já foram vistas jogando focas de um lado para o outro em pleno ar até atordoá-las, para depois matá-las. Usam também outra técnica bastante interessante para caçar peixes menores, chamada de **captura em carrossel**, que consiste em forçar os peixes a se concentrar em um círculo apertado, depois cercá-los e assustá-los soltando bolhas de ar ou deixando-os desorientados com o brilho da luz do sol refletida em seu ventre branco. Em seguida, as orcas batem com suas caudas na água, causando uma enorme onde de choque que deixa os peixes desacordados e a deriva. É só neste momento que elas param de atacar e passam a se fartar com o imenso banquete.

Os negociadores que adotam os métodos dos golfinhos tipo orca usam abordagens diferentes para cada oponente. Antes, eles estudam com cuidado seus pontos fracos e aprendem como fazer com que suas defesas fiquem desguarnecidas. Também adoram espalhar sua fama de durões no mercado para criar em torno deles um verdadeiro mito sobre suas qualidades como negociador. Este marketing pessoal inteligente faz com que seus oponentes já sentem para negociar temendo sua reputação.

Nunca desistem diante de um desafio e sabem criar maneiras diferentes, inovadoras e inteligentes de chegar aos seus objetivos. São inventivos, rápidos e sabem usar sua fama para intimidar seus oponentes. Sua maneira criativa de negociar deixa o adversário atordoado e com o senso de orientação enfraquecido. Primeiro paralisam seus adversários para, só depois, partir para o golpe final.

PRINCIPAIS CARACTERÍSTICAS:

- Usam abordagens diferentes para cada um de seus oponentes;
- Estudam os pontos fracos de seus adversários para enfraquecê-los;

- Construíram sua fama como negociadores e fazem disto uma arma contra seus concorrentes;
- Fazem com que seus oponentes sentem para negociar já sabendo de sua reputação;
- Costumam criar situações para desviar a atenção e atordoar seus adversários até que eles fiquem desorientados e possam ser neutralizados sem muito risco;
- Não se deixam intimidar pelo tamanho e a fama de seus oponentes;
- Primeiro paralisam seus adversários para, só depois, dar o golpe final.

COMO NEGOCIAR:

- Esteja preparado para lidar com diversas situações e com mudanças de rumo frequentes;
- Exiba fraquezas que na verdade não existem para confundir a cabeça do golfinho;
- Não se deixe intimidar pela fama que eles construíram ao longo do tempo;
- Mantenha seu foco e não deixe que o golfinho desvie sua atenção para pontos que não agreguem valor para a negociação;
- Observe os movimentos do golfinho para não se deixar envolver em suas armadilhas;
- Saiba que os golfinhos do tipo orca podem derrotar até os mais experientes tubarões na mesa de negociação;
- Aja com cuidado e perceba qualquer tipo de tentativa de envolvê-lo em jogos de poder ou sedução emocional.

GOLFINHO QUE SE DISFARÇA DE OURIÇO

Na carapaça do ouriço, existem vários espinhos afiados que servem para desencorajar os ataques de seus inimigos naturais. Ao ver um ouriço, os predadores pensam duas vezes antes de tentar colocá-los em sua dieta, primeiro porque pode ser muito doloroso, e segundo porque deve dar um trabalho danado vencer as defesas deste animalzinho.

Alguns golfinhos costumam se disfarçar de ouriços para afastar da mente de seus oponentes qualquer ideia de levar vantagem sobre eles. Geralmente, os golfinhos adotam esta postura quando seu adversário tem um poder de fogo muito maior que o deles. Esta é uma medida preventiva que visa desencorajar os negociadores desavisados. Nestas situações, os golfinhos costumam espalhar diversas armadilhas ao longo da negociação, que funcionam exatamente como os espinhos do ouriço e têm a finalidade de dificultar o trabalho de seus oponentes na mesa de negociação. Esta tática geralmente dá certo e consegue afastar os adversários menos persistentes. O segredo, nesta situação, é ir desarmando as armadilhas do golfinho uma por uma. Nunca tente resolver todas as questões de um único golpe. Agindo assim, suas chances de vitória serão bastante ampliadas.

Estas armadilhas são colocadas de forma estratégica ao longo de toda a negociação para testar as habilidades de seus oponentes e para sentir até onde o seu adversário pode chegar em termos de concessões. A cada armadilha encontrada pelo oponente, o golfinho tem a chance de aprender um pouco mais e pode identificar com mais clareza os pontos fracos de seus oponentes. É desta forma que os golfinhos conseguem superar negociadores muito mais fortes e preparados do que eles na mesa de negociação.

PRINCIPAIS CARACTERÍSTICAS:

- Costumam espalhar armadilhas para afastar da cabeça de seus oponentes qualquer ideia de levar vantagem sobre eles;
- Procuram desencorajar seus adversários através de jogos, truques e armadilhas;
- Tentam dificultar o avanço de seus oponentes quando estão negociando;
- Trabalham de maneira preventiva tentando afastar seus inimigos antes que qualquer ataque possa acontecer;
- Fazem seus oponentes perder tempo e energia tentando desarmar as armadilhas que eles colocam na mesa de negociação;
- Usam de artifícios para afastar os adversários menos persistentes;
- Costumam testar os limites de seus oponentes para descobrir até onde eles podem chegar nas negociações;
- Dificultam o avanço de seus adversários para poder ganhar tempo e estudar seus pontos fracos.

COMO NEGOCIAR:

- Não se concentre em levar vantagem, e sim em fechar um negócio que represente benefícios reais para ambas as partes;
- Mantenha sua determinação em alta e aprenda a se desviar de tudo que não possa contribuir para o avanço da negociação;
- Trabalhe para conquistar a confiança antes de tentar qualquer outra coisa;
- Seja claro e diga que sabe que boa parte das dificuldades que estão surgindo podem ser resolvidas se vocês trabalharem em conjunto;

- Seja persistente e não se afaste dos objetivos que você traçou;
- Procure entrar em consenso sobre quais são os limites existentes para negociar e deixe claro que a negociação deve ocorrer dentro dos limites estabelecidos.

GOLFINHO QUE SE DISFARÇA DE CARPA

Às vezes, os golfinhos assumem a postura das carpas na hora de negociar apenas para enganar seus oponentes. Esta habilidade de se disfarçar de outro animal para obter algum tipo de vantagem competitiva é chamado na natureza de mimetismo. Este pequeno truque serve para desviar a atenção de possíveis predadores e também para passar despercebido entre suas presas, evitando com isso que elas possam escapar em disparada. Quando os golfinhos assumem a postura das carpas, eles estão conscientemente fingindo outro estilo como negociadores para não deixar seus oponentes assustados. Preferem fazer com que seus adversários pensem que estão negociando com uma carpa, pois todos nós sabemos que o instinto de defesa das carpas sempre as faz ceder ou fugir, quando na verdade estão negociando com os espertos golfinhos. Quando os golfinhos simulam os movimentos da carpa na mesa de negociação, estão querendo desviar seus oponentes de sua imensa capacidade criativa e da sua poderosa inteligência. Estas são armas que podem deixar seus adversários em estado de alerta quando estão negociando, por isso, preferem se mostrar inseguros e medrosos como as carpas para não levantar suspeitas.

Outro motivo para que os golfinhos se finjam de carpas é fazer com que seus oponentes se sintam seguros o suficiente para revelar seu verdadeiro poder de fogo. A carpa, com seu jeito retraído e vacilante, passa uma imagem de fraqueza e insegurança. Com isso, os oponentes do golfinho caem em sua armadilha e mostram quais são suas verdadeiras intenções pensando erradamente que estão diante de um adversário fraco e inexperiente. Por isso, tome muito cuidado, nem toda carpa que nada à sua frente é de verdade. Você pode descobrir que por baixo das escamas inocentes e inseguras da carpa, se esconde um golfinho esperto e pronto para atacar.

PRINCIPAIS CARACTERÍSTICAS:

- Sabem assumir o estilo de outros negociadores para não revelar sua verdadeira identidade;
- Usam disfarces para desviar a atenção de seus oponentes e sabem fingir-se de inseguros e indecisos;
- Preservam sua verdadeira capacidade como negociadores para surpreender os seus adversários;
- Fazem seus oponentes se sentirem seguros e confiantes para que eles revelem suas verdadeiras intenções;
- Se fantasiam de carpa para simular a sua aparência e fazer com que seus adversários não descubram que estão, na verdade, negociando com um golfinho;
- Se fazem de inocentes para conquistar a nossa confiança;
- Sabem assumir vários papéis quando estão negociando.

COMO NEGOCIAR:

- Faça testes para saber com quem você realmente está lidando. Uma carpa de verdade sempre vai ceder ou fugir, um golfinho não costuma fazer isso;
- Faça o jogo do golfinho, deixe que ele pense que você acredita que está negociando com alguém inseguro e indeciso;
- Mesmo que você se sinta seguro, não revele de cara seus verdadeiros objetivos;
- Estude os movimentos do golfinho para que você possa desmascarar sua verdadeira identidade;

- Pressione e coloque os golfinhos contra a parede. Nestas horas, as carpas de verdade sempre saem em disparada;
- Peça para o seu oponente decidir sobre duas opções difíceis de escolher. Se ele fizer isto rápido, você saberá que não se trata de uma carpa e sim de um golfinho muito bem disfarçado.

GOLFINHO QUE SE DISFARÇA DE OSTRA

Quando um golfinho quer fazer jogo duro com seus oponentes, ele se disfarça de ostra. As ostras possuem uma carapaça dura e resistente que as protege de seus predadores. Quando se fecham são muito difíceis de abrir e podem guardar em seu interior um tesouro valioso em forma de pérola. Ao perceber que terá que abrir mão de uma importante concessão para fechar o acordo, o golfinho começa a agir exatamente como a ostra: sua primeira reação é fazer jogo duro e se fechar para aguardar os próximos movimentos de seus oponentes, depois, tentará valorizar ao máximo a concessão que tem em suas mãos para só mais tarde, começar a negociar.

Gerenciar concessões é uma das tarefas mais difíceis no trabalho do negociador. Existem muitos fatores que podem afetar nossas decisões e são muitas as chances de se fazer um movimento no momento errado. Os golfinhos sabem disso e tomam todos os cuidados para não cometer nenhum engano. Eles são mestres em aumentar o valor daquilo que podem oferecer, e fazem isso para poder obter o máximo de seus oponentes. Uma das táticas mais usadas por eles é se fechar e fazer jogo duro para atiçar os instintos de caçador de seus adversários. Nestas horas, a vaidade e o orgulho dos oponentes falam mais alto e erros fatais de avaliação podem ser cometidos. Esta é uma tática muito inteligente, pois os bons negociadores sabem que o desejo de conquista do ser humano é despertado diante dos desafios, por isso, jogam com o psicológico das pessoas para alcançar os seus objetivos. O movimento de retranca serve para atiçar o desejo de conquista de nossos oponentes. Nestas horas, a vontade de vencer fala mais alto em seus corações e o racional é colocado de lado. Por esta razão que os golfinhos adotam a postura da ostra, para obter mais valor em troca de suas concessões.

PRINCIPAIS CARACTERÍSTICAS:

- Fecham-se para observar os movimentos dos seus oponentes;
- Tentam valorizar ao máximo as concessões que têm em suas mãos antes de negociar;
- Trabalham de forma consciente para aumentar o valor daquilo que tentam oferecer;
- Atiçam os instintos de caçador de seus adversários ferindo sua vaidade e seu orgulho;
- Fazem com que seus oponentes cometam erros fatais de avaliação;
- Jogam com o psicológico das pessoas para alcançar seus objetivos;
- Quando fecham a guarda são muito difíceis de negociar;
- Ao perceber que vão precisar abrir mão de algo muito importante, fazem de tudo para tirar o máximo de seus oponentes.

COMO NEGOCIAR:

- Use de movimentos falsos para confundir a cabeça de seus oponentes;
- Avalie o valor das concessões de seu oponente com base na importância delas para a conquista de seus objetivos;
- Estabeleça critérios de troca com base em valor agregado e não apenas no valor percebido;

- Não se deixe envolver pelas provocações de seu adversário, mantenha o controle da negociação em suas mãos;
- Revise todos os seus movimentos no mínimo duas vezes antes de entrar em ação. Fazer isso evita erros de avaliação;
- Contenha seus instintos de caçador e saiba dar o bote na hora certa;
- Neutralize os jogos psicológicos do golfinho usando fatos reais e raciocínio lógico.

PONTOS-CHAVE DO CAPÍTULO

- O motor dos golfinhos funciona no sistema total flex, eles sabem usar qualquer situação como combustível na mesa de negociação;
- Os negociadores que adotam a estratégia do golfinho não se deixam vencer pelas adversidades. Nestas horas, eles começam a pensar de maneira criativa e buscam soluções inovadoras para os problemas;
- A capacidade de modificar rapidamente a sua abordagem dá aos golfinhos um diferencial estratégico que nenhum outro negociador possui;
- Os golfinhos sabem lidar de forma positiva com os erros. Ao contrário de outros negociadores, eles não ficam remoendo suas falhas ou tentando culpar outras pessoas pelo acontecido — eles olham para frente e pensam sobre o que podem aprender com aquela situação;
- Os negociadores do tipo golfinho possuem o que chamamos de memória estratégica, o mesmo tipo de memória utilizada pelos mestres do xadrez quando estão montando mentalmente as suas jogadas;

- A memória estratégica está dividida em três etapas que são seguidas pelo negociador sempre na mesma sequência. São elas: comparar, projetar e decidir;

- Para negociar com um golfinho temos que rever a todo o momento o nosso leque de abordagens na mesa de negociação pois, só assim, poderemos driblar as suas defesas e fazê-lo cometer erros;

- Os golfinhos são mestres no jogo da sedução. Eles sabem usar como ninguém as armas emocionais na hora de negociar, sabem tocar o nosso coração e provocar nossos desejos sem levantar qualquer suspeita sobre as suas verdadeiras intenções;

- A inteligência emocional dos golfinhos é surpreendente, eles parecem saber exatamente o que queremos e conseguem construir os seus argumentos da maneira mais convincente possível;

- Os golfinhos olham para os recursos disponíveis e enxergam neles sementes de oportunidade. Procuram expandir seu raio de ação gerenciando de forma estratégica cada concessão e cada movimento na mesa de negociação.

CAPÍTULO 08

TÁTICAS PARA NEGOCIAR COM TUBARÕES

Para lidar com negociadores experientes, não basta ter apenas uma boa estratégia, precisamos contar também com um conjunto de táticas que estejam à disposição para serem acessadas de maneira rápida e eficiente, possibilitando agir com flexibilidade diante das pressões, das mudanças de rumo e dos imprevistos tão comuns na mesa de negociação. Pensando nisso, resolvemos incluir no livro um conjunto de táticas que podem ser de muita utilidade quando você precisar encarar de frente um tubarão. A intenção é fornecer opções de linhas de ação, testadas e comprovadas, que possam elevar o seu desempenho como negociador.

Estas táticas foram sendo usadas por mim ao longo de anos de experiência como negociador, tendo que lidar com os mais complicados perfis de oponentes e vendo de quase tudo durante uma negociação, desde ataques de nervos até pessoas que saem no braço para resolver as suas diferenças. Tudo isso pode acontecer com você; nunca se sabe quando, mas pode. É por isso que precisamos ter em nossas mãos táticas que nos ajudem a lidar com o lado emocional e com o racional presentes na negociação, pois saber equilibrar estes dois aspectos é fundamental para ter sucesso como negociador. A seguir, detalhamos cada uma destas táticas e comentamos sobre a sua eficácia na hora de lidar com seus adversários, em especial com aqueles que adotam a estratégia do tubarão.

TÁTICA DO CAVALO DE TROIA

Disfarce suas verdadeiras intenções e aprenda a usar o segredo e a surpresa como armas na negociação. Não entregue suas opções de cara, entenda primeiro o contexto antes de negociar.

A história da guerra de Troia atravessou os corredores do tempo e chegou até nossa época como uma lenda da mitologia grega narrada pelo poeta Homero, em sua obra Ilíada. Para o poeta, a história teria sido real, por isso, os fatos, as datas e os pontos geográficos citados por ele tornaram-se alvo de pesquisas sérias em muitas universidades que queriam saber se o texto escrito por Homero era real ou apenas fantasia. Após muitos anos de pesquisa, o arqueólogo alemão Heinrich Schliemann encontrou a verdadeira cidade de Troia, no litoral da atual Turquia, na região da Anatólia. Suas descobertas mostraram sucessivas cidades construídas e destruídas no mesmo local, uma delas teria sido consumida pelo fogo na mesma época indicada no texto grego, o que faz dela a mais forte candidata a ser a verdadeira Troia descrita por Homero em seu poema.

As causas reais da guerra de Troia possivelmente foram econômicas e não amorosas, como reza a tradição do poema grego. Por sua situação geográfica privilegiada e seus portos naturais, Troia dominava o comércio em todo Mar Egeu. Esta posição estratégica era desejada por outras potências econômicas da época, o que produzia um ambiente de constante instabilidade na região. Disputas e guerras de dominação eram frequentes, e por este motivo, seus habitantes viviam em permanente estado de alerta. Naquela época, quem dominava os mares dominava a economia, quase todas as mercadorias circulavam de um país para outro através de navios e as rotas marítimas eram disputadas em sangrentas batalhas. Por isso, é fácil entender a importância que tinha um porto como Troia para o seu povo e para os seus inimigos.

No poema, as causas desta guerra foram outras, segundo o poeta Homero, a guerra de Troia foi causada pelo rapto da rainha Helena, considerada a mulher mais linda da sua época. Ela era esposa do lendário rei Menelau de Esparta, uma grande potência militar com um poderoso exército. O sequestro de Helena teria ocorrido durante uma visita diplomática de Páris, filho do rei troiano Príamo. Páris havia recebido diretamente da deusa Afrodite, a deusa da beleza, o direito de escolher como sua esposa a mulher mais bela de todo o mundo, que no caso era Helena. O único inconveniente era o fato de Helena já ser casada, o que naquele tempo não representava um grande problema, era só roubar a amada do seu marido e pronto. Menelau não gostou nada desta ideia e organizou um poderoso exército com mais de mil navios para atravessar o mar Egeu, atacar Troia e trazer de volta a sua amada. O general designado para comandar o ataque aos troianos foi ninguém menos que Agamenon, um dos maiores generais e estrategistas da antiguidade. Logo se vê que Menelau estava a fim de trazer a moça de volta para casa o quanto antes.

Páris, o príncipe troiano, havia conseguido esta boquinha, de se casar com a mulher mais linda do mundo, durante uma disputa celestial envolvendo três deusas: Hera, deusa do casamento e da fidelidade conjugal, Afrodite, deusa do amor e da beleza e Atena, deusa da guerra, da sabedoria e da estratégia, que discutiam sobre qual delas era a mais bela. Como não conseguiam chegar a um consenso, devido a todos os egos envolvidos, resolveu-se realizar um concurso de beleza para escolher a mais bela entre elas, é aí onde Páris entra na história, pois foi convidado para ser juiz do tal concurso. Como já era de se de esperar, as três deusas tentaram suborná-lo, e ele que não era burro nem nada, ouviu as propostas até que Afrodite lhe prometeu casamento com a mulher mais bela do mundo, o que Páris gostou, portanto, votou em Afrodite e ela ganhou o concurso. Diante da descoberta de quem era o objeto de desejo de

Páris, Afrodite foi obrigada a ajudar no rapto da bela espartana, foi então que toda a confusão da guerra de Troia começou.

Voltando agora ao general Agamenon, imagino que ele não estava nada satisfeito em colocar seus homens em perigo para recuperar a mulher do rei, mas eram os ossos do oficio de general, entrar em guerras que não são deles para defender os interesses de outras pessoas. Resignado, embarcou todos seus homens e seguiu mar afora com mil navios até atravessar toda a extensão do mar Egeu e chegar a Troia do outro lado. Até aí tudo bem, porém o que parecia uma tarefa fácil começou a complicar quando encontrou a resistência dos troianos. O cerco ao redor das muralhas de Troia durou mais de 10 anos - isso mesmo 10 anos. Imagine a cara do general se explicando para o chefe pela demora em resolver o problema: "Veja bem... quando a gente chegou por lá faltou levar mais alimento, daí a gente teve que fazer isso... enquanto isso os troianos vinham em cima e a gente não tinha como reagir". Só sei que esta guerra, que era para ser rapidinha, durou mais de uma década, o que me lembra a invasão do Iraque. Bem, essa é outra história de guerra de egos que não vale a pena nem comentar.

Depois de muitas idas e vindas, onde tiveram muitas disputas de comando interno e problemas de logística para resolver, os gregos tiveram uma excelente ideia para dar fim a esta guerra que estava ficando muito cara para os cofres do império. Os gregos sabiam que não poderiam vencer os troianos sem entrar em suas muralhas, por isso bolaram um truque muito inteligente para romper as defesas dos seus inimigos. Resolveram disfarçar as suas verdadeiras intenções na forma de um singelo presente, e construíram um enorme cavalo de madeira que simbolizava o desejo de paz dos gregos, enviando-o para os troianos. Porém, o cavalo estava recheado de soldados fortemente armados em seu interior com a missão de sorrateiramente invadir as muralhas do inimigo e abrir os portões para que o restante do exército grego pudesse entrar. A ideia foi um sucesso, os troianos foram pegos de surpresa e não tiveram a menor chance de defesa. Os gregos foram vitoriosos, conseguiram recuperar a mulher de Menelau e fazer o casalzinho viver feliz para sempre, depois de Helena ter tirado 10 anos de férias do marido nos braços de Páris. Foi desta tática invasiva e inteligente que surgiu a expressão "presente de grego".

Como negociadores profissionais, precisamos aprender a usar Cavalos de Troia durante as negociações para disfarçar nossas verdadeiras intenções. Sabemos que devemos manter os nossos objetivos em segredo o maior tempo possível se desejamos ter sucesso nesta profissão. O efeito surpresa pode ser determinante quando estamos diante dos nossos oponentes, principalmente se eles possuem um poder de fogo maior do que o nosso. Quando sentamos para negociar, estamos entrando em um jogo de estratégia e ação, precisamos ter tempo para estudar os movimentos dos nossos adversários, para encontrar a melhor maneira de penetrar as suas defesas, exatamente como fizeram os gregos durante a guerra de Troia. Esta tática funciona muito bem quando estamos lidando com negociadores que assumem a estratégia do tubarão na hora de negociar, disfarçando as nossas intenções, evitamos que o instinto de caçador deles seja estimulado e, com isso, podemos montar nossa linha de ação sem levantar suspeitas.

Quando usamos a tática do Cavalo de Troia com os tubarões, ampliamos as nossas chances de sucesso. Táticas como essas, que usam a criatividade e a inteligência para surpreender os adversários, são fatais para negociadores que preferem atacar e bater de fre e quando estão negociando. Precisamos nos tornar alvos r ei .a mira do tubarão, para isso é necessário mudar de tática várias vezes quando estamos negociando, em busca do conjunto perfeito de ação que possa reduzir as suas forças. Não podemos ficar parados esperando que o tubarão nos engula, um alvo fixo facilita a estratégia de ataque do tubarão e nos deixa muito mais vulneráveis na mesa de negociação.

TÁTICA DE CRIAR VALOR COM A ESCASSEZ

> Valorize cada concessão que você fizer, deixe o tubarão com a sensação de que ele conseguiu tirar algo muito valioso de você. Jogue com a vaidade e a sede de conquista do seu oponente.

Um dos maiores desafios do ser humano é conseguir equilibrar duas situações que acontecem de maneira cíclica e alternada em nossa vida. Estamos falando dos períodos de escassez e de abundância, períodos de altos e baixos que se alternam durante toda a nossa caminhada. Isto é o que costumamos chamar de **Ciclo das Oportunidades**. Este ciclo representa a natureza pulsante e rítmica do ser humano. Mudanças constantes indicam que estamos permanentemente em movimento, tentando superar as limitações que nos levaram aos períodos de escassez para criar as condições que nos levarão ao próximo período de abundância. Para isso, precisamos estar preparados para saber lidar de maneira inteligente com estes dois momentos. Escassez e abundância não são coisas opostas e excludentes, são apenas os dois lados da mesma moeda. Nos momentos de escassez, preparamos as condições para retomar os períodos de fartura e abundância, e na abundância cometemos os erros que nos levam de volta aos períodos de escassez. Por isso precisamos ficar em permanente estado de alerta para perceber os sinais de que um novo ciclo está se aproximando.

O grande segredo do sucesso é saber lidar de forma positiva com estas duas situações. Precisamos criar estratégias de sobrevivência que possam nos ajudar a aproveitar o melhor que cada um destes momentos tem a nos oferecer. Nos momentos de escassez, é necessário manter nossas energias concentradas em nossos objetivos e tentar aprender ao máximo com tudo aquilo que estamos passando, e nos momentos da abundância é necessário sabedoria para usar os recursos de maneira inteligente, para que eles possam servir de mola propulsora quando o **Ciclo das Oportunidades** se inverter e voltarmos a conviver com momentos de escassez e falta de recursos em nossas vidas.

Este ciclo mexe com poderosas forças de transformação que estão ligadas aos nossos instintos de sobrevivência e autopreservação. Estas forças ancestrais nos levam a superar qualquer desafio que possa comprometer a nossa integridade como ser humano. O primeiro pesquisador a perceber a importância destas forças foi o eminente cientista Abraham Maslow, em sua famosa Pirâmide das Necessidades de Maslow. Ele percebeu que na base da pirâmide das necessidades estão todas as situações ligadas à nossa sobrevivência e à nossa segurança, e é por isso que quando percebemos no ambiente qualquer ameaça que possa pôr em risco a nossa integridade, seja ela pessoal ou profissional, temos a tendência a dar muito mais atenção e tratarmos com muito mais cuidado este assunto. É por este motivo que a tática de criar valor com a escassez é tão eficaz, quando sinalizamos para o nosso oponente que seus objetivos no jogo da negociação estão ameaçados, o seu instinto de sobrevivência entra imediatamente em cena. Nesta hora, ele vai buscar primeiro a autopreservação e a segurança acima de qualquer outra coisa. Esta reação não tem nada de racional e objetiva, é puro instinto. Por ser instinto, existe um componente emocional muito forte ligado a este processo, o que pode levar o seu adversário a cometer erros primários de avaliação.

Criar valor com a escassez é relativamente fácil quando sabemos o caminho a seguir, basta primeiro identificar quais são as situações que mexem com o instinto de sobrevivência e autopreservação do seu oponente. Depois, é só construir nossos argumentos indicando de maneira clara o risco que ele está correndo se não fechar o acordo como estamos propondo. Nestas horas devemos valorizar cada concessão que fizermos, e o mais importante, temos que deixar o nosso adversário com a sensação de estar tirando algo muito valioso de nós. Esta tática funciona muito bem com os negociadores que adotam o estilo do tubarão. Como sua vaidade e seu amor próprio são muito elevados, e sua sede de conquista não tem limites, eles ficarão altamente excitados com a possibilidade de tirar o máximo que puderem de você. Nestes momentos devemos valorizar ao máximo as nossas concessões para que possamos criar valor manipulando o medo da escassez que existe no coração de cada um dos nossos oponentes.

TÁTICA DA IMPREVISIBILIDADE

Seja moderado com suas palavras e rápido nas suas ações, não se exponha mais do que o necessário. Saiba usar a imprevisibilidade como tática no jogo da negociação.

Quando nossas jogadas na mesa de negociação seguem um padrão muito fácil de ser mapeado, ficamos mais vulneráveis diante dos nossos oponentes. É por este motivo que a primeira coisa que negociadores experientes tentam fazer é entender nosso ritmo para poder desvendar qual o padrão de jogo por trás dos nossos movimentos. Todos nós, sem exceção, somos guiados por determinados hábitos que vão se formando ao longo da nossa vida e depois se transformam em padrões de comportamento que são refletidos em nossas ações. Mapear este padrão de resposta é fundamental para que possamos neutralizar as jogadas dos nossos adversários — é a melhor maneira que temos para induzi-los a seguir na direção que desejamos. À medida que este código de movimento é decifrado, passamos a controlar a mesa de negociação e podemos construir nossas jogadas com uma visão muito mais ampla e estratégica.

Por outro lado, a previsibilidade de movimentos nos torna um alvo fixo, e todos nós sabemos que é muito mais fácil alvejar um alvo fixo do que um alvo em constante movimento. É por este motivo que a tática da imprevisibilidade se mostra tão eficaz — quando confundimos a cabeça dos nossos oponentes, não permitindo que eles encontrem o nosso padrão de jogo, conseguimos diminuir a sua energia mental e dificultamos todas as suas possíveis jogadas. Sem conseguir prever quais serão os nossos próximos movimentos, nossos adversários passarão a lidar com uma margem de manobra muito estreita e terão grandes chances de escolher o caminho errado para nos atingir.

A tática da imprevisibilidade já foi usada por grandes generais em inúmeras guerras, desde a antiguidade, com Aníbal, Agamenon, Alexandre e outros, como também nas guerras da era moderna com Napoleão, Clausewitz chegando até as guerrilhas sem fronteiras dos Talibãs. Surpreender nossos oponentes, agindo de maneira totalmente contrária àquilo que é esperado de nós, sempre causa um desequilíbrio na linha de defesa dos nossos adversários. É neste momento, de confusão e incerteza, que devemos agir rápido para consolidar as nossas posições e vencer a guerra da negociação. Não é por acaso que o maior estrategista de todos os tempos, o famoso Sun Tzu, dizia que devemos ser como fumaça nos olhos dos nossos inimigos, temos que alternar nossos movimentos aparecendo em lugares que são não esperados para poder usar o elemento surpresa a nosso favor no momento da batalha.

TÁTICA DO CAÇADOR

Conheça os hábitos da sua presa. O caçador não prepara para a raposa a mesma armadilha que usa para pegar o lobo. Ele conhece bem a sua presa, seus hábitos e seus esconderijos, e caça de acordo com este conhecimento.

Os lobos são criaturas fascinantes que habitam o imaginário da humanidade a milhares de anos. Eles ficaram famosos com os filmes de Hollywood, onde personificaram o lado animal do ser humano através da figura do lobisomem. Porém, esta fama de sanguinário e violento não corresponde a verdadeira natureza deste belo animal. Os lobos geralmente andam em grupos, chamados de matilhas, onde existe uma forte hierarquia entre seus membros, tanto nos momentos da caçada como também na hora de repartir suas presas. São capazes de percorrer longas distâncias, podendo chegar aos 65 quilômetros por hora quando estão perseguindo outro animal.

Os lobos possuem hábitos de caça noturnos, costumam evitar o calor do dia e começam suas atividades geralmente ao entardecer. É neste período do dia que saem em grupo para a caçada e buscam suas presas de três maneiras: a primeira é buscar os animais que estão sozinhos ou desgarrados; a segunda é perseguir os animais mais velhos e cansados e, por último, buscam os animais que mostram claros sinais de fraqueza física, portanto, não oferecerão grande resistência. Escolhidas as suas vítimas, a matilha, que geralmente é formada por um macho, uma fêmea, e seus filhotes, entra em ação de maneira coordenada e eficiente, cercando suas presas e direcionando seu foco para o alvo determinado. À frente do grupo maior está o lobo alfa, que é o líder e organiza todas as expedições de caça e lidera os ataques. Localizando e eliminando o líder do grupo, podemos enfraquecer a comunidade e tornar mais fácil capturar os demais membros do grupo.

Apesar de guardar em sua genética certo grau de parentesco com os lobos, as raposas são animais de hábitos muito diferentes. São, geralmente, caçadoras solitárias, que costumam agir durante o dia, raras vezes caçando à noite. Suas presas preferidas são animais de pequeno porte, incluindo roedores, aves, insetos e peixes. As raposas costumar armazenar o resultado das suas caçadas em pequenos esconderijos, que servem de depósito e reserva de alimentos para os dias em que a caçada for ruim. Elas são capazes de memorizar cada uma destas tocas e sabem exatamente o que cada uma delas contém. Sua rotina é muito regular, e geralmente saem para caçar nos mesmos horários e atuam em um território muito bem demarcado. Costumam visitar suas tocas com frequência para verificar se ainda há comida, o que as transforma em presas fáceis para os caçadores que conseguem segui-las durante alguns dias para entender os seus hábitos e sua movimentação no terreno.

Como podemos perceber, o caçador profissional aprende a estudar a rotina e os hábitos de suas presas para identificar os momentos que oferecem a melhor oportunidade para capturá-las. Este tipo de conhecimento é decisivo para indicar a armadilha que terá mais chances de sucesso com aquela determinada espécie. Como negociadores, precisamos aprender a usar a tática do caçador todas as vezes que nos deparamos com um novo adversário. É preciso entender seus hábitos para poder aproximar-se deles da maneira mais favorável possível. Em outras palavras, não podemos abordar um negociador que assume a postura do tubarão com as mesmas táticas que usamos para abordar um negociador que assume a postura do golfinho, temos que entender cada perfil para poder usar as armadilhas certas para capturá-los com sucesso.

TÁTICA DE VALORIZAR A PRESENÇA

> Não permita que as pessoas se acostumem tanto com a sua presença que passem a dar pouco valor ao que você tem a oferecer. Valorize você mesmo, a sua agenda e o seu tempo.

Não podemos estar muito disponíveis para o mercado, precisamos aprender a valorizar a nossa presença na mesa de negociação. Saber gerenciar a nossa agenda faz com que as pessoas entendam a verdadeira importância de estar negociando diretamente com você. Quando estamos muito disponíveis, passamos a imagem de que precisamos mais dos nossos oponentes do que eles de nós, o que é muito negativo na hora de negociar. Valorizar a nossa presença eleva a nossa posição diante dos nossos oponentes. Não podemos dar sinais de que estamos desesperados ou ansiosos para comparecer à próxima reunião para fechar o negócio, temos que mostrar aos nossos adversários que o confronto será entre iguais e não entre um oponente forte e um iniciante.

A disponibilidade excessiva do negociador desvaloriza o que ele tem a oferecer. As pessoas precisam ter a clara noção de que conseguir espaço na sua agenda é algo muito especial, e não é todo mundo que pode ter acesso direto a você. A mensagem que precisa ser passada para os seus oponentes é a de que você é um profissional que tem muito a oferecer às pessoas e por isso sua opinião é muito solicitada. Estar com você, e poder ouvir o que você tem a dizer, é uma ótima oportunidade de crescimento e pode gerar boas ideias e excelentes negócios. Passando esta mensagem de maneira planejada, estamos ao mesmo tempo despertando o interesse das pessoas e fazendo com que elas valorizem o que temos a oferecer.

Mesmo que sua agenda não esteja lotada, não agende imediatamente na primeira data que o seu oponente oferecer; informe a ele que você só tem agenda para a próxima semana e em determinado horário. Caso não seja possível nesta data e hora, só estará livre na semana seguinte. Algumas horas depois, ligue de volta para ele e diga que um cliente teve que desmarcar uma reunião por motivos pessoais, portanto, surgiu um espaço em sua agenda para o dia seguinte. Tenha certeza que sua reunião será marcada e que sua presença neste encontro ganhou um valor especial. Infelizmente, o mercado é assim — as pessoas muito solícitas e disponíveis são desvalorizadas, enquanto as pessoas que não têm tempo para receber ninguém são supervalorizadas, pois são consideradas de sucesso por não haver nem um horariozinho livre em sua agenda. Transmita a mensagem certa para seus adversários valorizando a si mesmo, seu tempo e sua agenda. Não permita que pessoas vejam o que você tem como algo banal e comum, transfira sua importância para o seu produto ou serviço, mostrando para as pessoas que você mesmo valoriza o que tem a oferecer.

A tática de valorizar a nossa presença lida com o sentimento de ser reconhecido e com a necessidade de ser visto como alguém importante. Quando o oponente reconhece o valor da nossa presença, ele também está valorizando a si próprio, pois sabe que estará diante de uma pessoa de alto nível, que conseguiu um espaço em sua agenda lotada para poder falar com ele, e isso é muito positivo para a sua autoestima. Por isso, esta tática é tão eficaz, pois ajuda a criar uma imagem de sucesso em torno de você e, ao mesmo tempo, massageia o ego dos adversários.

TÁTICA DA MÁSCARA DE LEBRE

Vista a máscara da lebre para matar o tigre. Mostre-se fraco e inofensivo diante de seus oponentes, pois, assim, eles irão mostrar seu verdadeiro caráter e você poderá agir na surdina para contra-atacar de surpresa.

A expressão **vestir-se de lebre para matar o tigre** teve sua origem na sabedoria milenar chinesa. A ideia de que não devemos ostentar as nossas forças diante dos nossos adversários é bastante oportuna e sábia quando o assunto é negociação. Existem pessoas que fazem questão de alardear em alto e bom som as suas qualidades e a sua superioridade em tudo aquilo que fazem. Este tipo de postura contraria a filosofia antiga, onde ser discreto e parecer menos do que realmente somos tem um valor estratégico imenso na hora de vencer uma batalha. Quando ostentamos o nosso poder de forma indiscriminada e sem um propósito especifico, estamos dando um sinal de alerta para que nossos adversários possam reforçar as suas defesas e modificar seus planos de ataque, é por isso que os vaidosos são sempre os primeiros a cair vencidos na mesa de negociação. A fogueira das vaidades e o ego hiperinflacionado os coloca sob a luz dos holofotes e faz com que todas as atenções sejam voltadas em sua direção.

É por este motivo que devemos ser discretos e não revelar antes da hora o nosso verdadeiro poder de fogo. Devemos vestir a pele da lebre, com sua aparência frágil, com seu jeito dócil e sua postura inofensiva para que possamos capturar os tigres que estão rondando a nossa volta. Quando nossos oponentes acreditam que não representamos um perigo real, relaxam a guarda e deixam suas defesas desprotegidas — é neste momento que devemos atacar de forma concentrada e ágil, pois eles serão vítimas da sua própria arrogância e ficarão reféns do seu próprio orgulho. Nesta situação, até a mais frágil das lebres poderá derrotá-los.

Um negociador profissional deve aprender a vestir a pele da lebre para não assustar seus concorrentes, não podemos deixar que a tentação de ser o centro das atenções prejudique o nosso trabalho, temos que ser reservados quanto às nossas decisões. Precisamos manter uma atitude discreta diante das pessoas e falar apenas o necessário para obter as informações que necessitamos, estas são qualidades muito valorizadas na mesa de negociação e podem contribuir de maneira decisiva para o nosso sucesso como negociadores.

Enquanto vestimos a pele da lebre, podemos circular e buscar informações sem levantar suspeitas. Como não somos vistos como ameaças, nossos oponentes tomam menos cuidado acerca das informações que estão nos revelando e, com isso, podemos ter acesso a dados importantes que não seriam revelados se eles estivessem vendo em nós um adversário perigoso que poderia afastá-los dos seus objetivos. Desta forma, podemos observar com maior tranquilidade tudo que acontece no ambiente da negociação sem ter que ficar nos desviando dos ataques dos nossos oponentes, o que nos dá tempo para entender como funciona a mente do adversário até que possamos decidir o melhor momento para revelar toda a nossa força. Este tempo precioso reservado para buscar informações pode fazer toda a diferença nos momentos decisivos da negociação.

TÁTICA DO LEQUE DE OPÇÕES

> Devemos sempre ter em mãos um leque variado de opções. Quem entra para negociar com somente uma opção está colocando a corda no próprio pescoço.

Diversidade é um dos fundamentos da negociação eficaz. Por isso, a tática do leque de opções funciona tão bem quando estamos diante de um impasse na mesa de negociação. Na maioria das vezes, estes gargalos surgem porque sentamos para negociar com uma única linha de ação em mente, isso ocorre quando não contemplamos rotas alternativas de fuga em nosso planejamento. Caso a nossa estratégia original não possa ser concretizada, são muitos os fatores que podem nos levar a uma situação deste tipo, como:

- ▲ Falta de informação suficiente a respeito das necessidades do cliente;
- ▲ Excesso de autoconfiança, que nos faz acreditar que temos em nossas mãos a única e melhor opção;
- ▲ Desinteresse em corresponder às expectativas da outra parte por conta da nossa vaidade;
- ▲ Falta de estabelecimento de objetivos claros para negociar.

Tudo isso pode nos levar a ter que mudar os rumos da nossa abordagem bem no meio da negociação. Este tipo de mudança por si só não deveria representar um problema para o negociador profissional, haja vista que mudanças são regra, e não exceção, quando se trata de negociação.

O problema surge quando sentamos para negociar com toda a nossa estratégia montada em cima de uma única linha de ação, isso reduz a nossa margem de manobra e fragiliza a nossa posição diante dos oponentes. Sem preparar várias alternativas de ação fica quase impossível negociar, mesmo nas situações mais banais. Ter em nossas mãos opções para negociar é algo tão elementar que não deveria estar sendo citado neste livro, porém, este tipo de erro é muito mais comum do que se pensa, mesmo entre profissionais com larga experiência em rodadas de negociação. Sem um leque de opções em nossas mãos não conseguiremos ter flexibilidade suficiente para poder seguir em frente. A falta de opções paralisa a negociação e nos coloca diante de um impasse que pode crescer até virar um conflito aberto de interesses — e um conflito aberto é tudo que devemos tentar evitar quando estamos envolvidos em uma negociação.

Quando apresentamos um leque de opções, estamos dando um sinal de boa vontade para negociar, além de deixar o nosso oponente com a sensação de que é ele que tem o controle da mesa de negociação. Isso pode ser muito interessante quando você está negociando com alguém que adota a estratégia do tubarão, que são pessoas que precisam ter a sensação de controle em suas mãos para poder negociar. Monte o seu leque de opções de maneira que qualquer escolha do seu oponente possa representar um bom negócio para você, esta é uma forma inteligente de evitar rupturas no processo da negociação, provocadas por visões opostas sobre qual o melhor caminho a seguir para se construir um acordo que seja satisfatório para ambas as partes envolvidas.

TÁTICA DO VAZIO EMOCIONAL

Todos nós temos vazios emocionais que desejamos preencher. Quando preenchemos o vazio emocional do oponente, damos a ele uma sensação de satisfação e felicidade.

A tática do vazio emocional é extremamente poderosa, pois joga com forças que são a base do comportamento do ser humano. Estamos falando das emoções, estas forças ancestrais que influenciam diretamente nossas decisões. Elas são responsáveis por boa parte da opinião que temos sobre as outras pessoas e, de quebra, ainda influenciam diretamente na sensação de bem-estar e satisfação pessoal. Estes já são motivos suficientes para entender por que trabalhar as expectativas emocionais do nosso oponente é tão importante para o nosso sucesso como negociadores.

Vivemos em uma sociedade onde um crescente vazio emocional vem tomando conta das pessoas, e esta sensação de solidão e abandono vem aumentando devido ao isolamento social. Este isolamento é produto do medo da violência urbana e também da nossa excessiva dedicação ao trabalho, o que nos faz ter pouco tempo para conhecer pessoas e falar de outra coisa que não seja resultados e metas financeiras. Estamos perdendo a nossa capacidade de não fazer nada, de simplesmente ficar à toa, conversando sobre a vida e sobre o que nos deixa felizes, o que nos deixa mais abertos e vulneráveis à influência de pessoas que possam preencher este vazio emocional com uma boa dose de calor humano. Não existe nada de manipulativo nisso, é apenas mais uma forma de agregar valor aos nossos relacionamentos, sejam eles pessoais ou profissionais.

Quando preenchemos o vazio emocional das pessoas, estamos prestando a elas um grande serviço de valor incalculável. Pense em quantas pessoas saíram de casa hoje com uma sensação de abandono e infelicidade, e pense em como você poderia ajudá-las dando a elas atenção e espaço para falar sobre seus problemas. Reflita sobre quantas pessoas poderiam ganhar o dia sendo restauradas por uma palavra gentil e um elogio respeitoso e verdadeiro vindos de você; preenchendo este vazio emocional, você estará ajudando estas pessoas a serem um pouco mais felizes, e felicidade não pode ser medida seguindo padrões de avaliação meramente financeiros.

Por isso, antes de tentar avançar na negociação, procure entender de que forma você poderia preencher o vazio emocional do seu oponente. Veja o que se passa em seu coração e procure encontrar o ser humano que está escondido sob todas aquelas camadas de verniz profissional que usamos para esconder do mundo nossos sentimentos. Agindo assim, você estará fazendo o bem às pessoas e, ao mesmo tempo, poderá conquistar patrocinadores que possam lhe ajudar a chegar aos seus objetivos. A vida é assim, a melhor maneira de alcançar as nossas metas é dando às pessoas o que elas mais precisam receber.

TÁTICA DO CAMALEÃO

Camuflar nossa capacidade como negociador nos ajuda a confundir o oponente, fazendo com que ele se ache superior a nós. Quando isso acontece, ele se expõe e fica mais vulnerável.

Uma das estratégias de sobrevivência de maior sucesso na natureza é a capacidade de se confundir com o meio ambiente para não chamar a atenção dos predadores. Esta habilidade, compartilhada por várias espécies de animais, serve de camuflagem natural contra os possíveis inimigos. O camaleão é um dos animais que possui esta capacidade e a usa de maneira muito inteligente, para passar despercebido diante dos muitos perigos que existem a sua volta — ele analisa a cor predominante do ambiente ao seu redor e consegue alterar a cor da sua pele para que se confunda com folhagens, pedras, troncos de árvores ou qualquer outro objeto onde esteja fixado. Isso faz com que os predadores passem ao seu lado sem que possam tomar consciência da sua presença.

Como negociadores, devemos adotar a postura do camaleão. Precisamos ter a capacidade de nos adaptar e nos confundir com o ambiente para não chamar a atenção dos nossos adversários. Passar despercebido pode ser muito vantajoso quando estamos lidando com oponentes agressivos, que podem partir para cima de nós a qualquer momento, sem aviso prévio. É por este motivo que os negociadores devem evitar a todo custo a luz dos holofotes, é muito mais seguro ser discreto e trabalhar nos bastidores para alcançar nossos objetivos do que ficar se expondo de forma desnecessária para nossos adversários. Esta forma de operar preserva nossos planos do olhar alheio e afasta de nós os curiosos de plantão.

Os grandes estrategistas sabem, há muito tempo, que é melhor parecer tolo e despreparado aos olhos dos nossos inimigos do que padecer sob o fio da sua espada. Esta máxima da guerra pode ser transposta sem grandes dificuldades para o ambiente de negócios, onde as pessoas travam verdadeiras guerras por espaço no mercado e por posições de poder dentro das empresas. Confundir a cabeça dos adversários, camuflando sua verdadeira capacidade como negociador, deixa seu oponente pensando que você não representa um perigo para os seus planos. Enquanto ele estiver acreditando nisso, você poderá se movimentar livremente pela mesa de negociação, testando opções e procurando identificar os pontos vulneráveis que existem na estratégia de ação do seu adversário. Quando ele descobrir quem você é como negociador e entender o perigo que você representa, já será tarde demais para tomar qualquer tipo de providência.

TÁTICA DA CONQUISTA

Não basta apenas convencer com argumentos lógicos, precisamos criar um jogo de sedução que enfraqueça as defesas emocionais do oponente.

A negociação, em sua essência, é muito parecida com o jogo de sedução que acontece entre homens e mulheres nos rituais de conquista. As energias envolvidas na tarefa de convencer uma pessoa acerca das nossas ideias e do nosso modo de pensar sobre determinada situação ou problema guardam em si as mesmas sementes da paixão, do entusiasmo, do envolvimento e da admiração que estão presentes no coração das pessoas quando elas estão determinadas a dar o melhor de si para causar uma boa impressão no sexo oposto. Esta constatação vem de pesquisas realizadas por vários neurocientistas, que indicam claramente que as nossas decisões, mesmo aquelas tomadas no ambiente empresarial, possuem um forte componente emocional em toda a sua natureza: queremos parecer lógicos e racionais, mas no fundo somos comandados por nossas emoções e pelo nosso lado passional.

É por este motivo que os líderes carismáticos podem ser tão convincentes e arrebatadores em seus argumentos, eles aprenderam a tocar o coração das pessoas e ao mesmo tempo conseguem apresentar de forma lógica e sensata os seus melhores argumentos. Este conjunto emoção/razão tem uma força tremenda de convencimento quando utilizado de forma consciente e planejada, é por isso que a tática da conquista é tão poderosa e efetiva quando precisamos vender ideias ou convencer as pessoas sobre o qual o melhor caminho a seguir. O negociador profissional aprende logo cedo a equilibrar argumentos lógicos com argumentos emocionais durante todo o processo da negociação, isso colabora para conseguir manter a atenção das pessoas conosco e nos ajuda a mudar suas opiniões de uma maneira muito mais rápida, fácil e elegante.

Os circuitos cerebrais ativados quando estamos tentando convencer alguém sobre nossas ideias, usando para isso os nossos melhores argumentos de venda, são os mesmos que são ativados quando estamos tentando seduzir alguém para conseguir um encontro amoroso. Este fato demonstra que as duas tarefas guardam em si uma proximidade neural muito grande, indicando claramente que precisamos contar tanto com a razão quanto com a emoção se desejamos influenciar e mudar a opinião de alguém. Estas duas experiências — seduzir e convencer — percorrem o mesmo conjunto de caminhos neurais em nosso cérebro, o que nos leva a entender que para o cérebro não existe uma grande diferença na execução destas duas tarefas. Ou seja, para nossa mente não existe, a rigor, nenhuma diferença entre negociar uma venda ou tentar seduzir a sua nova namorada, pois, para o cérebro, as duas tarefas são a mesma coisa. Esta constatação nos mostra que precisamos primeiro enfraquecer as defesas emocionais do nosso oponente se desejamos ter sucesso como negociadores. Para isso, é fundamental tentar entender quais são as necessidades psicológicas não reveladas pelos nossos oponentes para que, só então, possamos construir argumentos que estejam diretamente ligados a cada uma das carências emocionais do nosso adversário.

O coração é o centro nervoso de toda e qualquer negociação. Não adianta tentar convencer alguém usando apenas argumentos lógicos, as pessoas querem ser seduzidas e convencidas de uma maneira envolvente e inteligente a comprar sua ideia e investir no seu projeto. Por isso, nunca descuide do lado emocional da negociação, pois o caminho para o fechamento do negócio precisa ser pavimentado intercalando-se tijolos de razão com uma forte e bem preparada argamassa de emoção.

TÁTICA DO ESPELHO

> As pessoas se identificam com tudo que pareça refletir a sua própria natureza. Encontre pontos em comum que possam servir de "elo de ligação" para fechar o acordo.

Procuramos encontrar nas pessoas reflexos da nossa própria natureza, vivemos em uma eterna busca para encontrar uma alma gêmea que possa nos entender e compartilhar nossos sentimentos. Não pense que esta busca acontece apenas na vida pessoal, no trabalho também estamos em busca de pessoas que compartilhem a nossa visão e nossos valores, e que possam entender as nossas ideias e apoiar os nossos projetos. Quando encontramos alguém que compartilha conosco os mesmos valores e a mesma visão de mundo, temos a agradável sensação de que não estamos mais sozinhos e que encontramos alguém em quem podemos confiar. Esta doce sensação nos deixa mais abertos para ouvir opiniões e entender os pontos de vista das outras pessoas. A tática do reflexo no espelho usa este tipo de sentimento para fortalecer o elo de confiança entre você e seu oponente, fazendo com que ele veja um pouco de si mesmo refletido em você. Quando bem trabalhada, esta sensação pode se tornar um ativo importante para o bom andamento da negociação. Refletir a imagem do nosso oponente facilita o diálogo e cria uma abertura para que possamos nos aproximar das pessoas, pois não existe nada mais agradável do que estar diante de alguém que pensa como nós e compartilha conosco os mesmos valores, os mesmos gostos e as mesmas ideias.

Para que possamos aplicar a tática do reflexo no espelho com sucesso é preciso fazer o dever de casa. Temos que buscar nas redes sociais e junto aos nossos informantes todos os dados disponíveis sobre os gostos, hábitos, estilo de vida, origens e opiniões da pessoa com quem vamos negociar. Esta busca deve fazer parte naturalmente do nosso trabalho como negociadores, pois, sem este serviço de inteligência, é impossível abordar os temas corretos que despertam o interesse do nosso adversário — sem isso não teremos como estabelecer um elo de ligação que leve nosso oponente a ver sua imagem refletida em nós. Encontre pontos verdadeiros que vocês dois têm em comum, como hobbies, habilidades, ideias, filosofias, engajamento em obras sociais, esportes, ou qualquer coisa que seja real e possa efetivamente aproximar você do outro. Não invente mentiras só para tentar se aproximar, busque coisas, por menores que sejam, que possam unir você e seu oponente em torno de um interesse em comum. Esta é a chave-mestra que abre as portas para que possamos construir relacionamentos duradouros, produtivos e especiais.

Use este conjunto de táticas com responsabilidade e critério. Este é um conselho muito importante para que você não acabe se transformando em um manipulador inescrupuloso dos sentimentos alheios. Estas táticas são ferramentas poderosas, que vão aumentar de maneira progressiva o seu poder de influenciar a mente e o coração das pessoas, por isso, só as utilize se tiver certeza de que a negociação irá gerar bons frutos para todos os envolvidos. Não se transforme em um negociador obcecado, que só pensa em seu benefício pessoal, procure ajudar as pessoas a chegar também aos seus próprios objetivos. Esta é a melhor maneira de permanecer no mercado ao longo dos anos, sendo respeitado e visto como alguém que agrega valor a cada pessoa que senta diante de você para negociar.

Um último conselho: o segredo deste trabalho é **não deixar o tubarão que existe dentro de cada um de nós dominar a cena.** Precisamos ter bom senso para saber quando devemos adotar cada uma das estratégias que vimos neste livro. Existem momentos que devemos agir como os golfinhos, outros em que devemos ser como as carpas, e ainda há momentos em que devemos adotar a postura dos tubarões, porém, tudo dependerá de quem estará do outro lado da mesa negociando com você.

PONTOS-CHAVE DO CAPÍTULO

- **TÁTICA DO CAVALO DE TROIA:** Disfarce suas verdadeiras intenções, aprenda a usar o segredo e a surpresa como armas na negociação. Não entregue suas opções de cara, entenda primeiro o contexto antes de negociar.
- **TÁTICA DE CRIAR VALOR COM A ESCASSEZ:** Valorize cada concessão que você fizer, deixe o tubarão com a sensação de que ele conseguiu tirar algo muito valioso de você. Jogue com a vaidade e a sede de conquista do seu oponente.
- **TÁTICA DA IMPREVISIBILIDADE:** Seja moderado com suas palavras e rápido nas suas ações, não se exponha mais do que o necessário. Saiba usar a imprevisibilidade como tática no jogo da negociação.

- **TÁTICA DO CAÇADOR:** Conheça os hábitos da sua presa, o caçador não monta para a raposa a mesma armadilha que usa para pegar o lobo. Ele conhece bem a sua presa, seus hábitos e seus esconderijos e caça de acordo com este conhecimento.

- **TÁTICA DE VALORIZAR A PRESENÇA:** Não permita que as pessoas se acostumem tanto com a sua presença que passem a desvalorizar o que você tem a oferecer. Valorize você mesmo, a sua agenda e o seu tempo.

- **TÁTICA DA MÁSCARA DE LEBRE:** Vista a máscara da lebre para matar o tigre. Mostre-se fraco e inofensivo diante dos seus oponentes, com isso eles irão mostrar o seu verdadeiro caráter e você poderá agir na surdina para contra-atacar de surpresa.

- **TÁTICA DO LEQUE DE OPÇÕES:** Devemos sempre ter em nossas mãos um leque variado de opções. Quem entra para negociar com uma só opção está colocando a corda no próprio pescoço.

- **TÁTICA DO VAZIO EMOCIONAL:** Todos nós temos vazios emocionais que desejamos preencher. Quando preenchemos o vazio emocional do oponente, damos a ele uma sensação de satisfação e felicidade.

- **TÁTICA DO CAMALEÃO:** Camuflar nossa capacidade como negociador nos ajuda a confundir o oponente, fazendo com que ele se ache superior a nós. Quando isso acontece, ele se expõe e fica mais vulnerável.

- **TÁTICA DA CONQUISTA:** Não basta apenas convencer com argumentos lógicos, precisamos criar um jogo de sedução que enfraqueça as defesas emocionais do oponente.

- **TÁTICA DO ESPELHO:** As pessoas se identificam com tudo que pareça refletir a sua própria natureza. Encontre pontos em comum que possam servir de "elo de ligação" para fechar o acordo.

CAPÍTULO 09

AS PRINCIPAIS COMPETÊNCIAS PARA NEGOCIAR COM TUBARÕES

Ser reconhecido como competente exige de nós um alto grau de disciplina e comprometimento com a atividade que decidimos escolher. Na maioria das vezes, a caminhada rumo ao sucesso é solitária e temos que pagar um alto preço pela expertise que alcançamos. Este preço vem em forma de horas infinitas de estudo e pesquisa, de noites de sono perdidas diante de um computador, em abrir mão de estar com a família e com os amigos para se dedicar ao trabalho e outros custos financeiros e emocionais que temos que pagar se desejamos crescer de maneira sustentável na profissão que decidimos abraçar. A verdade é que todos querem chegar ao topo em suas atividades e colher os doces frutos do reconhecimento, porém, são poucos os que estão dispostos a pagar o preço para serem respeitados como competentes naquilo que fazem. Este pedágio, exigido de nós pelo sucesso, às vezes é bastante pesado e serve como uma barreira de entrada que separa os aventureiros dos verdadeiros profissionais.

Os poucos sobreviventes que conseguem ultrapassar esta barreira aprendem a lidar de forma madura com suas frustrações. São recompensados por conseguir crescer com seus próprios erros, conseguem ampliar sua visão e chegam ao ponto de entender como separar objetivos estratégicos de meras circunstâncias. Esta evolução exige de nós tempo e maturidade para poder olhar para trás e ver que todas as pedras que encontramos pelo caminho não foram em vão, e que cada dificuldade que enfrentamos valeu à pena, que cada noite mal dormida será recompensada, e que cada momento de ansiedade contribuiu de maneira decisiva para formar o nosso caráter e fortalecer nossas convicções. Este nível de consciência é a argamassa que dá unidade e serve como ponto de partida para que possamos desenvolver todas as outras competências necessárias para o nosso crescimento. Sem entender que este caminho, pavimentado com tantas dificuldades, foi o que nos levou até as portas do sucesso, não poderemos ter discernimento para escolher as competências necessárias para seguir crescendo. Sem este discernimento corremos o risco de fazer escolhas erradas e perder tempo investindo em habilidades que não poderão agregar valor ao nosso desempenho profissional.

Temos que ser extremamente criteriosos na hora de definir em quais competências vamos investir o nosso tempo e os nossos recursos. Não adianta sair correndo atrás do primeiro modismo que aparecer na sua frente, e muito menos fazer um MBA apenas porque todo mundo está fazendo. Temos que entender o que realmente pode trazer resultados práticos para nosso negócio antes de escolher onde vamos investir nossas fichas. A oferta crescente de informação nos colocou em uma situação que, até pouco tempo atrás, era quase inimaginável. Temos um excesso de canais que podem contribuir para o nosso crescimento, desde aulas presenciais até educação à distância, e todas estas modalidades de ensino podem ajudar você a crescer.

A questão, porém, é outra: qual destes canais oferece a melhor combinação de conteúdo e metodologia que encaixa perfeitamente em seu momento profissional, nos seus objetivos de crescimento e no seu perfil de aprendizagem? Estas são questões importantes, pois não podemos sair investindo de maneira aleatória no primeiro curso que aparece apenas porque o anúncio que você viu era bonitinho, precisamos analisar se o formato de ensino oferecido vai realmente nos ajudar a chegar aonde queremos. Este tipo de critério ajuda a evitar decepções futuras, que podem levar você a desistir de continuar investindo em sua formação.

Para escolher de maneira correta o formato do seu desenvolvimento, é preciso entender alguns conceitos que podem servir de parâmetro para avaliar se as suas escolhas educacionais realmente poderão ajudá-lo a crescer nas competências que você necessita. A seguir, iremos comentar cada um destes pontos e analisar sua importância na hora de buscar os caminhos do seu crescimento.

CANAL

Canal é o veículo através do qual iremos ser conduzidos durante o nosso processo de aprendizagem. Hoje em dia, existem várias opções disponíveis: temos a educação à distância, onde a plataforma de ensino fica hospedada na web; o ensino presencial, onde podemos interagir com outras pessoas e aprender com suas experiências; temos oportunidade de usar mídias sociais e interatividade para dar cor e movimento aos conteúdos; e podemos também optar por sermos autodidatas, buscando sozinhos nossas próprias experiências de ensino.

A escolha do canal correto depende do tempo que você tem disponível para investir em seu crescimento, do tipo de conteúdo que você está buscando, e do grau de organização e disciplina que você possui. Os canais à distância são atraentes pela facilidade de acesso e pela interatividade, mas deixam muito a desejar quando a ideia é ampliar a nossa percepção sobre como lidar com outras pessoas e quando precisamos desenvolver competências dirigidas para a liderança. Nestes casos, nada substitui o formato presencial como modelo de ensino.

CONTEÚDO

Conteúdo é a maneira como a informação está sendo organizada e disponibilizada para o ensino. A escolha correta dos conteúdos é decisiva para que possamos alcançar nossos objetivos de crescimento. Os conteúdos precisam ter uma forte ligação com a prática diária das nossas atividades, senão fica muito difícil transformar conhecimento teórico em ferramentas usadas para alavancar nossos resultados.

O conteúdo precisa conter as chaves que podem ser usadas para solucionar os problemas da nossa rotina de trabalho. Se bem projetado, tem como funções principais abrir nossa cabeça para novas possibilidades, agregar técnicas que facilitem a execução das tarefas, explorar ferramentas que possam otimizar os nossos resultados, agilizar o andamento dos processos e apresentar ideias que possam colaborar para ampliar a nossa eficiência, organizar o nosso pensamento e facilitar o alcance de nossos objetivos.

METODOLOGIA

É a forma utilizada para transferir o conhecimento de uma pessoa para outra. Uma boa metodologia de ensino precisa ser intuitiva e orgânica, e ser baseada na forma naturalmente usada pelo nosso cérebro para processar novas informações. Este conhecimento avançou muito nos últimos anos, com base nas descobertas feitas pela neurociência, ramo que estuda a forma como criamos conceitos, internalizamos novas ideias e aprendemos novas habilidades. Uma metodologia de ensino eficiente precisa provocar o aluno a pensar sobre suas escolhas, suas necessidades de crescimento e a qualidade dos resultados que ele entrega para sua empresa como fruto do seu trabalho. Para isso, é preciso que esta metodologia possa cumprir as quatro fases do processo de coaching. São elas: a fase do *Eu Preciso*, a fase do *Eu Quero*, a fase do *Eu Posso* e a fase do *Eu Mereço*.

EU PRECISO

O aprendiz deve ser estimulado a admitir para si mesmo suas limitações e suas dificuldades. Esta avaliação pessoal tem como objetivo abrir os caminhos para o aprendizado e colocar o participante em posição de humildade diante do conhecimento, reconhecendo para si mesmo que tem pontos que precisam ser melhorados.

EU QUERO

É preciso dar motivos para que o aprendiz deseje este crescimento para sua vida pessoal e profissional. Nesta hora, é necessário fazer o aluno enxergar os benefícios do processo de aprendizado, pois, sem que a pessoa queira para si mesmo a mudança, nada o fará avançar rumo ao conhecimento.

EU POSSO

Precisamos mostrar ao participante que ele é capaz de superar as suas limitações, apesar das barreiras que encontrará pela frente. Neste momento, é necessário reforçar sua autoconfiança, para que tenha condições de seguir em frente diante das dificuldades que fatalmente irão surgir.

EU MEREÇO

Devemos inspirar no participante o sentimento de que ele é merecedor destas conquistas, e que foi com o seu esforço e dedicação que ele chegou ao tão desejado sucesso. Uma metodologia de ensino eficiente precisa fazer com que o participante possa viver todas estas fases durante o processo de aprendizado, pois, sem cumprir esta agenda de crescimento, a metodologia dificilmente terá sucesso na tarefa de abrir a mente das pessoas para as possibilidades de mudança geradas pelo conhecimento.

MOMENTO PROFISSIONAL

O momento que estamos vivendo em nossa carreira é fundamental para que possamos determinar, com precisão, as competências que precisaremos desenvolver para elevar o valor do nosso passe profissional junto ao mercado. Um jovem em inicio de carreira precisa desenvolver competências que podem lhe ajudar a compensar sua pouca experiência de vida e sua curta trajetória de trabalho, enquanto um profissional maduro, com bastante experiência, necessita desenvolver competências que possam ajudá-lo a lidar melhor com as mudanças e os novos desafios de crescimento.

Além do nível de experiência, é preciso considerar também quais resultados são esperados pela empresa como fruto do seu trabalho. Uma pessoa que trabalha em equipe, mas não lidera, precisa de habilidades diferentes daquela que é a responsável por motivar e inspirar o grupo a chegar às metas desenhadas pela empresa. Por isso, antes de começar a investir em seu processo de desenvolvimento, pense sobre o que sua empresa espera de você como pessoa e como profissional. Este conjunto de fatores deve servir como ponto de partida para todas as decisões que digam respeito ao nosso processo de aprendizagem. Sem estes cuidados, corremos o risco de perder tempo investindo em habilidades e competências que não estão diretamente ligadas com o momento profissional que estamos vivendo e, sem esta estreita conexão, fica difícil transformar meras informações em conhecimento prático que possa alavancar nossos resultados e progresso na empresa.

OBJETIVOS DE CRESCIMENTO

Conhecer a si mesmo, este deve ser o primeiro passo para qualquer processo de desenvolvimento. Sem entender quais são nossos pontos fortes e nossas limitações fica muito complicado traçar um plano de metas que possa colaborar de maneira efetiva para o nosso crescimento. Não somos como as plantas, que crescem apenas por crescer, precisamos crescer com um objetivo especifico em nossa mente. Não podemos continuar caminhando sem saber onde fica a linha de chegada, pois esta falta de visão de longo prazo limita o nosso poder de concentração e reduz nossa capacidade de nos manter nos trilhos diante dos desafios.

Nossos objetivos de crescimento precisam estar conectados com as diversas áreas de nossa vida. Não basta apenas crescer como profissionais, precisamos crescer de forma inteira e plena se desejamos ser reconhecidos como pessoas de sucesso. Crescer por inteiro é o nosso grande desafio, para isso é necessário crescer nas quatro dimensões que fazem parte deste complexo sistema que é o ser humano: física, emocional, mental e espiritual. Sem estabelecer metas de crescimento para estas quatro dimensões, teremos muitas dificuldades para chegar com qualidade aos nossos objetivos.

Estabelecer objetivos de crescimento é viver em permanente estado de evolução. Não precisamos ser melhores do que os outros, o grande desafio do crescimento é sermos melhores do que fomos ontem. Basta acordar todos os dias da sua vida com esta meta na cabeça: hoje quero ser melhor do que fui ontem, pois esta atitude irá trabalhar a sua mente e lhe colocar diante das oportunidades que podem lhe abrir as portas do sucesso.

PERFIL DE APRENDIZAGEM

Cada pessoa possui uma forma particular e pessoal de aprendiza' '.
Alguns aprendem mais rápido quando são estimulados v'   '|'   .'
te: gostam de ver as coisas em cores, e têm a atenção captada pelo design das informações, por estímulos visuais, e imagens fortes que possam transmitir a essência do conhecimento que está se tentando transferir. Outros aprendem mais rápido com estímulos auditivos: gostam de ouvir as informações e têm atenção captada pela sonoridade das palavras, pelo estimulo auditivo, rimas, versos, musica, melodias em geral, que contribuem de maneira bastante positiva

para a transferência do conhecimento. Por fim, há pessoas que são estimuladas pelo toque e pelo movimento: gostam de construir coisas e se envolver fisicamente com o aprendizado. Para este grupo, os jogos de montar, os quebra-cabeças e todas as atividades que exigem contato e ação são as mais indicadas para o aprendizado.

Conhecer nosso perfil dominante de aprendizado facilita na escolha correta do formato que a informação deve ter para ser transferida com sucesso. É importante notar que todos nós usamos os nossos cinco sentidos para aprender novos conhecimentos, o aprendizado é feito de forma conjunta e integrada, o que não impede de termos um sentido que predomine sobre os outros. Quando estamos absorvendo novos conhecimentos e ideias, é como se este sentido dominante fosse o fio condutor central da informação e todos os demais fossem canais paralelos que servem para reforçar e apoiar o contexto percebido pelo dominante. Portanto, quanto mais sentidos forem estimulados no momento do aprendizado, melhores as chances de se formarem fortes impressões em nossa memória que possam ser rapidamente acessadas quando precisarmos delas.

COMPETÊNCIAS PARA NEGOCIAR COM TUBARÕES

Antes de comentar sobre o conjunto específico de competências necessárias para enfrentar com segurança os temíveis tubarões, precisamos contextualizar a ideia de competências dentro do processo da negociação. Para isso, vamos buscar mais uma vez inspiração no ambiente militar.

- ▲ **ESTRATÉGIA:** o primeiro nível do pensamento na guerra é estabelecer a estratégia mais eficiente para tomar posse das posições inimigas. A estratégia cumpre o papel de analisar o terreno, estabelecer as linhas de suprimento e cuidar do planejamento global do cenário do combate. **Na negociação, a** estratégia visa montar as linhas gerais do plano de ação e a definição dos objetivos a serem alcançados.

- **TÁTICA:** o segundo nível de pensamento na guerra é estabelecer quais táticas serão usadas para neutralizar o poder de combate do inimigo. Cabe ao conjunto de táticas escolhido descobrir brechas existentes nas defesas do oponente que possam ser convertidas em vantagens competitivas a nosso favor no momento do combate. **Em termos de negociação, as táticas cumprem exatamente o mesmo papel.**

- **VISÃO:** o terceiro nível de pensamento na guerra é a visão do guerreiro que está no campo de batalha e precisa usar suas habilidades e seu armamento para superar o inimigo no combate homem a homem. **Na negociação, as competências são as habilidades que levam o negociador a superar o seu oponente e obter sucesso na profissão.**

As competências podem ser divididas em três categorias básicas: **técnicas, emocionais** e **criativas.** Cada um destes grupos responde por habilidades fundamentais que precisam ser desenvolvidas em nossa trajetória profissional para que possamos vencer os desafios e crescer como negociadores.

As competências **técnicas** dizem respeito ao conhecimento sobre o mercado em que estamos operando e sobre os diferenciais de nosso produto. Este domínio sobre o objeto da negociação nos ajuda a ter mais segurança para seguir em frente e desenvolver nossas competências em outros níveis.

As competências **emocionais** dizem respeito à habilidade de perceber e controlar os próprios sentimentos e atitudes e à capacidade de entender as necessidades e o estado emocional do oponente. Este tipo de competência nos ajuda a estabelecer com maior facilidade uma conexão emocional com quem estamos negociando, e é fundamental para que possamos manter o controle sobre os rumos da negociação.

As competências **criativas** dizem respeito à habilidade para solucionar problemas e lidar com situações adversas de maneira inteligente. Este tipo de competência auxilia na busca de soluções inovadoras para as barreiras surgidas durante o processo da negociação e abre os caminhos para que possamos chegar ao acordo final com o menor esforço possível e com a maior eficiência no uso de nossos recursos.

Vamos tratar agora do conjunto especifico de competências que elegemos como fundamentais para sobreviver aos ataques dos tubarões na mesa de negociação. Foi uma escolha difícil, pois, entre tantas competências necessárias, foram escolhidas apenas aquelas que julgo serem as mais importantes para se ter sucesso diante de adversários tão agressivos. Durante o processo de seleção, procurei equilibrar, em um conjunto seleto de competências, as habilidades necessárias para que possamos crescer na carreira como negociadores, fortalecendo o espírito de combate e ampliando o domínio e controle sobre os elementos críticos da negociação.

PENSAMENTO ESTRATÉGICO

Pensar de maneira estratégica significa manter a nossa visão ampla o suficiente para ver o todo e suas conexões, sem perder de vista cada elemento de forma individual. Esta habilidade de ampliar o foco sem perder a concentração nos pontos centrais do processo é fundamental para obter sucesso como negociador. O pensamento estratégico nos faz entender os desdobramentos das nossas decisões e nos ajuda a antever as consequências dos nossos movimentos na mesa de negociação. Esta capacidade ajuda a visualizar cada cenário antes que ele possa acontecer, evitando que tomemos caminhos errados, que possam comprometer o resultado final da negociação.

O negociador que pensa de maneira estratégica parece possuir uma lente de longo alcance altamente desenvolvida, que o faz captar sinais do presente e projetá-los para o futuro, fazendo com que ele possa ver condições no ambiente que outras pessoas não conseguem perceber naturalmente. Esta lente projetada para o futuro dá a eles a oportunidade única de cometer erros virtuais sem comprometer os seus resultados no presente. Sua mente funciona como um simulador de voo para os pilotos iniciantes; nela, eles podem experimentar opções sem correr riscos reais de perder o negócio ou de comprometer recursos de maneira irresponsável.

O negociador que pensa de maneira estratégica pode antecipar os movimentos do seu oponente e, com isso, consegue bloquear suas jogadas antes que elas possam comprometer os seus ganhos no decorrer da negociação. Esta habilidade, quando bem desenvolvida, funciona como um radar permanentemente ligado, que capta todos os sinais enviados pelo ambiente que indiquem algum tipo de perigo que possa ameaçar a conquista dos seus objetivos.

FRIEZA E AUTOCONTROLE

O negociador profissional precisa desenvolver o autocontrole e a frieza necessárias para lidar com as situações de pressão que podem surgir durante uma negociação. Esta capacidade funciona como uma blindagem contra a falta de foco e a baixa concentração. Esta é uma competência que deve ser muito valorizada, pois alguns negociadores habilidosos procuram desestabilizar seus adversários através de táticas que visam atacar o controle emocional do seu oponente, fazendo com que percam a razão e passem a tomar decisões de maneira aleatória e desordenada. Este tipo de manobra é muito mais comum do que podemos supor no ambiente altamente competitivo da mesa de negociação, por isso precisamos agir com frieza e autocontrole se desejamos ter sucesso como negociadores.

Dominar nossas atitudes para que elas possam ser uma ferramenta de combate, e não uma armadilha que possa se abrir a qualquer momento sob os nossos pés, é uma competência estratégica na mesa de negociação. Este controle surge com o autoconhecimento; quando conhecemos nossas forças e nossas limitações, ficamos mais cautelosos quanto aos nossos movimentos e mais comedidos com as nossas palavras. O negociador precisar contar com todos os seus sentidos para alcançar seus objetivos, pois sem este conjunto de forças operando de maneira concentrada, fica muito difícil se manter no controle do processo quando estamos submetidos aos diversos tipos de pressão que podem surgir na mesa de negociação. Por este motivo, precisamos manter nossa cabeça fria mesmo quando estamos no meio do furacão, esta é a única maneira de nos elevar acima do tumulto e da desordem e encontrar uma rota de saída que seja viável para aquela situação.

DOMINAR A ANSIEDADE E O ESTRESSE

O estresse é um subproduto da vida nas cidades grandes, e quase ninguém está livre dele hoje em dia. Porém, não podemos permitir que ele fique circulando livremente por todas as áreas de nossa vida. Esta permissividade de acesso ilimitado transfere o estresse de uma área para outra, contaminando negativamente o nosso emocional e comprometendo de maneira decisiva nosso desempenho. Durante uma negociação, estamos submetidos a um estresse intenso e concentrado. Seus efeitos podem comprometer nossa capacidade de avaliar as situações e a qualidade das nossas decisões, e reações equivocadas nesta situação podem ser fatais para o negociador.

Precisamos desenvolver resistência ao estresse se desejamos ter sucesso como negociador. Não podemos permitir que ele domine nossa vida e interfira em nossos resultados. Para isso, não existe nada melhor que ter consciência sobre a maneira como o estresse nos afeta a nível físico e emocional, pois, conhecendo nossas reações, é possível trabalhar preventivamente para reduzir os efeitos do estresse diante de situações de pressão que possam comprometer o nosso desempenho durante a negociação. Este tipo de cuidado alivia a tensão e nos deixa mais preparados para reagir de maneira adequada nos momentos de conflito e, também, diante das mudanças inesperadas que acontecem a todo tempo na mesa de negociação.

SENSO DE OPORTUNIDADE

Perceber o momento certo é uma habilidade preciosa para o negociador. Muitos erros poderiam ser evitados se nosso senso de oportunidade estivesse em permanente estado de alerta, para saber identificar a hora certa de agir. Às vezes, colocamos tudo a perder em uma negociação por não termos capacidade para perceber o *timing* do fechamento do negócio. Quando perdemos este momento precioso, corremos o risco de perder a chance de alcançar nossos objetivos. O senso de oportunidade nos ajuda a enxergar possibilidades de negócio antes das outras pessoas, isso nos dá uma vantagem competitiva, que quando bem gerenciada, pode representar ganhos elevados a nosso favor no resultado final da negociação.

Saber a hora de agir é o que diferencia os iniciantes dos negociadores profissionais. Esta habilidade precisa ser acompanhada de uma grande capacidade de observação para poder captar com exatidão as oportunidades que surgem ao longo da negociação. Como o processo é dinâmico e está sujeito a mudanças imprevisíveis a todo o momento, precisamos avaliar constantemente estas novas oportunidades para saber aproveitá-las de maneira inteligente. Quanto dinheiro você já perdeu por não ter tido senso de oportunidade para calar a boca e fechar o acordo na hora certa e, sem perceber, colocou dúvidas na cabeça do seu oponente? Com isso, provavelmente, perdeu a chance de sair da mesa de negociação com um contrato vantajoso em suas mãos. Por isso que, em minha opinião, o senso de oportunidade é a competência-chave para o sucesso como negociador.

CAPACIDADE PARA ESTABELECER CONEXÃO EMOCIONAL

Boa parte das nossas decisões é tomada a nível subconsciente. Estudos recentes da novíssima ciência do neuromarketing revelam que mais de 95% das nossas decisões de compra são tomadas abaixo do nosso nível de consciência, ou seja, nosso lado lógico tem apenas uma pequena participação neste processo. É como se nosso subconsciente fosse o galã convidado para fazer o papel principal de uma novela, enquanto que nosso lado lógico é um simples coadjuvante em cena: os dois atores precisam interagir de maneira intensa para que o ambiente da novela seja o mais parecido possível com a vida real, mesmo tendo destaques diferentes, eles precisam atuar juntos para que o trabalho saia perfeito e possa ser elogiado pela crítica. Acontece a mesma coisa quando estamos negociando. Precisamos construir argumentos com um forte apelo emocional para que possamos ter acesso às áreas de decisão que ficam localizadas a nível subconsciente, que é o ator principal no processo da compra, mas não podemos deixar de apresentar argumentos lógicos, que possam servir de justificativa consciente para as decisões que estão sendo tomadas abaixo do nosso nível de consciência.

Quando estamos negociando, precisamos abrir uma porta de acesso que possa nos levar até a mente do nosso oponente. Encontrar esta porta é a melhor maneira de fazer com que nosso adversário passe a nos aceitar e queira interagir conosco, a chave que abre esta porta está diretamente ligada ao nível de interação emocional que acontece entre as partes envolvidas no processo da negociação. A capacidade de perceber, entender e processar as próprias emoções e as emoções das outras pessoas é, portanto, uma competência importantíssima para o bom desempenho das funções do negociador, pois é ela que vai estabelecer uma conexão emocional que nos ajudará no processo de convencimento da outra parte. Sem este tipo de conexão, não teremos acesso aos sentimentos e às necessidades do outro, e sem entender estes dois pontos fundamentais, fica muito difícil construir argumentos que possam acelerar o processo da negociação.

CRIATIVIDADE DIRIGIDA PARA RESULTADOS

Com a crescente complexidade do cenário dos negócios, a capacidade para encontrar soluções criativas para os problemas vem se tornando uma joia rara e preciosa aos olhos do mercado. Este tipo de habilidade nos ajuda a enfrentar os desafios com um olhar diferente: passamos a enxergar mais possibilidades do que limitações em nossa vida, tanto na esfera pessoal quanto profissional. Este tipo de visão é fundamental para resolver questões complexas e criar oportunidades de negócio em um ambiente de trabalho que passa por constantes mudanças, exigindo de nós uma grande capacidade de adaptação.

A criatividade, até bem pouco tempo atrás, era vista como competência de segundo nível nas empresas. Isso ocorria porque tínhamos um ambiente de negócios estável, onde as mudanças aconteciam a passos lentos e as pessoas não precisavam de tanta velocidade quanto hoje. Com a aceleração das atividades e com a crescente complexidade das operações, percebeu-se que os novos desafios só poderiam ser vencidos através de uma nova forma de pensar e de agir na solução dos problemas. Foi aí que a criatividade assumiu papel de destaque em todas as organizações e passamos a vê-la como um diferencial estratégico em nosso plano de negócios.

O negociador profissional precisa desenvolver um olhar criativo para solucionar os impasses que estão impedindo o fechamento do acordo. Sem este tipo olhar, fica muito difícil lidar com a complexidade deste novo ambiente de negócios que contaminou a mesa de negociação com a mesma intensidade que invadiu o ambiente empresarial. Hoje, as decisões precisam ser tomadas com mais velocidade e precisão, as mudanças são imprevisíveis e temos que lidar com variáveis que não podemos controlar diretamente. Por isso, é preciso agir de forma criativa quando estivermos negociando, para que possamos encontrar novos caminhos e soluções, evitando que o processo da negociação fique paralisado por falta de ideias criativas que possam solucionar os problemas de maneira inteligente e inovadora.

COMUNICAR AS IDEIAS DE MANEIRA ARTICULADA

A capacidade de comunicar nossas ideias de maneira articulada e interessante pode abrir muitas portas no mundo dos negócios. Percebemos que existe muito poder nas mãos daqueles que sabem dominar a fina arte da comunicação, pois são poucas as pessoas que conseguem transmitir seus pensamentos de maneira envolvente e sedutora. A comunicação exerce papel fundamental no processo da negociação, pois, quando não conseguimos transmitir nossos argumentos de maneira inteligente e cativante, ficamos impossibilitados de romper a barreira da resistência, que é fruto do medo do desconhecido. Precisamos entender que a primeira reação do nosso oponente é a de resistir a tudo que é novo e diferente, portanto, cabe a nós o papel de tornar nossa visão conhecida e aceita a ponto de fechar um acordo e fazer negócios juntos.

Para transferir nossas ideias para a mente do oponente, precisamos entender quais são seus objetivos, seus desejos e suas necessidades. Com estas informações em mãos, precisamos construir argumentos que possam convencê-lo de que podemos oferecer tudo o que ele busca e precisa. Sem tal certeza, nosso oponente não avançará para fechar o acordo; sua resistência será tamanha que, aos poucos, o afastará da mesa de negociação. É neste ponto que a comunicação pode exercer o seu papel com toda a sua força, facilitando o entendimento e abrindo as portas da percepção para nossos argumentos.

A palavra comunicar vem do latim e significa compartilhar algo em comum. É com esta visão que precisamos sentar à mesa para negociar, pensando em compartilhar nossas necessidades para que possamos chegar a um acordo que gere benefícios a todos os envolvidos. Todo grande negociador é também um grande comunicador, pois conhece os caminhos que podem levar a informação certa para a pessoa certa, no momento certo, facilitando o andamento de todo o processo da negociação.

FOCO E CONCENTRAÇÃO NAS METAS

Está ficando cada vez mais difícil manter a concentração naquilo que precisamos fazer. Somos constantemente bombardeados por novas tarefas, por interrupções e todo tipo de desvio que nos afasta do foco principal e nos deixa cada vez mais longe de nossos objetivos. Nossa atenção está sendo disputada a peso de ouro pela mídia, temos acesso ilimitado a informação em nossos *tablets*, *smartphones* e *notebooks*, estamos conectados vinte e quatro horas por dia durante sete dias por semana, e esta overdose de estímulos tem obrigado nosso cérebro a descartar boa parte de tudo que ele capta para evitar um colapso em nossa rede de processamento neural.

Quando as rodovias da informação que existem em nosso cérebro ficam congestionadas, reagimos como se estivéssemos parados em um terrível engarrafamento: ficamos impacientes, nosso nível de estresse se eleva, nos sentimos oprimidos e presos por não podermos encontrar uma saída viável e segura que nos leve ao nosso destino. Esta sensação reduz nossa capacidade de discernir o melhor caminho a seguir, comprometendo a qualidade das nossas decisões e o resultado do nosso trabalho.

Em nossa atividade, somos obrigados a lidar com muitos fatores que podem desviar a atenção dos nossos objetivos. Boa parte desses fatores são gerados de maneira intencional por nosso oponente, com o objetivo de enfraquecer nossa mente e tomar o controle da mesa de negociação. Outros são de natureza interna e estão relacionados com nossos próprios medos e inseguranças. A origem dos fatores não importa, o que importa mesmo é o efeito negativo que eles têm sobre a nossa capacidade de manter o rumo e a concentração nos pontos-chave da negociação.

Um negociador experiente sabe que precisa se concentrar totalmente em sua tarefa para que possa chegar a um bom acordo. Os desvios de atenção consomem energia e dissipam a capacidade de processar e entender as informações. Quando isso acontece, perdemos o senso de propósito e nosso foco fica comprometido. Precisamos reduzir o impacto dos desvios de atenção com um melhor estudo e planejamento das nossas ações, pois, sem estes cuidados, seremos soprados pelos ventos da mudança em várias direções, sem exercer um real controle sobre nossos atos e nossas escolhas.

Esse conjunto de competências, quando bem desenvolvido e gerenciado, pode se tornar um diferencial competitivo em sua carreira de negociador. Todas estas habilidades podem ser desenvolvidas através do treinamento técnico e da prática constante, por isso, não desista se percebeu que falta em você alguma delas. Pelo contrário, dedique-se e trabalhe duro para compensar suas limitações e desenvolver as competências que lhe faltam. Agindo desta forma, você estará em constante evolução e poderá permanecer na tropa de elite desta apaixonante profissão.

PONTOS-CHAVE DO CAPÍTULO

- A verdade é esta: todos querem chegar ao topo em suas atividades e colher os doces frutos do reconhecimento. Porém, são poucos os que estão dispostos a pagar o preço para serem respeitados como competentes naquilo que fazem;

- A escolha do canal correto depende do tempo que você tem disponível para investir em seu crescimento, do tipo de conteúdo que você está buscando e do grau de organização e disciplina que você possui;

- As competências podem ser divididas em três categorias básicas: técnicas, emocionais e criativas. Cada um destes grupos responde por habilidades fundamentais que precisam ser desenvolvidas em nossa trajetória profissional para que possamos vencer os desafios e crescer como negociadores;

- O pensamento estratégico nos faz entender os desdobramentos das nossas decisões e nos ajuda a antever as consequências dos nossos movimentos na mesa de negociação;

- O negociador profissional precisa desenvolver o autocontrole e a frieza necessários para lidar com as situações de pressão que podem surgir durante uma negociação. Esta capacidade funciona como uma blindagem contra a falta de foco e a baixa concentração;

- Durante uma negociação, estamos submetidos a um estresse intenso e concentrado, e seus efeitos podem comprometer nossa capacidade de avaliar as situações e a qualidade das nossas decisões. Reações equivocadas nesta situação podem ser fatais para o negociador;

- O senso de oportunidade nos ajuda a enxergar possibilidades de negócio antes das outras pessoas. Isso nos dá uma vantagem competitiva que, quando bem gerenciada, pode representar ganhos elevados a nosso favor no resultado final da negociação;

- A capacidade de perceber, entender e processar as próprias emoções e as emoções das outras pessoas é uma competência importantíssima para o bom desempenho das funções do negociador;

- Com a crescente complexidade do cenário dos negócios, a capacidade para encontrar soluções criativas para os problemas vem se tornando uma joia rara e preciosa aos olhos do mercado.

- A capacidade de comunicar nossas ideias de maneira articulada e interessante pode abrir muitas portas no mundo dos negócios. Percebemos que existe muito poder nas mãos daqueles que sabem dominar a fina arte da comunicação;

➤ Um negociador experiente sabe que precisa se concentrar totalmente em sua tarefa para que possa chegar a um bom acordo. Os desvios de atenção consomem nossa energia e dissipam nossa capacidade de processar e entender as informações.

CAPÍTULO 10

O MODELO SIM DE NEGOCIAÇÃO

O **Modelo SIM de Negociação** resume, de maneira inteligente, a essência de todas as ferramentas, táticas e estratégias apresentadas ao longo deste livro. Usar este modelo como referência para o nosso trabalho ajuda a visualizar cada objetivo que devemos buscar durante as etapas do processo da negociação. O acróstico SIM, formado pelas primeiras letras de cada fase do modelo, foi usado para não deixar dúvidas sobre a sua função, que é convencer o nosso oponente a aceitar os nossos argumentos com mais facilidade para que possamos avançar na negociação até ouvir o tão esperado SIM, que indica, de maneira clara, que cumprimos a nossa missão com sucesso. Portanto, a palavra SIM representa de forma simples e resumida o resultado que todos os negociadores esperam alcançar como fruto do seu trabalho.

A base científica para criação deste modelo foi emprestada da Teoria do Cérebro Trino, desenvolvida pelo neurocientista Paul MacLean, da Universidade de Yale, em 1952, em que ficou constatado que não temos apenas um cérebro funcionando em nossa cabeça, e sim três, que funcionam de maneira independente e atuam em diferentes níveis durante o processamento das informações. Descobriu-se, também, que nosso cérebro foi crescendo em camadas ao longo da história evolutiva, e cada camada encontrada corresponde a um estágio da nossa evolução como espécie. Estas camadas foram sendo criadas para satisfazer diferentes necessidades de sobrevivência que surgiram ao longo do tempo. A cada mudança no meio ambiente, nosso cérebro evoluía e ficava mais sofisticado, tornando-se capaz de gerenciar um número cada vez maior de informações, rotinas, sentimentos e emoções.

O primeiro destes cérebros é chamado de **Cérebro Instintivo**. Ele é o mais antigo de todos e foi formado logo no início da nossa evolução, por isso, também é conhecido como cérebro reptiliano ou pré-histórico. Como seu próprio nome já diz, ele é responsável pelo processamento de todas as operações que mantêm os nossos órgãos funcionando de maneira autônoma, abaixo do nosso nível de consciência. É este cérebro que cuida dos batimentos cardíacos, da nossa respiração, do nosso circuito de sono e vigília, e responde por todos os instintos ligados à sobrevivência e à reprodução da espécie. É nesta camada mais interna que estão guardados os nossos instintos ancestrais, ligados à nossa origem animal primitiva. Sua função básica é monitorar o ambiente em busca de ameaças que possam comprometer a nossa integridade física e a nossa sobrevivência, portanto, tudo que de alguma forma possa representar algum perigo é imediatamente afastado do nosso convívio para não comprometer a nossa vida.

Como negociadores, precisamos estimular esta parte do cérebro dos nossos oponentes, usando, para isso, argumentos que possam apelar para o seu instinto natural de autopreservação e sobrevivência. Temos que mostrar aos nossos adversários tudo que eles podem perder caso não fechem negócio conosco, e como esta reação negativa pode afetar a sobrevivência deles no mercado ou dentro de sua própria empresa.

A segunda camada do nosso cérebro é mais recente do que a anterior e é conhecida como **Cérebro Emocional**. Esta parte fica responsável por gerenciar nossos sentimentos e emoções, cuidando para que eles não fujam do nosso controle. É este nível específico que monitora nossas reações emocionais, controlando a sua intensidade, para que possamos manter a cabeça fria diante de situações de forte pressão. É a camada que cuida da nossa inteligência emocional e evita que tenhamos reações descontroladas, que possam comprometer a segurança de nossos relacionamentos.

O negociador profissional sabe usar as emoções do oponente a seu favor na mesa de negociação. Precisamos entender como gerenciar estas emoções para poder convencer nossos clientes de maneira mais rápida e fácil, usando, para isso, argumentos emocionais que possam nos ajudar a ganhar tempo e a reduzir os custos da negociação.

A camada mais externa do nosso cérebro é também a mais recente de todas, e responde pelas chamadas funções executivas elevadas, que estão relacionadas à solução de problemas através do raciocínio lógico e na execução de tarefas como planejamento estratégico, tomada de decisão, avaliação de riscos e tudo que diz respeito a funções de raciocínio analítico. Por esta razão, foi batizada como **Cérebro Analítico ou Funcional.** É nesta camada que reside a racionalidade e a lógica.

Pesquisas recentes da neurociência indicam que os negociadores costumam supervalorizar este nível quando estão construindo os seus argumentos de venda, quando deveriam, na verdade, estar mais focados em atender as necessidades instintivas de seus clientes. Nas pesquisas, ficou evidente que mais de 85% das nossas decisões de compra são tomadas a nível subconsciente, ou seja, seguindo os instintos de sobrevivência que estão localizados em nosso cérebro primitivo. Isso vale para qualquer categoria de produto e para qualquer país do mundo, é uma verdade universal que se repete por estar ligada a um fator que todos os seres humanos têm em comum: sua origem ancestral.

Cada uma das três etapas do Modelo SIM de Negociação foi construída utilizando o conhecimento acumulado nos últimos anos sobre o funcionamento do cérebro. Nosso objetivo é criar estratégias que possam abrir a mente do oponente, facilitando com isso o acesso a cada uma das três camadas do cérebro que correspondem aos diferentes níveis de processamento de informação. Para chegar com sucesso a este objetivo, precisamos decifrar os códigos secretos que dão acesso às necessidades, desejos e informações guardadas a sete chaves dentro do cofre mental dos nossos clientes; os códigos que abrem este cofre estão relacionados com a forma natural que nosso cérebro usa para criar conceitos, avaliar os riscos do ambiente e analisar as informações que recebe através dos cinco sentidos. Antes de apresentarmos cada uma das fases do Modelo SIM de Negociação, iremos abordar cada um destes temas para ajudá-lo a entender como utilizar estas ideias de forma prática durante as suas negociações.

REDES DE PROTEÇÃO

Nosso cérebro é a mais perfeita estrutura de processamento de informação que existe. É através da mente que criamos o mundo em que vivemos. A função básica deste incrível equipamento é preservar a nossa sobrevivência e, para isso, ele faz projeções para avaliar os perigos do ambiente, visualiza o futuro e realiza bilhões de operações por segundo apenas para que possamos executar as nossas atividades diárias com segurança. Isso consome um estoque enorme de energia, e é por este motivo que nosso cérebro foi programado para trabalhar sempre com a máxima eficiência energética. Qualquer situação que envolva desperdício de energia é imediatamente corrigida ou descartada.

Para economizar energia, nosso cérebro cria rotinas preestabelecidas de trabalho que são repetidas sempre da mesma forma. Isso nos ajuda a pensar menos na hora de tomar decisões e, com isso, reduzimos o nosso consumo de energia. Ao longo dos anos, estas rotinas vão se transformando em hábitos que viram parte do nosso comportamento. Para mudar, temos que gastar muita energia, precisamos aprender novas habilidades, temos que lidar com o desconhecido e somos atacados pelo estresse durante o processo da mudança. É por isso que mudar é um processo tão difícil, pois exige de nós um alto consumo de energia e a tendência natural do nosso cérebro é operar utilizando o mínimo de energia possível. Ou seja, nossa vocação para mudança é muito pequena, nós mudamos apenas quando percebemos que o ganho de energia resultante desta mudança será maior que a energia necessária para mudar. Se esta equação não for muito positiva, preferimos continuar fazendo as coisas do jeito que sempre fizemos.

Com o tempo, o conjunto de rotinas que aprendemos se torna uma armadilha. Sempre que estamos diante de uma nova situação, nosso cérebro busca automaticamente uma forma de resolver o problema em seu estoque de experiências anteriores. Ele faz isso em busca de rotinas prontas que possam solucionar o problema com o menor consumo de energia possível. Quando uma solução parece ser eficiente, ele para imediatamente de procurar outras opções e adota a solução encontrada, por isso temos a tendência de repetir soluções do passado para os problemas do presente, coisa que nem sempre funciona.

Como todos já puderam perceber, precisamos desaprender as rotinas do passado, pois só assim poderemos abrir espaço para as novas ideias e conceitos do presente.

REDE DE ALERTA

Nossa rede de proteção opera em três níveis. O primeiro deles é chamado de Rede de Alerta, e sua função principal é preservar nosso espaço físico das ameaças. Este nível de controle funciona monitorando permanentemente todos os objetos e pessoas que se aproximam de nós para avaliar se podem ser considerados uma ameaça em potencial. É como se houvesse, em nossa cabeça, um *scanner* ligado a um conjunto de câmeras de vigilância que a todo o momento mapeia o ambiente e capta informações para serem avaliadas. Todo este processo não leva mais do que seis segundos, portanto, se você for considerado uma ameaça, será barrado no primeiro nível de proteção e não chegará nem a ser considerado como opção. Por isso, cuidado: a impressão que você causa nestes primeiros segundos é decisiva para o seu sucesso como negociador.

REDE DE ORIENTAÇÃO

O segundo nível de proteção é chamado de Rede de Orientação, e sua principal função é checar se o que passou pela Rede de Alerta realmente é inofensivo e não representa um perigo para nossa integridade. Nesta fase, passamos a avaliar a postura, as palavras, as ideias, e as expressões faciais das pessoas para saber se o que elas dizem é verdade e se podemos confiar. É a fase onde a credibilidade do negociador está sendo testada, qualquer inconsistência nesta hora pode fazer você perder uma boa oportunidade de negócio. Neste momento, o seu oponente está formando um conceito e posicionando os seus argumentos dentro de uma escala de valor e importância, por isso esta fase é fundamental para determinar o nível de atenção que iremos receber. Se o cliente conseguir entender que você pode ajudá-lo a conquistar seus objetivos, a atenção dele será totalmente direcionada para você.

REDE DE EXECUÇÃO

O terceiro nível de proteção é chamado de Rede de Execução, e sua principal função é afastar as ameaças que foram detectadas pelos dois sistemas de proteção anteriores. É neste nível que acionamos os nossos "segurança" internos para nos livrar daquela ameaça. É a fase que o cliente não atende nossas ligações, não responde nossos e-mails e então perdemos todo o contato com ele. Isso acontece, geralmente, porque fomos considerados como ameaças e estamos sendo afastados pela sua rede de proteção natural. Temos que cuidar para sermos aprovados e aceitos pelos dois sistemas de proteção anteriores se quisermos evitar que o cliente nos afaste do negócio. Portanto, zele por sua imagem profissional e tente estabelecer uma relação de confiança e credibilidade o quanto antes, pois, se não fizer isso, você corre um sério risco de ser descartado da negociação.

COMUNICAÇÃO DIRIGIDA PARA RESULTADOS

A principal ferramenta de trabalho do negociador é a comunicação. Sem ela, não é possível apresentar nossos argumentos de forma interessante e envolvente aos clientes. Para que nossa comunicação seja realmente efetiva e tenha um forte poder de convencimento, para que fechem negócios conosco, é preciso que esteja totalmente dirigida a entender e traduzir os desejos de nosso oponente. Para isso, precisamos entender como o cérebro processa informações e quais são os atalhos neurológicos que podemos seguir para motivá-los e convencê-los de que a nossa oferta é a melhor opção. Conhecer os caminhos do cérebro é uma boa maneira de construir um modelo de comunicação que possa refletir a maneira natural e orgânica que a mente usa para processar, entender e aceitar novas ideias, conceitos e informações.

Para construir uma argumentação convincente é preciso entender que a memória do nosso cliente funciona de forma seletiva. O cliente só guarda e retém na memória as informações que são importantes para a sua segurança, para a sua sobrevivência ou para a manutenção de sua vida. Todas as demais informações recebidas serão eliminadas, caso o cérebro entenda que elas não são importantes para a preservação da espécie. Este processo de seleção segue uma programação primitiva que funciona de forma automática: nesta hora, nosso instinto de sobrevivência fala mais alto e assume o comando das operações.

Trabalhamos utilizando basicamente dois tipos de memória: de curto prazo e de longo prazo. A memória de curto prazo possui baixa capacidade de armazenagem e alta velocidade de processamento, e sua função principal é organizar as tarefas que precisamos executar a cada momento. Ela funciona como a memória RAM dos computadores e serve para coordenar, organizar e executar múltiplas tarefas. Este é o tipo de memória que usamos quando estamos respondendo e-mails, preparando uma apresentação de negócios ou participando de uma reunião com clientes. Nossos argumentos precisam ser construídos com o objetivo de captar a atenção e ativar este tipo de memória, pois, se isso não for feito, será muito difícil acessar os caminhos que levam às regiões onde ficam localizadas as memórias de longo prazo dos nossos clientes.

Já a memória de longo prazo opera de forma inversa, pois possui alta capacidade para armazenar informações e baixa velocidade de processamento. Ela funciona como os discos rígidos dos computadores e serve para guardar todo o conhecimento, todas as vivências, informações e os conceitos que absorvemos ao longo de nossa vida. Conseguir registrar nossa mensagem na memória de longo prazo dos nossos clientes deve o ser o primeiro objetivo da nossa comunicação.

Os caminhos percorridos pela informação em nossa cabeça são muito parecidos com um entroncamento de rodovias, onde os dados são divididos e encaminhados até os endereços certos para serem processados. Este conjunto de estradas é construído através de milhares de interações realizadas entre os nossos neurônios. Quando uma informação captada chama a nossa atenção e é classificada como de máxima importância, nosso cérebro automaticamente transfere esta informação da nossa memória de curto prazo para nossa memória de longo prazo. Portanto, se você deseja que seus argumentos fiquem marcados na memória do seu cliente é preciso captar a sua atenção e depois demonstrar a importância daquilo que você está falando para a sua sobrevivência.

Ocupar um espaço na memória de longo prazo do cliente é tudo que o negociador profissional deseja. Quando somos lembrados, aumentam as nossas chances de sermos encontrados nas redes sociais, nosso cartão de visita nunca é perdido, nossas chances de repetir negócios cresce e a possibilidade de receber indicações de novos clientes aumenta. É por este motivo que nossa comunicação precisa ser construída e planejada para posicionar de maneira positiva a nossa marca e os nossos argumentos na cabeça do cliente. Para isso, precisamos descobrir o que fazer para que nossa abordagem de venda seja inesquecível.

A primeira lição que devemos aprender sobre o nosso cérebro é que ele funciona como uma grande sala de cinema, onde todos os estímulos que recebemos do ambiente são convertidos em imagens. Nossa mente não processa palavras, ela transforma estas palavras em imagens que possuem um significado simbólico e funcionam como um referencial de memória para aquela informação. Quando precisamos lembrar alguma coisa, voltamos a acessar esta mesma imagem e buscamos o significado que ficou armazenado ali. É assim que formamos as nossas opiniões, aprendemos novos conceitos e é com base nestes referenciais que tomamos as nossas decisões.

Vivemos em uma sociedade de consumo que nos bombardeia a cada momento com milhares de informações, promoções e campanhas de vendas que querem captar nossa atenção a qualquer preço. A mente do consumidor virou o alvo principal das empresas que querem posicionar suas marcas no mercado. Todo este excesso de estímulos dificulta o nosso trabalho de venda, pois as pessoas estão ficando cansadas de receber tantas cantadas para mudar de marca e simplesmente apagam da memória tudo aquilo que não parece ser diferente, inovador e criativo. Por isso, nossa mensagem precisa ser atraente, simples e direta, para evitar que nossos argumentos sejam deletados da cabeça do cliente.

Somos seres individualistas por natureza. Nosso instinto de sobrevivência nos leva a buscar primeiro as nossas necessidades, depois as dos outros. Quando sentimos que estas necessidades básicas correm o risco de não serem atendidas, imediatamente dirigimos toda a nossa atenção para tentar solucionar o problema. As necessidades básicas do ser humano giram em torno da proteção do seu território, do desejo de conquista e dominação, da segurança e cuidados com o núcleo familiar, da perpetuação da herança genética e social, da necessidade de ser amado e reconhecido, e da vontade de deixar marcas de seus passos para a posteridade. Nossa comunicação precisa contar com todos estes elementos para captar a atenção dos nossos clientes, mobilizando suas energias e fazendo com que sua decisão de compra seja favorável ao nosso produto.

Como já foi dito, nosso cérebro sempre tenta operar consumindo o mínimo de energia para executar suas tarefas. É por isso que ele sempre descarta qualquer coisa que entre em seu raio de ação e não possa contribuir de maneira decisiva para reduzir o seu consumo de energia. Os melhores argumentos de venda estão todos ligados a maneiras de simplificar a nossa vida, a formas para reduzir o nosso estresse, a retirada de obstáculos do nosso caminho, a produzir soluções para os nossos problemas, a facilitar o nosso acesso aos bens de consumo, a maneiras de nos aproximar das fontes de informação, a reduzir as distâncias que precisamos percorrer, a ampliar nosso poder de armazenar dados importantes e a tudo que possa estar relacionado à facilidade de acesso aos recursos que necessitamos para preservar a nossa sobrevivência.

Para trabalhar com a máxima eficiência, nosso cérebro avalia as informações captadas no ambiente da seguinte forma: primeiro cria um significado para esta nova informação e só depois ele se preocupa com os detalhes. Este sistema funciona como um porteiro, que pode liberar ou barrar a entrada de novas informações: aquelas que possuem um significado relevante são convidadas a entrar; as outras, sem importância, são imediatamente descartadas antes mesmo de serem processadas. Portanto, antes de entrar nos detalhes da negociação, tenha certeza de que seus argumentos foram capazes de construir um significado relevante na cabeça do seu cliente, sem esta certeza, não vale à pena avançar rumo ao fechamento do negócio.

Pode parecer que nosso cérebro processa várias informações ao mesmo tempo, mas isso não é verdade: ele processa uma informação de cada vez em locais específicos e separados. A velocidade do processamento, juntamente com nossa capacidade de integrar as informações através de conceitos, é o que dá a impressão que processamos as informações de forma simultânea. Nosso discurso precisa prever esta situação e colaborar para facilitar o processamento das informações. Temos que abrir e fechar cada um dos nossos argumentos de venda para que eles possam ser endereçados de forma rápida para os locais onde serão processados. Não podemos misturar os argumentos, indo e voltando sem dar um sentido lógico ao fluxo da comunicação.

Nosso cérebro possui sistemas de controle de acesso de informação muito rígidos para poupar energia de processamento e, por este motivo, não somos muito tolerantes com pessoas que falam muito e não dizem nada. Nosso discurso de vendas precisa injetar doses cavalares de motivação na cabeça dos clientes para conseguir manter o cérebro ligado naquilo que estamos falando. Hoje, mais do que nunca, precisamos ser criativos, pois o tempo de tolerância do cérebro à chatice é de, no máximo, dez minutos, e reduz mais a cada ano. Após este curto período, começamos a viajar em nossos pensamentos, desviamos nossa atenção e passamos a pensar em coisas que, para nós, são consideradas mais importantes.

A primeira vez que nosso cliente escuta nosso discurso de venda está armazenando estas informações em sua memória de curto prazo que, como dito antes, precisa ser estimulada para transferir as informações para a memória de longo prazo. Pesquisas recentes indicaram que fazer pequenos resumos das informações a cada vinte minutos estimula a transferência dos dados para nossa memória de longo prazo. É como se nosso cérebro precisasse de um *pit stop* mental para organizar e avaliar as informações, por isso, indicamos que você crie pequenas paradas ao longo de sua apresentação onde possa resumir e dar destaque aos pontos que deseja marcar na memória de seu cliente.

Um dos marcadores que nosso cérebro usa para indicar que uma informação é relevante é o **nível de emoção** disparado no momento que tomamos conhecimento do fato. As emoções funcionam como um *post-it* mental utilizado pelo cérebro para sinalizar que uma informação é importante para manutenção do nosso bem estar. Quando associamos emoções positivas ao nosso discurso de venda, estamos dando uma dica para o cérebro do cliente guardar a informação, pois ela pode ser relevante para a sua sobrevivência. Informações que estão associadas a uma forte carga emocional são lembradas 55% mais do que informações que não estão associadas a qualquer tipo de emoção. Esta é uma estatística universal comprovada em estudos realizados com vários grupos de consumidores em todo mundo.

As informações entram em nossa mente através de várias portas de acesso. Essas portas correspondem aos nossos cinco sentidos, e à medida que mais sentidos são estimulados ao mesmo tempo, nosso cérebro passa a ativar mais áreas para processar esta nova informação. Com isso, ela passa a ser codificada com mais rapidez e com maior precisão. É por isso que precisamos usar uma linguagem que possa estimular o maior número de sentidos do cliente no momento da apresentação de vendas. Uma boa forma de fazer isso é pintando um quadro mental usando analogias e metáforas para que o cliente possa viver cada benefício do produto como se estivesse em um simulador de realidade virtual.

O negociador profissional sabe que precisa personalizar o seu discurso para que ele possa atender as reais necessidades do seu cliente. A melhor forma de fazer isso é criando um discurso que dispare uma imagem mental que faça seu cliente ver-se desfrutando dos benefícios do produto antes mesmo de fechar negócio. Neste sentido, o negociador precisa agir como um diretor de cinema, que vai criando e gravando cada cena na mente do cliente até que o filme possa chegar ao seu desfecho final: o acordo entre as partes e a assinatura do contrato.

As imagens mentais são uma poderosa ferramenta de venda. Elas refletem a maneira natural utilizada pelo nosso cérebro para processar informações. O uso da visualização ajuda na lembrança de nossa mensagem. Isso acontece porque nosso cérebro não consegue diferenciar uma imagem real de uma imagem virtual, pois, para o cérebro, as duas imagens são consideradas reais e verdadeiras. Por essa razão, é tão importante fazer com que nosso cliente visualize e experimente os benefícios daquilo que podemos oferecer, mesmo que seja apenas de maneira simulada. Quando realizamos tal feito, temos em nossas mãos o poder de fazer com que nossos clientes possam sentir a satisfação de ter suas necessidades atendidas antes mesmo de provar nosso produto.

Essas imagens precisam ser transmitidas em blocos compactos de informação, formados por ideias que possuam algum tipo de correlação entre si. Informações apresentadas em blocos são processadas ao mesmo tempo, facilitando com isso a formação de conceitos e a aprendizagem. Nossa comunicação deve seguir esta mesma regra; os diversos conteúdos devem estar divididos em blocos compactos de informação e formados por pontos que estejam interligados de alguma forma. Esta estratégia de comunicação facilita o entendimento, pois organiza os conteúdos da mesma maneira que o cérebro faz quando está processando informações. Os blocos de informação devem ser divididos por temas e apresentados em uma sequência que facilite o entendimento, partindo dos temas mais amplos e gerais para, só depois, entrar nos temas mais específicos.

ETAPAS DO MODELO SIM DE NEGOCIAÇÃO

PRIMEIRA ETAPA: S DE SEDUZIR

Como em um ritual de acasalamento, precisamos primeiro seduzir para depois conquistar. Se desejamos convencer as pessoas a adotar nossos argumentos e mudar sua visão acerca do problema, temos que começar com um jogo bem estruturado de sedução. A sedução tem uma ligação direta com nosso Cérebro Instintivo, onde estão guardados os códigos básicos que regem a nossa sobrevivência. Quando usamos argumentos que estão conectados com esta região, apelamos para os instintos primitivos do ser humano, que são responsáveis pela preservação da espécie e pela manutenção da nossa integridade física, mental, social e profissional. Quando o discurso de venda acena para o cliente com a possibilidade de correr riscos relativos à sua sobrevivência, ele é atraído como uma mosca para o mel.

O ritual de sedução é um jogo que desperta o interesse e movimenta forças que ficam adormecidas a maior parte do tempo. Estas forças estão latentes e adormecidas pela postura de convívio social exigida de nós pela sociedade moderna, mas isso não significa que este tipo de energia primitiva esteja desligada. Muito pelo contrário, ela encontra-se ativa e interfere muito em nossas decisões profissionais e pessoais. Na verdade, nossas decisões têm pouco a ver com lógica e racionalidade; o ser humano é movido por suas paixões e desejos escondidos. Durante a fase de sedução, temos que apelar para estas forças adormecidas se pretendemos conquistar posições importantes na mente do nosso oponente.

Negociar é um jogo de sedução onde dois oponentes estão usando toda a força de sua personalidade e o poder de atração de seu carisma para influenciar na mudança de atitude da outra parte. O ser humano gosta de ser seduzido, pois aquele que seduz precisa valorizar muito o seu objeto de sedução para investir tanto tempo e energia para conquistá-lo. Isso aumenta a autoestima do oponente e mexe com seu ego, porque sabe que está enfrentando um negociador de peso, que sabe usar as armas certas e que pode vencê-lo a qualquer momento. Este tipo de risco também seduz, pois somos atraídos pela sensação de não saber o que pode acontecer. Esta é uma das razões pela qual a traição faz parte da vida de tantos casais; não tanto pelo ato em si, mas pela oportunidade de quebrar regras e fazer algo proibido, o que nos faz correr o risco de perder a relação estável que conquistamos.

Os sedutores são considerados pessoas de inteligência elevada e com grande habilidade social. São mestres em perceber os desejos que estão ocultos e sabem usá-los, como ninguém, a seu favor na mesa de negociação. Nesta primeira fase do modelo, precisamos investir toda a nossa energia na sedução. Temos que atrair a atenção do oponente apelando para argumentos que possam estimular seus instintos biológicos primitivos.

A fase da sedução é fundamental para que possamos ter sucesso nas fases seguintes. Precisamos ter certeza de que nosso oponente foi atraído por nossos argumentos para que possamos avançar. Sem esta certeza, não vale a pena seguir em frente, é melhor continuar investindo até o oponente morder a isca.

SEGUNDA ETAPA: I DE INSPIRAR

A segunda fase do modelo tem tudo a ver com nosso Cérebro Emocional. É a fase em que precisamos trabalhar o lado emocional do processo da negociação. Neste momento, precisamos criar uma visão inspiradora, que faça referência aos sonhos e às necessidades emocionais do nosso oponente. Sabemos que, por trás de todo negociador frio, existe um ser humano emocional, que possui sentimentos e fragilidades que deseja ver respeitadas e consideradas antes de tomar uma decisão. Isso nos leva a construir argumentos que possam apelar para as carências de afeto e para o vazio emocional do nosso oponente, afinal, todos nós gostamos de nos sentir amados e respeitados, mesmos aqueles que aparentam não ter coração ficam amolecidos quando sentem que seus sentimentos estão sendo considerados e correspondidos.

Conseguir uma conexão emocional é fundamental para ter sucesso nesta etapa do processo. São nossas emoções que nos inspiram e nos fazem sonhar com um futuro melhor e mais confortável para nós e para nossa família. Esta necessidade de ser entendido e respeitado é uma poderosa força e abre várias portas para que possamos construir uma relação de confiança com nosso oponente. As nossas emoções têm um peso importante em nossas decisões: somos movidos por elas e ficamos mais expostos a influências externas quando existe um apelo emocional que toque os sentimentos que estão guardados no fundo do nosso coração. O negociador experiente sabe que, antes de conquistar a cabeça do oponente, é preciso conquistar seu coração. Sem estabelecer frentes nestes dois campos de batalha, fica difícil criar o clima adequado de confiança para seguir para a última etapa do modelo.

TERCEIRA ETAPA: M DE MOTIVAR

A última etapa do modelo está relacionada ao nosso Cérebro Analítico. É o momento em que precisamos apelar para o lado racional e lógico do nosso oponente, apresentando motivos suficientes que provem, sem sombra de dúvida, que nossa proposta é a opção mais interessante. É hora de usar argumentos com forte apelo lógico para convencê-lo a tomar a sua decisão. Lembre-se que o sucesso nesta etapa está diretamente ligado à qualidade do trabalho realizado pelo negociador nas etapas anteriores. A decisão racional sempre deve ser a última a ser trabalhada no modelo.

Perceba que as etapas do modelo seguem a mesma linha de evolução do nosso cérebro. Partimos do cérebro primitivo e instintivo, que é o mais antigo de todos os três; depois passamos para o cérebro do meio, que é mais recente, onde fica o centro de controle das nossas emoções; para chegar ao final, em nosso cérebro mais recente, que cuida da parte racional e lógica do processo da decisão. Isto não é mera coincidência. O modelo foi pensado para seguir este caminho evolutivo de propósito, para que nossa argumentação pudesse percorrer todas as etapas de convencimento que fazem parte do processo de escolha e decisão natural do ser humano, seguindo a escala de importância que a própria natureza criou durante milhares de anos de evolução.

PONTOS-CHAVE DO CAPÍTULO

- O Cérebro Instintivo é o mais antigo de todos e foi formado logo no início da nossa evolução, por isso, também é conhecido como cérebro reptiliano ou pré-histórico. Ele é responsável pelo processamento de todas as operações que mantêm nossos órgãos funcionando de maneira autônoma, abaixo do nosso nível de consciência;
- O Cérebro Emocional é a parte que fica responsável por gerenciar nossos sentimentos e emoções, cuidando para que eles não fujam do nosso controle. É este nível específico que monitora nossas reações emocionais, controlando a sua intensidade, para que possamos manter a cabeça fria diante de situações de forte pressão;
- O Cérebro Analítico é a camada mais externa do nosso cérebro, e também a mais recente de todas. Ele responde pelas chamadas funções executivas elevadas, que estão relacionadas à solução de problemas através do raciocínio lógico e na execução de tarefas como planejamento estratégico, tomada de decisão, avaliação de riscos e tudo que diz respeito a funções de raciocínio analítico e lógico;
- Nossa rede de proteção opera em três níveis. O primeiro deles é chamado de Rede de Alerta, e sua função principal

é preservar nosso espaço físico das ameaças. Este nível de controle funciona monitorando permanentemente todos os objetos e pessoas que se aproximam de nós para avaliar se podem ser considerados uma ameaça em potencial;

- O segundo nível de proteção é chamado de Rede de Orientação. Sua principal função é checar se o que passou pela Rede de Alerta realmente é inofensivo e não representa um perigo para nossa integridade. Nesta fase passamos a avaliar a postura, as palavras, as ideias e as expressões faciais das pessoas para saber se o que elas dizem é verdade e se podemos confiar;

- O terceiro nível de proteção é chamado de Rede de Execução. Sua principal função é afastar as ameaças que foram detectadas pelos dois sistemas de proteção anteriores. Neste nível acionamos os nossos "seguranças" internos para nos livrar de uma ameaça. É nesta fase em que o cliente não atende nossas ligações, não responde nossos e-mails e perdemos todo o contato com ele. Geralmente, isso acontece porque fomos considerados como ameaças e estamos sendo afastados pela sua rede de proteção natural;

- Trabalhamos utilizando basicamente dois tipos de memória: a de curto e a de longo prazo. A memória de curto prazo possui baixa capacidade de armazenagem e alta velocidade de processamento. Sua função principal é organizar as tarefas que precisamos executar a cada momento. Ela funciona como a memória RAM dos computadores, e serve para coordenar, organizar e executar múltiplas tarefas;

- A memória de longo prazo opera de forma inversa. Ela possui uma alta capacidade para armazenar informações e baixa velocidade de processamento, e funciona como os discos rígidos dos computadores, guardando todo o conhecimento, todas as vivências, todas as informações e todos os conceitos que absorvemos ao longo de toda a nossa vida;

O MODELO SIM DE NEGOCIAÇÃO

- Os caminhos percorridos pela informação em nossa cabeça são muito parecidos com um entroncamento de rodovias, onde os dados são divididos e encaminhados até os endereços certos para serem processados;

- Ocupar um espaço na memória de longo prazo do cliente é tudo que o negociador profissional deseja. Quando somos lembrados, aumentam as nossas chances de sermos encontrados nas redes sociais, nosso cartão de visita nunca é perdido, nossas chances de repetir negócios cresce e a possibilidade de receber indicações de novos clientes aumenta;

- Pode parecer que nosso cérebro processa várias informações ao mesmo tempo, mas isso não é verdade. Ele processa uma informação de cada vez em locais específicos e separados. A velocidade do processamento, juntamente com nossa capacidade de integrar as informações através de conceitos, é o que dá a impressão que processamos as informações de forma simultânea;

- Fazer pequenos resumos das informações a cada vinte minutos estimula a transferência dos dados para nossa memória de longo prazo. É como se o nosso cérebro precisasse de um *pit stop* mental para organizar e avaliar as informações;

- Um dos marcadores que nosso cérebro usa para indicar que uma informação é relevante é o nível de emoção disparado no momento que tomamos conhecimento do fato. As emoções funcionam como um *post-it* mental utilizado pelo cérebro para sinalizar que uma informação é importante para manutenção do nosso bem-estar;

- As imagens mentais são uma poderosa ferramenta de venda, elas refletem a maneira natural utilizada pelo nosso cérebro para processar informações. O uso da visualização ajuda a fazer com que nossa mensagem seja lembrada com mais facilidade. Isso acontece porque nosso cérebro não consegue diferenciar uma imagem real de uma imagem virtual.

Para o cérebro, as duas imagens são consideradas reais e verdadeiras;

- A sedução tem uma ligação direta com nosso Cérebro Instintivo, onde estão guardados os códigos básicos que regem a nossa sobrevivência. Quando usamos argumentos que estão conectados com esta região, estamos apelando para os instintos primitivos do ser humano. Estes instintos são responsáveis pela preservação da espécie e pela manutenção da nossa integridade física, mental, social e profissional;

- A segunda fase do modelo tem tudo a ver com nosso Cérebro Emocional, é a fase em que precisamos trabalhar o lado emocional do processo da negociação. Neste momento, precisamos criar uma visão inspiradora que faça referência aos sonhos e às necessidades emocionais do nosso oponente;

- A última etapa do modelo está relacionada com nosso Cérebro Analítico. É o momento em que precisamos apelar para o lado racional e lógico do nosso oponente, apresentando motivos suficientes que provem, sem sombra de dúvida, que nossa proposta é a opção mais interessante.

MENSAGEM FINAL

A principal lição que aprendemos, quando ficamos maduros nesta profissão, é que não existem atalhos em negociação. Não adianta tentar encurtar os caminhos. Isso, em geral, nos leva apenas a prejuízos materiais e a um desgaste da nossa imagem junto aos nossos clientes. Temos que fazer nosso dever de casa, estudar, pesquisar, aprender e modificar nossa abordagem para que possamos nos adaptar às mudanças que estão ocorrendo no mercado e na cabeça dos clientes. Por isso, não tentem queimar etapas, execute cada passo da sua abordagem com perfeição e paciência, este é o precioso segredo que leva a uma carreira sustentável e ao sucesso como negociador.

Caro leitor, quero convocá-lo a pôr em prática os ensinamentos deste livro. Fazendo isso, você terá em suas mãos um manual completo de negociação, que irá ajudá-lo a ser mais produtivo e eficiente na conquista da mente e do coração dos seus clientes.

REFERÊNCIAS BIBLIOGRÁFICAS

BEAR, Mark F.; CONNORS, Barry W.; PARADISO, Michael A. Neuroscience: Exploring the brain. Lippincott Williams & Wilkins, 2006.

CRAFT, Ross; FIRINGARROWS, Anita. How winners win – Visualization the secret key (Uncommon wisdom). Valencia Publishing LLC, 2012.

D.V., Dan Hill; SIMON, Sam. Emotionomics: Leveraging Emotions for Business Success. Kogan Page, 2010.

DOOLEY, Roger. Brainfluence: 100 Ways to Persuade and Convince Consumers with Neuromarketing. Wiley, 2011.

KOROLAK, Rhondalynn. Sales Seduction: Why Do You Say Yes? Imagineering Now Pty Ltd., 2012.

LEHRER, Jonah. How we decide. Mariner Books, 2010.

LINDSTROM, Martin. Brandwashed: Tricks Companies Use to Manipulate Our Minds and Persuade Us to Buy. Crown Business, 2011.

LINDSTROM, Martin; UNDERHILL, Paco. Buyology: Truth and Lies About Why We Buy. Crown Business, 2010.

LYNCH, Dudley. Strategy of the Dolphin: Scoring a Win in a Chaotic World. Ballantine Books, 1990.

MACLEAN, P. D. The Triune Brain in Evolution: Role in Paleocerebral Functions. Springer, 1990.

MORIN, Christophe; RENVOISÉ, Patrick. Neuromarketing: Is There a 'Buy Button' in the Brain? Selling to the Old Brain for Instant Success. SalesBrain Publishing, 2010.

MORIN, Christophe; RENVOISÉ, Patrick. Neuromarketing: Understanding the Buy Buttons in Your Customer's Brain. Thomas Nelson, 2007.

PRADEEP, A.K. The Buying Brain: Secrets for Selling to the Subconscious Mind. Wiley, 2010.

PINKER, Steven. How the mind works. W. W. Norton & Company, 2009.

PINKER, Steven. The Language Instinct: How the Mind Creates Language. Harper Perennial Modern Classics, 2007.

PINKER, Steven. The Stuff of Thought: Language as a Window into Human Nature. Penguin Books, 2008.

ZURAWICKI, Leon. Neuromarketing: Exploring the Brain of the Consumer. Springer, 2010.

"Tomem sobre vocês o meu jugo e aprendam de mim, pois sou manso e humilde de coração, e vocês encontrarão descanso para as suas almas. Pois o meu jugo é suave e o meu fardo é leve".
Mateus 11:29-30

Vivendo pela graça é especialmente escrito para mulheres que procuram simplicidade, autenticidade e beleza na vida cotidiana. Este devocional diário, escrito pela escritora e palestrante Dalene Reyburn, é um refúgio de contemplação tranquila em meio às ocupações da vida, proporcionando coragem, esperança e sabedoria. São 366 devoções, cada uma com um tema específico, um versículo das Escrituras, palavras de incentivo, um desafio e uma oração.

Dalene Reyburn é uma escritora e palestrante que procura adoração e maravilha no mundo. Possui mestrado em Estudos aplicados de linguagem e fala em cerca de variados eventos anualmente, incluindo encontros de mulheres, liderança e treinamento, relacionamentos (para adolescentes e adultos), e desenvolvimento de pessoal.

Você quer experimentar uma caminhada mais próxima de Deus?